論語義疏

上

〔梁〕皇侃撰

桂林
广西师范大学出版社
GUANGXI NORMAL UNIVERSITY PRESS

Lunyu Yishu

出 品 人：賓長初
策劃編輯：馬豔超
責任編輯：馬豔超
責任校對：肖承清　郭洋辰
責任技編：郭　鵬
裝幀設計：唐明山［蛾術書房］

圖書在版編目（CIP）數據

論語義疏：全二册 /（梁）皇侃撰．—桂林：廣西師範大學出版社，2018.8
（蛾術叢書）
ISBN 978-7-5598-0988-9

Ⅰ．①論… Ⅱ．①皇… Ⅲ．①儒家②《論語》—注釋
Ⅳ．①B222.22

中國版本圖書館 CIP 數據核字（2018）第 137700 號

廣西師範大學出版社出版發行
（廣西桂林市五里店路 9 號　郵政編碼：541004
網址：http://www.bbtpress.com）
出版人：張藝兵
全國新華書店經銷
湖南省衆鑫印務有限公司印刷
（長沙縣榔梨街道辦事處保家村　郵政編碼：410000）
開本：880 mm × 1 240 mm　1/32
印張：31.75　　字數：130.5 千字
2018 年 8 月第 1 版　　2018 年 8 月第 1 次印刷
定價：436.00 元（全二册）

蛾術叢書編委會

蛾術書房據日本大正十二年懷德堂紀念會鉛字排印本影印原書框高一九四毫米寬一四五毫米

影印説明

論語義疏十卷，南朝梁皇侃撰。皇侃，吴郡人，師事五經博士賀瑒，生平對三禮、孝經、論語有相當深的研究功夫，著有喪服問答目十三卷、喪服文句義疏十卷、禮記講疏一百卷、孝經義疏三卷、論語義疏十卷。論語義疏十卷，始見于梁書與南史皇侃本傳，作「論語義十卷」，陸氏經典釋文叙録作「論語義疏」，未言卷數。其後，隋志、崇文總目著録「論語義疏十卷」，兩唐志、宋史藝文志、郡齋讀書志、遂初堂書目著録「論語疏」。南宋時亡佚，中土惟有邢疏流傳，皇侃義疏殊不可見。

此書於東瀛流傳之最早記載爲宇多天皇寬平年間藤原佐世日本國見在書目，著録爲「論語義疏十卷，皇侃撰」，寬平年間是西元八八九—八九七年，可知皇侃論語義疏於唐時已傳入日本。其後以鈔本形式廣爲流傳，經日本學者影山輝國調查，目前日人鈔本可確認者凡三十六部，列表如左。

慶應義塾大學附屬研究所斯道文庫藏

○大槻本　十卷五册　文明十九年（一四八七）鈔　周防国明倫館舊藏　大槻文彦舊藏　安田善次郎舊藏　九行二十字

○寶勝院本　十卷十册　室町鈔　寶勝院芳鄉光璘舊藏　森立之舊藏　大槻文彦舊藏　安田善次郎舊藏　九行二十字

○林本　十卷七册（卷第五、第六缺）　室町鈔　小嶋寶素舊藏　林泰輔舊藏　第一至第四册九行十六字　第七至第九册八行二十字

○江風本　十卷五册　室町鈔　江風山月莊稻田福堂舊藏　安田善次郎舊藏　九行二十字

慶應義塾大學圖書館藏

○天文本　十卷八册（卷第九、第十缺）　天文十年（一五四一）、十四年（一五四五）鈔　岡田真舊藏　九行二十字

大東急記念文庫藏

○延德本　十卷九册（卷第十缺）　延德二年（一四九〇）鈔　江風山月莊稻田福堂舊藏　九行二十字

○久原文庫本　十卷十册（卷第四缺）　室町鈔　江風山月莊稻田福堂舊藏

久原文库舊藏　九行二十字

○江户本（久原文庫一本）　十卷五册　江户鈔　久原文庫舊藏　九行二十字

京都大學附屬圖書館藏

○重文本　存卷第二、第四至第八　六册　清原良兼手鈔　船橋家舊藏　重要

文化財　九行二十字

○京大本　十卷九册（卷第四缺）　室町鈔　清原宣條舊藏　八行二十字

前田育德會尊經閣文庫藏

○應永本　十卷十册　應永三十四年（一四二七）鈔　與謝郡金谷寺舊藏

九行二十字

○三宅本　十卷五册　明治末鈔　三宅氏舊藏　十行二十字

東洋文庫藏

○上原本　十卷十册　室町江户間鈔　上原氏舊藏　木村正辭舊藏　八行

二十字

○米澤本　十卷十册　江户鈔　米澤藩上杉家舊藏　八行二十字

御茶之水圖書館藏

○寶德本　十卷五册　第一、第四册係寶德三年（一四五一）鈔　第二、第三、第五册係慶長元和間（一五九六—一六二四）補鈔　德富蘇峰成簣堂文庫舊藏　第一、第四册十行二十五字　第二、第三、第五册八行十九字

龍谷大學大宮圖書館藏

○文明本　十卷五册　文明九年（一四七七）鈔　西本願寺寫字臺舊藏　六行二十字

國立國會圖書館藏

○國會圖書本　十卷五册　文明十四年（一四八二）鈔　鹿島則文舊藏　九行二十字

足利學校遺跡圖書館藏

○足利本　十卷十册　室町鈔　足利學校舊藏　重要文化財（又有一册存第四卷，係明治時期影鈔本）　九行二十字

天理大學附屬天理圖書館藏

○清熙園本　十卷五册　室町鈔　清熙園阪本準平舊藏　積翠軒石井光雄舊

藏　九行二十四字

神宮文庫藏

○神宮本　十卷十册　室町鈔　江藤正澄舊藏　八行二十字

宮内廳書陵部藏

○圖書寮本　十卷五册　室町鈔　宮内省圖書寮舊藏　九行二十字

蓬左文庫藏

○蓬左本　十卷五册　室町鈔　神村忠貞舊藏　（又有一册存第一卷，係江户時期轉鈔本）　九行二十字

都立中央圖書館藏

○青淵本　十卷六册　室町鈔　青淵澀澤榮一舊藏　九行二十字

東京大學總合圖書館藏

○東大本　十卷五册　江户鈔　青洲渡邊信舊藏　九行二十字

關西大學圖書館藏

○泊園書院本　十卷十册　江户鈔　泊園書院藤澤南岳舊藏　九行二十字

静嘉堂文庫藏

○静嘉堂本　存卷第二　江户鈔　伊澤蘭軒舊藏　九行二十字

新潟縣新發田市市島酒造藏

○市島本　十卷五册　弘化二年（一八四五）鈔　十行十八字

萩市立萩圖書館藏

○萩圖書館本　十卷五册　江户後期鈔　繁澤寅之助舊藏　九行二十字

影山氏藏

○桃華齋本　十卷五册　桃華齋富岡謙藏舊藏　積翠軒石井光雄舊藏　九行二十字

臺北故宫博物院圖書文獻處藏

○寺田本　十卷十册　室町鈔　讀杜草堂寺田望南舊藏　楊守敬舊藏　九行二十字

○塙本　十卷五册　室町鈔　和學講談所塙保己一舊藏　楊守敬舊藏　九行二十字

○溯源堂本　存卷第一、第四、第七、第八　三册　卷第一室町鈔　卷第四、第七、第八江户鈔　有馬氏溯源堂舊藏　楊守敬舊藏　八行二十字

○故宫本　存卷第四　一册　室町江户間鈔　楊守敬舊藏　七行二十一字

○九折堂本　十卷五册　江户鈔　九折堂山田業廣舊藏　楊守敬舊藏　九行二十字

○盈進齋本　十卷五册　江户後期鈔　盈進齋舊藏　楊守敬舊藏　九行二十字

○新井本　十卷四册　江户末明治初鈔　新井氏舊藏　楊守敬舊藏　卷第一至第三、卷第七至第十十行二十字　卷第四至第六八行二十字

皇侃論語義疏現存刊本最早者，爲根本遜志以足利學校藏鈔本校刊而成，改易「論語義疏」爲「論語集解義疏」，體式全依邢疏，首列經文，注文於其下，上冠「註」，并加橢圓形圈，其下爲疏文，有「疏」字陰刻并加圓圈，先疏釋經文，次釋注文并加陰刻「註」字，於所釋經、注皆有長條形格線圍之。於經文、注文、疏文之文字，根本氏亦多有校改且未説明。楊守敬對此頗多批評「安得皇疏舊本，一同明式之刊……且其文字爲根本以他本及邢本校改者，亦失多得少」。此書於寬延三年（一七五〇）刊成，牌記三列式，右列「武夷先生校正」「不許翻刻　千里必究」，中列書名「論語集解義疏」，左列「大觀堂、仙鶴堂、大保堂、玉海堂刻梓」，卷十後尾頁有「根本八右衛門校正」「寬延三庚午六月」「東都書肆、伏

見屋善六、山城屋茂左衛門、奥村喜兵衛、藤木久市　梓行」字樣。此書於乾隆年間傳回中國，學者始睹皇侃論語義疏原貌，先後有四庫全書本、武英殿本、王亶望本、知不足齋叢書本、古經解彙函本、四書古注群義彙解本，體式内容或稍有差異，然其源本皆爲根本遜志寬延三年本。（編者按：日本國内尚有寬政七年增刻本、元治元年補刻本。）

大正十一年（一九二二），日本大阪懷德堂爲孔子二千四百年祭，倡議校印皇侃論語義疏，以時任懷德堂講師武内義雄任其事。武内義雄，字誼卿，號述庵，師從狩野直喜、内藤湖南，二戰期間曾任「東宮職御用掛」，爲日本天皇講授中國哲學史。武内氏治學嚴謹，恪守立足文獻之學術風格，認爲「所有的古典研究都必須從兩種基礎研究做起，第一，通過校勘學獲得正確的文本；第二，弄清書籍的來歷，進行嚴密的原典批評。」武内氏以首尾完好、時代明確之文明九年本爲底本，再以寶德本等十種古鈔本及吉田篁墩論語考異、市野迷菴正平版論語札記兩種寫本爲校本，終成論語義疏十卷并校勘記一卷。有脱字誤字者，則補正之；有疑義者，則仍其舊，標明於校勘記；有羼入旁記文字者，則施括號而不删削之，亦標明於校勘記；有邢疏羼入者，則加一圓圈，其下删削之，是爲最近皇疏原式之刊本。大

正十二年，武内義雄整理的論語義疏及校勘記以鉛字排印刊行。其後，武内氏繼續其論語研究，積十年之功於一九三九年而成論語の研究、儒教の精神，構成其論語研究體系之兩大支柱。

懷德堂本論語義疏需要申明之兩點：

一、武内義雄於論語義疏校勘記及校論語義疏雜識中，聲稱以文明九年鈔本爲底本整理皇侃義疏。編者取龍谷大學藏文明九年鈔本、根本遜志寬延三年刊本與之校讀，卷首皇侃自序部分，懷德堂本與文明九年本異處頗多，幾與根本本一致。

懷德堂本	文明九年本	根本本
衣縫掖於黌校之中	「縫」作「逢」	「縫」
聖師孔子符應頽周	「符」作「府」	「符」
魯哀公十一年冬	「十一年」作「十二年」	「十一年」
從衛反魯	「反」作「及」	「及」
徂背之後	「徂」作「但」	「徂」
詩書互錯綜	無「互」字	有「互」字

懷德堂本	文明九年本	根本本
而從音依字二途拜録	「途」作「并」	「途」
如或應示	「示」作「尒」	「示」
示非率爾故也	「爾」作「尒」	「爾」
已備有圓周之理	「已」作「已以」	「已」
又就魯論篇章考齊驗古	無「齊驗」二字	有「齊驗」二字
若江集中諸人有可採者	「江集」作「江熙集」	「江集」
自堯至周凡一百四十人	「自堯至周」作「自至堯周」	「自堯至周」

且懷德堂本皇侃自序中「跡」「二十」等字，文明九年本皆作「迹」「廿」，根本本皆作「跡」「二十」。據此，皇侃自序部分當以根本本爲底本，但武内氏於校勘記中并未作説明，閲讀時應當注意。

二、皇侃義疏之舊貌。武内義雄試圖以日藏諸鈔本恢復皇疏舊貌，然當時敦煌本論語義疏殘卷尚未被發現，其後王重民於法國檢敦煌殘卷（伯希和 3573），於皇疏之舊貌亦有推測，「余所獲此卷，確爲皇疏原形，其式乃合於唐人五經正

義之單疏，與武内氏所考稍不合，使武内氏見此，則當稍改變其意見矣。」武内義雄則以爲，禮記子本疏義爲六朝寫本，早於敦煌殘卷之爲李唐中葉以後之鈔本，故未以王重民之説爲然。高橋均以之與室町時期鈔本進行比較，認爲敦煌本是經特定的編者改編，并非皇侃義疏原貌。李方先生則以敦煌本與懷德堂本之體式、經文、注文、疏文詳細比對後，認爲敦煌本絶非皇疏之原形，而是唐時講經師所作之講義提綱，此觀點得到多數學者認同。

懷德堂本論語義疏影響不廣，影印本僅有藝文印書館無求備齋論語集成、鳳凰出版社和刻本中國古逸書叢刊以及角川書店武内義雄全集收録，然大套叢書頗不易得；又有北京大學出版社儒藏本論語義疏、中華書局論語義疏兩個整理本，也未能完全反映底本原貌。今以大正十二年懷德堂本單面影印刊行，并附武内義雄遺憾未見之桂文燦論語皇疏考證（用趙詒琛、王大隆輯庚辰叢編本影印），可藉作考鏡之助，當爲學界所樂見也。

戊戌丁巳季曉冬識於濰上

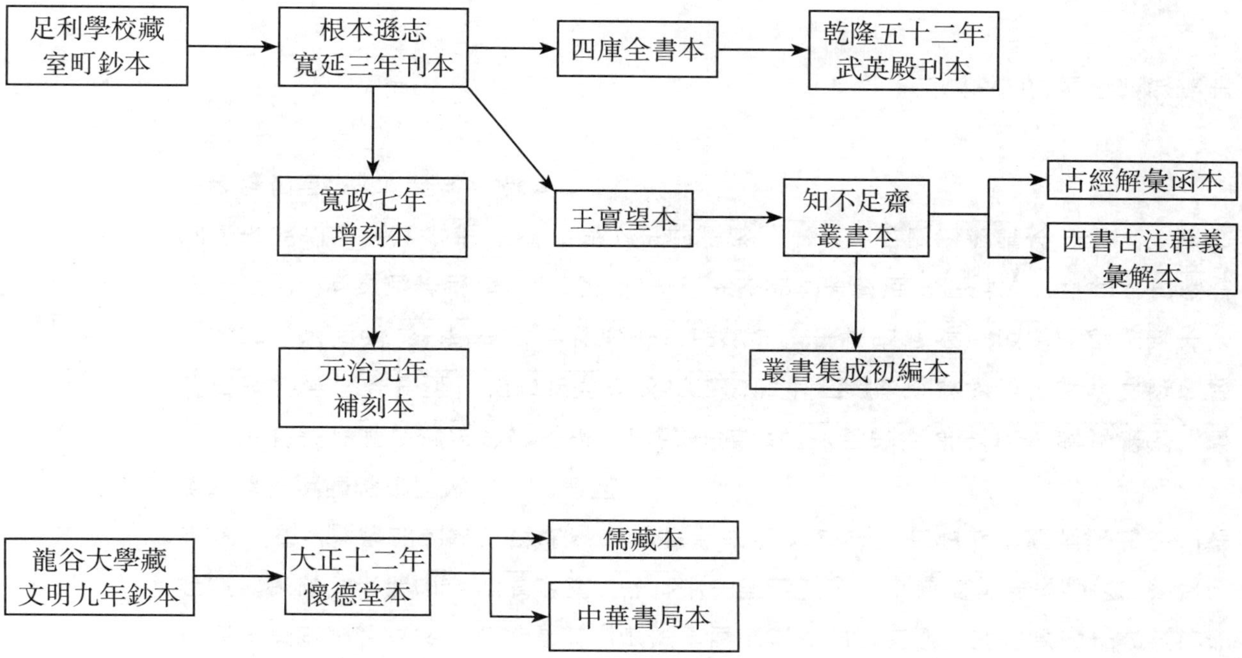
足利學校藏
室町鈔本
根本遜志
寬延三年刊本
四庫全書本
乾隆五十二年
武英殿刊本
寬政七年
增刻本
元治元年
補刻本
王亶望本
知不足齋
叢書本
古經解彙函本
四書古注群義
彙解本
叢書集成初編本
龍谷大學藏
文明九年鈔本
大正十二年
懷德堂本
儒藏本
中華書局本

皇侃論語義疏刊刻源流

皇侃論語義疏及其版本源流

從文獻學的角度來看，論語注釋性著作有四部書最爲重要。一是魏何晏（？——二四九）等編纂的論語集解，它是兩漢、三國時期經學家研究論語的結晶；二是梁皇侃（四八八——五四五）的論語義疏，它囊括了魏晉南北朝時期玄學家對論語的發揮；三是南宋朱熹（一一三〇——一二〇〇）的論語集注，它是兩宋時期理學家論語精義的薈粹；四是清劉寶楠（一七九一——一八五五）的論語正義，集清代考據學論語研究成果之大成。四部論語注釋書代表論語研究的四个階段，也代表四種研究方法，是我們現代研究論語的基本資料。雖然也有後來者居上，後出注疏吸收前人注釋成就的現象，但就這四部書而言，特徵鮮明，風格各異，完全可以并行不悖，難以取此捨彼。其中尤以皇侃論語義疏性格鮮明，引人注目。

據梁書儒林傳、南史儒林傳，皇侃爲吴郡人，青州刺史皇象（生卒年不詳）

九世孫，少好學，師事賀瑒（四五二—五一〇），盡通其業。於三禮、孝經、論語最爲精通。爲國子助教，聽講者常數百人。撰禮記義疏五十卷，書成奏上，詔付秘閣收藏。嘗詔入封光殿，講禮記義，得到梁武帝的贊賞，官拜員外散騎侍郎兼國子助教。性至孝，每日誦孝經二十遍，以等同于觀世音經。論語義疏編纂時間當在禮記義之後，很可能是根據其國子學助教期間的講義整理而成。皇侃論語義疏無論形式還是內容，在論語詮釋史上都是一个「奇葩」，一个不一樣的存在。

解經形式上，皇侃吸收玄學、佛學談經説法之制，開創了儒學史上的「義疏」學。如馬宗霍（一八九七—一九七六）所言：「緣義疏之興，初蓋由于講論……魏晋尚清談，把麈樹義，相習成俗，移談玄以談經，而講經之風益盛。南北朝崇佛教，敷坐説法，本彼宗風，從而效之，又有升座説經之例，初憑口耳之傳，繼有竹帛之著，而義疏成矣。」

「義疏」在文體上有兩大特點，一是分「科段」，二是設問答。所謂分科段，是指對經注文進行解構，分章、分段來講解。論語義疏科段有三層：分篇、分章、分段。分篇，即二十篇，每篇題下皇疏必有論説，解説「所以次前者」之由。皇侃認爲論語二十篇的編排是大有深意的。篇之內分章，于每章後解説章旨。最後是

分段。如子張篇「凡二十四章，大分爲五段。」最短的堯曰篇也分三章，第一章又分「五重」。

皇疏「科段」説有一特點，即經文章節或文句前後并列者，必言其條理。如雍也篇「智者樂水，仁者樂山；智者動，仁者静；智者樂，仁者壽。」三段經文爲并列關係，皇疏認爲這裏存在着「性、用、功」的前後條理。學而篇首章「學而時習之不亦悦乎；有朋自遠方來，不亦樂乎；人不知而不愠，不亦君子乎。」三段并列，皇疏比附禮記學記，以爲顯示的是幼學、招友、爲君師三階段。子罕篇「子絶四：毋意、毋必、毋固、毋我。」四者本并列，皇侃認爲是聖人教化的四段進程。所謂設問答，即自設問，自解答。如疏學而篇「父在觀其志」章，自設問「或問曰：若父政善，則不改爲可；若父政惡，惡教傷民，寧可不改乎？」然後是自我解答。又如疏雍也篇「宰我問井有仁者」章，自設問「或問曰：仁人救物，一切無偏，何不但云井中有人者，而必云有仁者耶？若唯救仁者，則非仁人墜井，則仁人所不救乎？」然後又是一通自我解答。總的來説「義疏」體類似後世西洋教科書，分章節講大意，還有練習題，非常適合講習。

在解經内容上，皇侃論語義疏以玄學説論語、以佛理解儒經，時見「離經叛道」

之言、「荒誕不經」之語。公冶長篇「子謂公冶長可妻也」章疏，皇侃仿效佛教譬喻經的樣式引用神話故事訓解論語。里仁篇「德不孤必有鄰」章，皇侃以「因果有必定之期，報應無遷延之業」的佛教因緣果報説來解儒經。宪問篇「原壤夷居」章疏，皇侃稱原壤爲「方外聖人」，孔子爲「方内聖人」。完全是玄學家的口吻。先進篇「未知生焉知死」章疏，皇侃竟然説「外教無三世之義。周孔之教，唯説現在，不明過去、未來。」立足于釋家立場來指責儒家。

皇侃論語義疏中的孔子不同凡人，已達到了「無」的境界，但又故意表現得與凡人一樣，能而示之以不能，無而示之爲有。述而篇「吾不復夢見周公也」章皇疏：「聖人悬照，本無俟夢想。而云夢者，同物而示衰故也。故李充曰：聖人無想，何夢之有？蓋傷周德之日衰，哀道教之不行，故寄慨于不夢，發嘆于鳳鳥也。」聖人是否有夢，對傳統儒家而言并不成問題，但因莊子説過「至人無夢」，所以從玄學家的角度就必須加以解釋。聖人本無夢，不過是爲了與衆人表現一樣，故而稱自己有夢。這裏有維摩詰所説經維摩詰爲教化衆生而詐稱有疾的影子。

雍也篇「子見南子」章是傳統儒家最爲头痛、最難解釋的篇章，皇疏説：「應物而不擇者，道也。兼濟而不辭者，聖也。靈公無道，蒸庶困窮，鍾救于夫子。物

困不可以不救，理鍾不可以不應。應救之道必明有路。路由南子，故尼父見之。涅而不緇，則處污不辱。無可無不可，故兼濟而不辭。以道觀之，未有可猜也。」輕鬆予以化解。聖人達到了「無」的境界，内心空靈，能够執一統衆，應變萬方，其進退抉擇、所作所爲都是正確的，無需多想。

皇侃義疏中的論語描繪了一个生動的、空靈的、多彩的、虚幻的世界，没有經學家的固執呆板，没有理學家的嚴肅造作，没有考據學者的枯燥無趣。這可能就是皇侃論語義疏在當今世界仍有人翻閲的理由所在。

當然，對專家學者而言，皇侃論語義疏的文獻學價值更重要。皇疏以魏何晏論語集解爲底本，兼採江熙集解論語等漢魏以來四十多家通儒遺説彙編而成，集漢魏六朝論語學之大成，爲我們研究六朝論語學提供了絶好的史料。清代學者馬國翰玉函山房輯佚書從皇疏中輯録了鄭玄、王朗、王弼、衛瓘、繆播、郭象、欒肇、虞喜、庾翼、李充、范甯、孫綽、梁覬、袁喬、江熙、殷仲堪、張憑、蔡謨、顔延之、釋慧琳、沈驎士、顧歡、太史叔明、褚仲都、沈峭、熊理等諸家之説，復成六朝經學之佚書。四庫全書總目稱皇疏爲論語古注淵藪，「存漢晋經學之一綫」，絶非虚言。

皇侃論語義疏倍受注目，除皇疏自身價值和特色外，還與其「奇異」的身世有

關。南宋之後，皇疏在中國便再無傳本。幸而唐代時皇疏便已流傳至東瀛，漂泊海外數百年後，清乾隆時期，皇疏纔重新回傳到中國。國寶失而復得，「不啻獲珍珠船也」，自然格外珍重。

皇侃所注論語，梁書記載爲論語義。隋書經籍志記載爲論語義疏。陸德明經典釋文序載「皇侃撰義疏行于世」。舊唐書經籍志、新唐書藝文志都有著録。北宋初年邢昺（九三二—一〇一〇）撰論語正義也是依據皇疏删改而成。邢昺論語正義成爲北宋官定標準教材後，皇疏才開始受到冷落。但宋崇文總目、中興館閣書目、國史藝文志、晁公武郡齋讀書志，乃至尤袤遂初堂書目仍有著録，説明南宋中期，其書還有流傳。陳振孫直齋書録解題開始失去記載，此後元、明幾乎所有文獻目録中都没有皇疏的影子。

皇侃論語義疏至少在唐開元二十六年（七三八）前已經遠渡重洋，傳到了日本。日本寬平年間（八八九—八九八）藤原佐世（八四七—八九七）日本國見在書目録有著録。一千二百年間，皇疏在海外以鈔本的形式流傳下來。據不完全統計，現存可見的古鈔本尚有三十七種之多。鈔寫年代早晚不一，以室町時期（一三三六—一五七三）鈔本居多。大致可以分爲兩大系統。一是寳德本系統，包括寳德本、久

原文庫本、泊園書院本、桃花齋本、京都大學圖書館本等。這一系統的本子受朱注影響明顯，多有後人竄改的成分；另一个是文明本系統，包括文明九年本、延德本、足利學校本、清熙園本等，間有邢疏竄入其中，受朱注影響較少。另外還有一兩種介于二者之間的混合本（久原文庫另一本、有不爲齋本）。無論哪種鈔本，都合疏于注，失去了六朝單疏本的原始狀態。

日本寬延三年（一七五〇），根本遜志在其師荻生徂徠（一六六六—一七二八）的鼓勵下，校訂了足利學校所藏鈔本皇疏十卷，以論語集解義疏的名義予以刊行。足利學校本屬文明本系統，但鈔寫年代較晚，是日本大永年間（一五二一—一五二七）的鈔本。根本遜志刊本最大的貢獻是擴大了皇疏的流傳，但有兩大缺陷。一是根據明代邢疏刊本格式重排了皇疏經、注、疏的體式；二是在校訂時師心自用，有以邢疏或經典釋文更改經注、隨意删除疏文的現象。

根本遜志刻本曾多次印刷、重刊。有寬延三年（一七五〇）初刻本、寬政五年（一七九三）版、寬政七年（一七九五）版（增加了盧文弨序）、元治元年（一八六四）版、明治年間版等。大正（一九一二至一九二六）以後爲懷德堂本取代。

論語集解義疏在日本初版時，清代學者尚不知皇疏在日本流傳，余蕭客（一

七三二—一七七八）正在編著的古經解鈎沉將論語義疏列爲佚書，試圖從經典釋文、兼明書等文獻中予以輯録，結果衹找到六條佚文。後來戴震（一七二四—一七七七）譏諷余氏，「有鈎而未沉者，有沉而未鈎者」，就是指此而言。

約十年後，乾隆二十六年（一七六一），四書考異作者翟灝與好友杭世駿（一六九五—一七七三）共訪杭州著名藏書家汪啓淑（一七二八—一七九九），在汪氏那裏見到了山井鼎的七經孟子考文补遺，始知皇侃義疏在日本還有傳本，「相與東望嘆息」。這是清朝學界最早得知皇疏的信息。乾隆三十六年（一七七一），武林汪鵬航海至日本，購得論語集解義疏而還。

乾隆三十七年（一七七二），乾隆帝諭天下遍訪遺書，準备編纂四庫全書。浙江省也設立了遺書局，布政使王亶望親爲總裁，鋭意收集遺書。汪鵬趁機將新得的珍本論語集解義疏獻給了遺書局。王亶望得之大喜過望，急忙將此書進呈四庫館。由此論語集解義疏被收入四庫全書，同其他四庫書籍一樣，前後鈔寫了七部，分別收藏于北四閣和南三閣。乾隆五十二年（一七八七），又依據文淵閣本校刻有武英殿刻本傳世。館臣在鈔寫、刻印皇疏時，板式基本依照根本遜志本，衹是對一些日式標點和假名予以省略，同時爲避清朝忌諱，還故意改動了一些句子。如八佾篇

「夷狄之有君」章疏就是。

王亶望在將日本原刻本論語集解義疏進獻四庫館的同時，也爲自己以巾箱本的形式翻刻了一部，請鮑廷博（一七二八—一八一四）予以校正，後遂刊行于世。翻刻完成的確切年代不得而知，推測當在乾隆四十年（一七七五）前後。板式仿照根本遜志本，衹是省略了原書中的日式標點和假名。八佾篇「夷狄之有君」章疏文没有改動。卷首刻有義疏叙、集解叙，每卷首三行署名：「魏何晏集解；梁皇侃義疏；臨汾王亶望重刊。」[一]民國十五年（一九二六）上海古書流通處景印本與後來的叢書集成初編本，都基本上採用了王亶望刻本（或稱知不足齋初刻本），保留了根本遜志本原貌。

乾隆四十七年（一七八二），王亶望因貪污獲罪自盡，義疏木板归鮑廷博所有。鮑氏用此木板再次印刷，收入知不足齋叢書第七集之中。再版時從卷首削去了王亶望的名字，將原本三行字的地方重刻爲「魏何晏集解」「梁皇侃義疏」兩行。八佾篇疏文也依照四庫全書本重新作了修改。乾隆五十三年（一七八八）又請好友盧文弨（一七一七—一七九六）寫了序言。知不足齋刊本後經多次再版、重印，先後

[一] 編者按：「臨汾王亶望重刊」，日本原本作「日本 根本遜校正」。

有古經解彙函本（同治十二年粵東書局本、光緒十四年蜚英館石印本、光緒十五年湘南書局本）、四書古注群義彙解本（珍藝書局排印本、同文書局石印本、同文升記書局排印本）等分支系統，成爲流傳最廣、影響最大的皇疏版本。一九九八年中華書局版四部要籍注疏叢刊論語，其中論語集解義疏也是採用了古經解彙函本。二〇〇九年江西人民出版社徐望駕校注本論語集解義疏，是以知不足齋叢書本爲底本的點校本。

清代學者在看到根本遜志本論語集解義疏後，震惊之餘，對其真僞產生了懷疑。孫志祖（一七三七—一八〇一）讀書脞録、祁永膺（一八五三—一九〇五）皇氏論語義疏真僞考、皮錫瑞（一八五〇—一九〇八）經學歷史等認爲是真書；陳澧（一八一〇—一八八二）東塾讀書記、桂坫皇氏論語義疏真僞考等認爲是半真半僞；江藩（一七六一—一八三〇）國朝漢學師承記等認爲是僞書。各派學者所據底本都是知不足齋叢書本，不知道日本古鈔本與根本遜志本的體式不同。

光緒二十七年（一九〇一），楊守敬（一八三九—一九一五）在日本親自目驗了多種義疏鈔本，并選擇影印了寶德本的兩頁，發表在留真譜初編上。至此，中國學者得以目睹日本舊鈔本的真相。楊守敬得出結論：「論語皇侃義疏爲海内逸書真

本，無庸拟議。」同時指出問題出在根本遜志本的體式上，「獨怪根本遜志所刊義疏，其體式全同閩、監、毛之邢疏本」。

清代學者的意見很快反映到日本。日本學界也對根本遜志本變易體式、臆改文字表示不滿。大正十一年（一九二二）正值孔子逝世兩千四百年，懷德堂（大阪漢學私塾）紀念會同仁商定請武内義雄（一八八六—一九六六）重新校勘皇疏，恢復其六朝舊體。

武内義雄是日本有名的中國古代思想研究家，京都帝國大學中國哲學文學科畢業，深得著名漢學家狩野直喜（一八六八—一九四七）和内藤湖南（一八六六—一九三四）的真傳。武内義雄主要研究老子和論語，擅長「文本批評」性研究，是當時日本京都學派的主將。武内義雄以日本舊鈔本中年代較早的文明本爲底本，同時參校了其他十多種鈔本、刊本，訂正了根本遜志本不少錯誤。

大正十二年（一九二三），武内義雄校訂本出版，即「懷德堂本」。懷德堂本論語義疏除正本四册外，校勘記另爲一册。武内義雄又專寫了校論語義疏雜識一文，對義疏的來歷、現存皇疏舊鈔本、皇疏之原形、經注之異同、疏文之衍字等作了詳細的論述，廓清了不少圍繞在皇疏周圍的疑團。學界普遍認爲懷德堂本選擇底

本好，參校本多，基本恢復了皇疏鈔本舊貌，遠優于根本遜志本。懷德堂本大正十二年初刊本後，陸續有臺北藝文印書館一九六六年版嚴靈峰無求備齋論語集成影印本、日本角川書店一九七八年版武内義雄全集本、北京大學出版社二〇〇七年版陳蘇鎮等點校儒藏精華編本，最新的成果當爲中華書局二〇一三年版高尚榘點校中國思想史資料叢刊本。前兩種出版年代較早，國内已經罕見。後兩種都是現代標點本，方便一般讀者，適應現代電子排版的需要，排版體式都有所創新，却忽略了懷德堂本恢復皇疏六朝舊體的初衷，祇有懷德堂原本更能讓人體會武内義雄氏的苦心孤詣。

陳東

二〇一八年三月十日

曲阜師範大學孔子文化研究院

目録

上册

論語義疏

論語義疏校勘記

論語義疏

大正十二年懷德堂刊

人之性受于天而彝倫之道本于性人人所固有宜無待于外然非有聖人出焉而率性修道以立其教則蔽于物而移于習將失其所固有而性傾道壞人倫彫喪是以聖人治天下教化爲先及孔子出集而大成明倫立教以垂後來爲生民未有之師表而論語記其訓言行事尤精且信誠萬世不刊之寶典也

竊惟　皇祖肇國以德治民民性正直無爲而化我之所固有可謂美矣但古無文字口口相傳故有君臣父子之道而無仁義忠孝之名暨　應神朝百濟獻論語孔子之書始入我國尋獲五經立于學官列聖尊信漢學茲興仁義忠孝之敎與我上

古神聖固有之道融會保合斯文既明其理亦備雖時有汚隆道有顯晦然人全正直之性世濟忠孝之美者未嘗不由于孔子之教羽翼皇化而維新之際志士競興尊王斥覇弼成鴻業以開郅治者亦名教之效居多焉顧不亦盛乎方今國家文教覃敷奎運昌明軼于前古然學術多岐舍本趨末唯新是喜漢學大衰而邪說之行及今殊甚固有之美漸蔽漸移將不知所底止豈非教育之方有所偏倚孔子之書棄而不講之所致歟

謹按　先皇教育勅語示法後世炳如日月其所謂忠孝友和信與智能德器恭儉博愛義勇等條目皆符于孔子之教而勅

語以爲　皇祖皇宗之道可知　皇祖皇宗之道與孔子之教相合則雖名曰漢學實爲我國之學孔子之書棄而不講可乎主持文教者宜率由聖訓振興斯學矯偏務本以救時弊羣經或不能盡立于學四書闕一不可至論語則不可不家藏人誦以明彝倫翼皇化也大正十一年壬戌正值孔子卒後二千四百年大阪懷德堂以講明名教爲宗旨因卜是歲十月八日行釋菜教授松山君子方爲祭酒又議校印梁皇侃論語義疏以弘其傳講師武内君宜卿任其事書已成俾時彥序之時彥協理堂事多年廹奉職内廷仍列講師之末深喜斯學有補于名

教。乃忘譾陋而爲之序。若夫皇疏源委。及存佚同異。則具于子
方宜卿二君序例。故不復贅。
大正十二年五月大隅西村時彥譔

論語義疏卷第一　梁國子助教吳郡皇侃撰

論語通曰。論語者。是孔子沒後。七十弟子之門徒。共所撰錄也。夫聖人應世。事跡多端。隨感而起。故爲教不一。或負扆御衆。服龍袞於廟堂之上。或南面聚徒。衣縫掖於黌校之中。但聖師孔子符應頹周。生魯長宋。遊歷諸國。以魯哀公十一年冬。從衛反魯。刪詩定禮於洙泗之間。門徒三千人。達者七十有二。但聖人雖異人者神明。而同人者五情。五情既同。則朽沒之期亦等。故歎發吾衰。悲因逝水。託夢兩楹。寄歌頹壞。

至哀公十六年。哲人其萎。徂背之後。過隙叵駐。門人痛大山長毀。哀梁木永摧。隱几非昔。離索行泪。微言一絕。景行莫書。於是弟子僉陳往訓。各記舊聞。撰爲此書。成而實錄。上以尊仰聖師。下則垂軌萬代。既方爲世典。不可無名。然名書之法。必據體以立稱。猶如以孝爲體者則謂之孝經。以莊敬爲體者則謂之爲禮記。然此書之體適會多途。皆夫子平生應機作教。事無常準。或與時君抗厲。或共弟子抑揚。或自顯示物。或混迹齊凡。問同答異。言近意深。詩書互錯綜。典

詁相紛紜。義既不定於一方。名故難求乎諸類。因題論語兩字以爲此書之名也。但先儒後學解釋不同。凡通此論字。大判有三途。第一捨字制音。呼之爲倫。一捨音依字而號曰論。一云。倫論二稱義無異也。第一捨字從音爲倫。說者乃衆。的可見者不出四家。一云。倫者次也。言此書事義相生。首末相次也。二云。倫者理也。言此書之中。蘊含萬理也。三云。倫者綸也。言此書經綸今古也。四云。倫者輪也。言此書義旨周備圓轉無窮。如車之輪也。第二捨音依字爲論者。言此

書出自門徒。必先詳論。人人僉允。然後乃記。記必已論。故曰論也。第三云。倫論無異者。蓋是楚夏音殊南北語異耳。南人呼倫事爲論事。北士呼論事爲倫事。音字雖不同。而義趣猶一也。侃案三途之說皆有道理。但南北語異如何。似未詳。師說不取。今亦捨之。而從音依字二途拜錄。以會成一義。何者今字作論者。明此書之出不專一人。妙通深遠。非論不暢。而音作倫者。明此書義含妙理。經綸今古。自首臻末。輪環不窮。依字則證事立文。取音則據理爲義。義文兩立。理

事雙該。圓通之教。如或應示。故蔡公爲此書爲圓通之喻云。物有大而不普小而兼通者。譬如巨鏡百尋所照必偏。明珠一寸鑒包六合。以蔡公斯喻。故言論語小而圓通。有如明珠。諸典大而偏用。譬若巨鏡。誠哉是言也。語者論難答述之謂也。毛詩傳云。直言曰言。論難曰語。鄭注周禮云。發端曰言。答述爲語。今按此書既是論難答述之事。宜以論爲其名。故名爲論語也。然此語是孔子在時所說。而論是孔子沒後方論。論在語後。應曰語論。而今不曰語論而云論語者。

其義有二。一則恐後有穿鑿之嫌。故以語在論下。急標論在上。示非率爾故也。二則欲現此語非徒然之說萬代之繩準。所以先論。已備有圓周之理。理在於事前。故以論居語先也。又此書亦遭焚燼。至漢時。合壁所得。及口以傳授。遂有三本。一曰古論。二曰齊論。三曰魯論。既有三本。而篇章亦異。古論分堯曰下章子張問。更爲一篇。合二十一篇。篇次以鄉黨爲第二篇。雍也爲第三。篇內倒錯。不可具說。齊論題目。與魯論大體不殊。而長有問王知道二篇。合二十二篇。篇

內亦微有異。魯論有二十篇。卽今日所講者是也。尋當昔撰錄之時。豈有三本之別。將是編簡缺落口傳不同耳。故劉向別錄云。魯人所學謂之魯論。齊人所學謂之齊論。合壁所得謂之古論。而古論爲孔安國所注。無其傳學者。齊論爲瑯琊王卿等所學。魯論爲太子大傅夏侯勝及前將軍蕭望之少傅夏侯建等所學。以此教授於侯王也。晚有安昌侯張禹。就建學魯論。兼講齊說。擇善而從之。號曰張侯論。爲世所貴。至漢順帝時。有南郡大守扶風馬融字季長。建安中

大司農北海鄭玄字康成。又就魯論篇章考齊驗古。爲之注解。漢鴻臚卿吳郡苞咸字子良。又有周氏。不悉其名。至魏。司空潁川陳羣字長文。大常東海王肅字子雍。博士燉煌周生烈。皆爲義說。魏末吏部尚書南陽何晏字平叔。因魯論集季長等七家。又採古論孔注。又自下己意。即世所重者。今日所講。卽是魯論。爲張侯所學。何晏所集者也。　又

晉大保河東衛瓘字伯玉

晉中書令蘭陵繆播字宣則

晉廣陵大守高平欒肇字永初
晉黃門郎潁川郭象字子玄
晉司徒濟陽蔡謨字道明
晉江夏大守陳國袁宏字叔度
晉著作郎濟陽江淳字思俊
晉撫軍長史蔡系字子叔
晉中書郎江夏李充字弘度
晉廷尉太原孫綽字興公
晉散騎常侍陳留周壞字道夷

晉中書令潁陽范甯字武子

晉中書令瑯瑘王珉字季琰

右十三家。爲江熙字大和所集。侃今之講。先通何集。若江集中諸人有可採者。亦附而申之。其又別有通儒解釋。於何集無妨者。亦引取爲說以示廣聞也。然論語之書。包於五代二帝三王。自堯至周凡一百四十人。而孔子弟子不在其數。孔子弟子有二十七人。見於論語也。而古史考則云三十人。謂林放澹臺滅明陽虎亦是弟子數也。

論語序　何晏集解

叙曰。漢中壘東西南北四人有將軍耳、北方之夷官也、校尉者考古以奏事官也、校尉劉向言。魯論語二十篇。皆孔子弟子記諸善言也。劉向者劉德之孫、劉歆之子、前漢時爲中壘校尉之官、若今皇城使之也、其人博學經史、孔子沒後而弟子共論而記之也、初爲魯人所學、故謂魯論也、又曰、劉者氏、向者名也、中壘官名也、校尉者官也、校者數也、尉者安也、校數中壘之軍衆而安之、故曰校尉也、漢世學者又有魯論齊論古文論三本之異也、魯人所引論語謂之魯論語、則有二十篇、如今之題目次第也、太子太傅夏侯勝。前將軍蕭望之。丞相韋賢。及子玄成等傳之。夏蕭及韋賢父子凡四人、初傳魯論於世也、又曰、太子者漢武帝之太子衛也、夏侯者氏、勝者名也、太子太傅夏侯勝、常山都尉龔奮

也、齊論語二十二篇。其二十篇中章句。頗多於魯論。猶是弟子所記、而爲齊人所學、故謂爲齊論也、既傳之異代、又經昏亂、遂長有二篇也、其二十篇雖與魯舊篇同、而篇中細章文句、亦多於魯論也、又曰、齊論者齊人所引論語謂之齊論、齊論則其中二十篇前、題目次第與魯論不殊、以學而爲時習也、章句者古之解書之名也、分經文章句而說之也、瑯琊王卿。及膠東庸生。昌邑中尉王吉。皆以教授之。此三人傳齊論、亦用持教授於世也、故有魯論。有齊論。夏侯等四人傳魯、王等三人傳齊、並行於世、々故有魯齊二論双立也、又曰王者氏也、卿者尊之號也、不審名也、中尉者佐於中壘校尉者也、故曰中尉也、王者亦氏、吉者名、瑯琊王卿、及膠東庸生、昌邑中尉王吉、以教授也、魯恭王時。嘗欲以孔子宅爲宮。壞得古文論語。漢景帝之子、名餘、封魯、故謂魯恭王、

也、好治宮室、壞孔子舊宅、以廣其宮、於壁中得古文論語、皆科斗文字也、又曰、古文者則魯恭王壞孔子之宅於屋壁所得也、案此論語似孔子撰集、便已其異本、亦爲難解、將亦遇秦焚書、學士解散、失其本經、口所授、故致此異邪、**齊論有問王知道。多於魯論二篇。**既有三論、文皆不同、齊論長有二篇、一曰問王、二曰知道、是多魯論二篇也、又曰、齊論下章有問王知道二篇、二篇內辭句與魯論亦微異也、**古論亦無此二篇。**齊非唯長魯論二篇、亦長於古論、古論故亦無此問王知道二篇也、又曰、古文則篇名與魯論略同準也、**分堯曰下章子張問以爲一篇。**古論雖無問王知道二篇、而分堯曰后子張問於孔子曰如何斯可以從政矣、又別顯爲一篇也、**有兩子張。**一是子張曰士見危致命、爲一篇、又一是子張問孔子從政爲一篇、故凡論中有兩子張篇也、**凡二十一篇。**古論既分長一子張、故凡成二十一篇也、又曰、有孔安注、

論語義疏

無傳學、篇次第不與齊魯同、古文凡二十一篇、而次第大不同、以鄉黨爲第二、以雍也爲第三、二十篇而內、辭句亦大倒錯、其微子篇無巧言章、子罕篇無主忠信章、憲問篇無君子恥其言章、述而篇無是日哭則不歌不食於喪側章、鄉黨篇無色斯舉矣山梁雌雉時哉子路供之三臭而立作文、其餘甚多也、

篇次不與齊魯論同。古論篇次既不同齊、又不同魯、故云不與齊魯論同也、

安昌侯張禹本受魯論。兼講齊說。善者從之。號曰張侯論。禹初學魯論、又雜講齊論、於二論之中、擇善者抄集、別爲一論、名之曰張侯論也、又曰、侯者爵也、張者氏也、禹者名也、安昌侯張禹從建受魯論、兼說齊、論、又問庸生王吉等、擇其善者從之、號曰張侯論也、

爲世所貴。此論既擇齊魯之善、合以爲一論、故世之學者皆貴重於張侯論也、

苞氏周氏章句出焉。苞氏苞咸也、周氏不悉其名也、章句者注解、因爲分斷之名也、苞周二人注張

侯魯論、而爲之分斷章句也、古論唯博士孔安國爲之訓說。訓亦注也、唯孔安國一人注解於古論也、又曰、孔安國者漢武帝時之人也、訓說者文字解之耳、而世不傳。世人不傳孔注古文之論也、至順帝之時。南郡太守馬融亦爲之訓說。後有馬氏、亦注張禹魯論也、漢末。大司農鄭玄就魯論篇章。考之齊古。以爲之注。鄭康成又就魯論篇章、及考校齊古二論、亦注於張論也、又曰、注者自前漢以前解書皆言傳、去聖師猶近、傳先師之義也、後漢以還解書皆言注、注己之意於經文之下、謙不必是之辭也、近故司空陳群。太常王肅。博士周生烈。皆爲之義說。此三人共魏人也、亦爲張論作注說也、又曰、近者近今之世辭也、故者古爲司空而今不爲、故曰故司空也、太常者掌天下之書官名也、義說者解其義、前世傳受師說

論語義疏

雖有異同。不爲之訓解。自張侯之前、乃相傳師受不同、而不爲注說也、中間爲之訓解。至于今多矣。中間謂苞氏孔周馬之徒、至于今謂至魏末何平叔之時也、多矣言注者非一家也、所見不同。互有得失。既注者多門、故得失互不同也、今集諸家之善說。記其姓名。此平叔用意也、叔言多注解家、互有得失、而己今集取錄善者之姓名、著於集注中也、有不安者。頗爲改易。若先儒注非何意取安者、則何偏爲改易、下己意也、頗猶偏也、名曰論語集解。既集注以解此書、故名爲論語集解、也、又曰、集解者魏末、吏部尚書何晏又因魯論本文、集此七家、兼取古文孔安國、及下己意、名曰集解、

光祿大夫關內侯臣孫邕。光祿大夫臣鄭仲。散騎常侍中領軍安鄉亭侯臣曹羲。侍中臣荀顗。尚書駙馬

都尉關內侯臣何晏等上。此記孫邕等五人、同於何晏、共上此集解之論也、又曰、光祿者掌秩祿之官之名、故曰光祿大夫也、散騎者古以四馬爲乘也、漢以來而散之爲騎也、常侍中者掌內仕之官長也、領軍世上書之官長也、駙馬掌官馬名也、都尉兼總諸壘中之軍衆而安之、故曰都尉、尉安也、何晏、孔安國、馬融、苞氏、周氏、鄭玄、陳群、王肅、周生烈義、下己意思、故謂之集解也、

論語義疏　一

論語義疏卷第一 學而 爲政　梁國子助教吳郡皇侃撰

論語學而第一　何晏集解 凡十六章

疏 論語是此書總名、學而爲第一篇別目、中間講說、多分爲科段矣、侃昔受師業、自學而至堯曰凡二十篇、首末相次無別科重、而以學而最先者、言降聖以下皆須學成、故學記云、玉不琢不成器、人不學不知道、是明人必須學乃成、此書既遍該衆典、以教一切、故以學而爲先也、而者因仍也、第者審諦也、一者數之始也、既諦定篇次、以學而居首、故曰學而第一也、○

子曰。 子者指於孔子也、子是有德之稱、古者稱師爲子也、曰者發語之端也、許氏說文云、開口吐舌、謂之爲曰、此以下是孔子開口談說之語、故稱子曰爲首也、然此一書或是弟子之言、或有時俗之語、雖非悉孔子之語、而當時皆被孔子印可也、必被印可、乃得預錄、故稱此子曰通冠一書也、**學而時**

論語義疏第一

習之。此以下孔子言也、就此一章分爲三段、自此至不亦悅乎爲第一、明學者幼少之時也、學從幼起、故以幼爲先也、又從有朋至不亦樂乎爲第二、明學業稍成、能招朋聚友之由也、既學已經時、故能招友爲次也、故學記云、一年視離經辨志、三年視敬業樂群、五年視博習親師、七年視論學取友、謂之小成、是也、又從人不知訖不君子乎爲第三、明學業已成、能爲師爲君之法也、先能招友、故後乃學成爲師君也、故學記云、九年知類通達、強立而不反、謂之大成、又云、能博喩、然後能爲師、能爲師、然後能爲長、能爲長、然後能爲君、是也、今此段明學者少時法也、謂爲學者、白虎通云、學覺也、悟也、言用先王之道、導人情性、使自覺悟也、去非取是、積成君子之德也、時者、凡學有三時、一是就人身中爲時、二就年中爲時、三就日中爲時也、一就身中者、凡受學之道、擇時爲先、長則捍格、幼則迷昏、故學記云、發然後禁、則捍格而不勝、時過然後學、則勤苦而難成、是也、既必須時、故內則云、六年教之數與方名、七年男女不同席、八年始

教之讓、九年教之數日、十年學書計、十三年學樂誦詩舞勺、十五年成童舞象、並是就身中爲時也、二就年中爲時者、夫學隨時氣則受業易入、故王制云、春夏學詩樂、秋冬學書禮、是也、春夏是陽、陽體輕清、詩樂是聲、聲亦輕清、輕清時學、輕清之業、則爲易入也、秋冬是陰、陰體重濁、書禮是事、事亦重濁、重濁時學、重濁之業、亦易入也、三就日中爲時者、前身中年中二時而所學、並日日修習不暫廢也、故學記云、藏焉修焉息焉游焉、是也、今云學而時習之者、而猶因仍也、時是日中之時也、習是修故之稱也、言人不學則已、既學必因仍而修習日夜無替也、之、之於所學之業也、**不亦悅乎。**亦猶重也、悅者懷抱欣暢之謂也、言知學已爲可欣、又能修習不廢、是日知其所亡、月無忘其所能、彌重爲可悅、故云不亦悅乎、如問之然也、

馬融曰。子者男子通稱。凡有德者皆得稱子、故曰通稱也、**謂孔子**

也。子乃是男子通稱、今所稱子曰、不關通他、卽指謂孔子也、王肅曰。時者學者以時誦習也。誦習以時。學無廢業。所以爲悅懌也。背文而讀曰誦也、然王此意卽日中不忘之時也、學日中不忘則前二事可知也、

有朋自遠方來。不亦樂乎。此第二段、明取友交也、同處師門曰朋、同執一志爲友、朋猶黨也、共爲黨類在師門也、友者有也、共執一志、綢繆寒暑、契闊飢飽、相知有無也、自猶從也、學記云、獨學而無友、則孤陋而寡聞、君子出其言善、則千里之外應之、其言不善、則千里之外違之、今由我師德高、故有朋從遠方而來、與我同門、共相講說、故可爲樂也、所以云遠方者、明師德洽被、雖遠必集也、招朋已自可爲欣、遠至彌復可樂、故云亦也、然朋疏而友親、朋至既樂、友至故忘言、但來必先同門、故舉朋耳、悅之與樂俱是懽欣、在心常等、而貌跡有殊、悅則心多貌少、樂則心貌俱多、所以然者、向得講習在

我、自得於懷抱、故心多曰悅、今朋友講說、義味相交、德音往復、形彰在外、故心貌俱多曰樂也、故江熙云、君子以朋友講習、出其言善、則千里之外應之、遠人且至、況其近者乎、道同齊味、歡然適願、所以樂也、

苞氏曰。同門曰朋也。 鄭玄注司徒云、同師爲朋、同志爲友、然何集注皆呼人名、唯苞獨云氏者、苞名咸、何家諱咸、故不言也、

人不知而不慍。不亦君子乎。 此第三段、明學已成者也、人謂凡人也、慍怒也、君子有德之稱也、此有二釋、一言古之學者爲己、已學得先王之道、含章內映、而他人不見知、而我不怒、此是君子之德也、有德已爲可貴、又不怒人之不知、故曰亦也、又一通云、君子易事、不求備於一人、故爲教誨之道、若人有鈍根、不能知解者、君子恕之、而不慍怒之也、爲君者亦然也、

慍怒也。凡人有所不知。君子不慍之也。 就注、乃得兩通、而於

後釋爲便也、故李充云、慍怒也、君子忠恕、誨人不倦、何怒之有乎、明夫學者始於時習、中於講肆、終於教授者也、凡注無姓名者、皆是何平叔語也、

有子曰。孔安國曰。弟子有若也。

其爲人也孝悌。其其孝悌者也、善事父母曰孝、善事兄曰悌也、而好犯上者。鮮矣。好謂心欲也、犯謂諫爭也、上謂君親也、鮮少也、言孝悌之人、必以無違爲心、以恭從爲性、若有欲犯其君親之顏諫爭者、有此人少也、然孝悌者、實都不欲、必無其人、而云少者、欲明君親有過、若任而不諫、必陷於不義、不欲存孝子之心使都不諫、故開其少分、令必諫也、故熊埋云、孝悌之人、志在和悅、先意承旨、君親有日月之過、不得無犯顏諫、然雖屢納忠規、何嘗好之哉、今實都無好、而復云鮮矣者、以好見開、則生陵犯之慚、以犯見塞、則抑匡弼之心、必宜微有所許者、實在弊其志分、彌論教體也、

鮮少也。上謂凡在己上者也。言孝悌之人必有恭順。好欲犯其上者少也。故曰、而犯上者鮮矣、

不好犯上。而好作亂者。未之有也。熊埋曰、孝悌之人、當不義而爭之、尚無意犯上、必不職爲亂階也、侃案熊解意、是言既不好犯上、必不作亂、故云未之有也、然觀熊之解、乃無不間然、如爲煩長、既不好犯上、理宜不亂、何煩設巧明、今案師說云、夫孝者不好、心自是恭順、而又有不孝者亦有不好、是願君親之敗、故孝與不孝、同有不好、而不孝者不好、必欲作亂、此孝者不好、必無亂理、故云未之有也、

君子務本。此亦有子語也、務猶向也、慕也、本謂孝悌也、孝悌者既不作亂、故君子必向慕之也、

本立而道生。解所以向慕本義也、若其本成立、則諸行之道悉滋生也、

本基也。基立而後可大成也。以孝爲基、故諸衆德悉爲廣大也、

孝悌也者其爲仁之本與。此更以孝悌解本、以仁釋道也、言孝是仁之本、若以孝爲本則仁乃生也、仁是五德之初、舉仁則餘從可知也、故孝經云、夫孝德之本也、教之所由生也、

苞氏曰。先能事父兄。然後仁可成也。王弼曰、自然親愛爲孝、推愛及物爲仁也、

子曰。巧言令色。鮮矣有仁。巧言者便僻其言語也、令色者柔善其顏色也、鮮少也、此人本無善言美色、而虛假爲之、則少有仁者也、然都應無仁、而云少者、舊云、人自有非假而自然者、此則不妨有仁、但時多巧令、故云少也、又一通云、巧言令色之人、非都無仁、政是性不能全、故云少也、故張憑云、仁者人之性也、性有厚薄、故體足者難耳、巧言令色之人、於仁性少、非爲都無其分也、故曰鮮矣有仁、王肅曰、巧言無實、令色無質、

苞氏曰。巧言好其言語。

令色善其顏色。皆欲令人悅之。少能有仁也。

曾子曰。　馬融曰。弟子曾參也。蓋姓曾、名參、字子輿、

吾日三省吾身。省視也、曾子言、我生平戒愼、每一日之中、三過自視察我身有過失否也、

爲人謀而不忠乎。忠中也、言爲他人圖謀事、當盡我中心也、豈可心而不盡忠乎、所以三省觀審恐失也、

與朋友交言而不信乎。朋友交合本主在於信、豈可與人交而不信乎、爲

傳不習乎。凡有所傳述、皆必先習、後乃可傳、豈可不經先習、而妄傳之乎、曾子言、我一日之中、每三過自視、況復凡人可不爲此三事乎、言不可也、又一通云、曾子言、我一日之中、三過內視我身有此三行否也、

言凡所傳事。得無素不講習而傳之乎。得無猶無得也、素猶本也、言所傳之事、無得本不經講習而傳之也、故袁氏云、

常恐傳先師之言不能習也、古人言故必稱師也、

子曰。導千乘之國。此章明爲諸侯治大國法也、千乘大國也、天子萬乘、諸侯千乘、千乘尙式、則萬乘可知也、導猶治也、亦謂爲之政教也、其法在下、故此張本也、

馬融曰。導者謂爲之政教也。司馬法曰。六尺爲步。此明千乘法也、司馬法者、齊景公時司馬穰苴爲軍法也、其法中有此千乘之說也、凡人一舉足曰跬、跬三尺也、兩舉足曰步、步六尺也、步百爲畝。廣一步長百步、謂爲一畝也、畝母也、既長百步、可種苗稼、有母養之功見也、畝百爲夫。每一畝、則廣六尺、長百步、今云畝百爲夫、則是方百步也、謂爲夫者、古者賦田以百畝地給一農夫也、夫所養人、自隨地肥墽及其家人多少耳、故王制云、制農田百畝、百畝之分、上農夫食九人、是也、夫三爲屋。每夫方百步、今云夫

三、則是方百步者是三也、若並而言之、則廣一里、一里長三百步也、而猶長百步也、謂爲屋者、義名之也、夫一家有夫婦子三者具、則屋道乃成、故合三夫目爲屋也。

屋三爲井。向屋廣一里、長百步、今三屋並方之、則方一里也、名爲井者、因夫間有遂水縱橫相通成井字也、何者、畝廣六尺、長百步、用耜耕之、耜廣五寸、方兩耜爲耦、長沮桀溺耦而耕、是也、是耦伐廣一尺也、畝廣六尺、以一尺耕伐地爲溜通水、水流畝畝然、因名曰畝也、而夫田首倍之、廣二尺、深二尺、謂之爲遂、九夫爲井、井間廣深四尺、謂之爲溝、取其遂水相通如井字、故鄭玄曰、似井字、故謂爲井也、遂取其水始遂也、溝取其漸深有溝洫也、釋名云、田間之水曰溝、溝搆也、縱橫相交搆也、

井十爲通。此十井之地竝之、則廣十里、長一里也、謂爲通者、其地有三十屋、相通共出甲士一人、徒卒二人也、

通十爲城。其城地方十里也、謂爲城者、兵賦法一乘成也、其地有三百屋、出革車一乘、甲士十

人徒卒二十人也、**城出革車一乘。**出一乘、是賦一成、故謂城也、**然則千乘之賦。其地千城。**有地方十里者千、即是千城也、則容千乘也、**居地方三百一十六里有奇。**方百里者、有方十里者百、若方三百里、三三爲九、則有方百里者九、合成方十里者九百也、是方三百里、唯有九百乘也、若作千乘、猶少百乘、百乘是方百里者一也、今取方百里者一、而六分破之、每分得廣十六里、長百里、引而接之、則長六百里、其廣十六里也、今半斷各長三百里、設法特埤前三百里南、西二邊、是方三百十六里也、然西南角猶缺方十六里者一、方十六里者一、有方十里者二、又方一里者五十六里也、是少方一里者二百五十六里也、然則向割方百里者爲六分、埤方三百里兩邊、猶餘方一里者四百、今以方一里者二百五十六埤西南角、猶餘方一里者百四十四、又設法破而埤三百十六里兩邊、則每邊不復得半里、故云

方三百十六里有奇也、唯公侯之封。乃能容之。周制、上公方五百里、侯方
四百里、伯方三百里、子方二百里、男方百里、今千乘用地方三百十六里有奇、故伯地不能容、所以
唯公侯封乃能容也、雖大國之賦。亦不是過焉。雖魯方七百里、而其地賦
稅亦不得過出千乘也、故明堂位云、賜魯革車千乘也、苞氏曰。導治也。千乘
之國者。百里之國也。此夏殷法也、夏殷大國百里、次國七十里、小國五十里、故
方百里國中令出千乘也、古者井田方里爲井。此亦與周同也、井十爲
乘。此則與周異也、周家十井爲通、通十爲城、城出一乘、此一通使出一乘、則一城出十乘也、百
里之國者。適千乘也。方百里者、有方十里者百、方十里者、有方一里者百、今制
方一里者十出一乘、則方十里者出十乘、方百里者故出千乘也、〇馬融依周禮。馬氏

論語義疏第一

所說、是周禮制法也。**苞氏依孟子王制。**孟子及王制之言、皆如苞氏所說也、**義疑故兩存焉。**此何平叔自下意也、言馬及苞兩家之說竝疑、未知誰是、故我今注兩錄存之也、

敬事而信。此以下皆導千乘之國法也、爲人君者、事無小大悉須敬、故云敬事也、曲禮云、毋不敬、是也、又與民必信、故云信也、

苞氏曰。爲國者擧事必敬愼。與民必誠信也。

節用而愛人。雖富有一國之財、而不可奢侈、故云節用也、雖貴居民上、不可驕慢、故云愛人也、**使民以時。**使民謂治城及道路也、以時謂出不過三日而不妨奪民農務也、然人是有識之目、愛人則兼朝廷也、民是瞑闇之稱、使之則唯指黔黎、

苞氏曰。作使民必以其時。不妨奪農務也。

子曰。弟子入則孝。出則悌。弟子猶子弟也、言爲人子弟者、盡其孝悌之道也、父母閨門之內、故云入也、兄長比之疏外、故云出也、前句已決子善父母爲孝、善兄爲悌、父親、故云入、兄疏故云出也、謹而信。向明事親、此辨接外也、接外之禮、唯謹與信也、外能如此、在親可知也、汎愛衆汎廣也、君子尊賢容衆、故廣愛一切也、而親仁。君子義之與比、故見有仁德者而親之也、若非仁親、則不與之親、但廣愛之而已、行有餘力。則以學文。行者所以行事已畢之跡也、若行前諸事畢竟、而猶有餘力、則宜學先王遺文、五經六籍是也、或問曰、此云行有餘力則以學文、後云子以四教文行忠信、是學文或先或後、何也、答曰、論語之體、悉是應機適會、教體多方、隨須而與、不可一例責也、

馬融曰。文者古之遺文也。即五經六籍也、○

子夏曰。賢賢易色。姓卜名商、字子夏、凡人之情、莫不好色、而不好賢、今若有人能改易好色之心以好於賢、則此人便是賢於賢者、故云賢賢易色也、然云好賢於賢者、亦是獎勸之辭也、又一通云、上賢字猶尊重也、下賢字謂賢人也、言若欲尊重此賢人、則當改易其平常之色、更起莊敬之容也、○

孔安國曰。子夏弟子卜商也。言以好色之心好賢。則善。此注如前通也、

事父母能竭其力。子事父母、左右就養無方、是能竭力也、事君能致其身。致極也、士見危致命、是能致極其身也、○

孔安國曰。盡忠節不愛其身也。然事君雖就養有方、亦宜竭力於君

親、若患難、故宜致身、但親主家門、非患難之所、故云竭力、臣主捍難、禦侮、故云致身也、

與朋友交言而有信。入則事親、出則事君、而與朋友交接、義主不欺、故云必有信也、

雖曰未學。吾必謂之學矣。假令不學、而生知、如前、則吾亦謂之學也、此勸人學故也、故王雍云、言能行此四者、雖云未學、而可謂已學也、生而知者上、學而知者次、若未學而能知、則過已於學矣、蓋假言之、以勸善行也、

子曰。君子不重則不威。重爲輕根、靜爲躁本、君子之體、不可輕薄也、君不重則無威、無威則人不畏之也、

學則不固。言君子不重、非唯無威、而學業亦不能堅固也、故孔後注云、言人不敢重、既無威、學又不能堅固、識其義理也、

孔安國曰。固蔽也。侃案、孔謂固爲蔽、蔽猶當也、言人既不能敢重、縱學亦不能當道理也、猶詩三百、一言以蔽之、蔽也、

一曰。言人不敢重。既無威。學不

能堅固識其義理也。

主忠信。言君子既須威重、又忠信爲心、百行之主也、**無友不如己者。**又明凡結交取友、必令勝己、勝己則己有日所益之義、不得友不如己、友不如己、則己有日損、故云無友不如己者、或問曰、若人皆慕勝己爲友、則勝己者豈友我耶、或通云、擇友必以忠信者爲主、不取忠信不如己者也、耳、不論餘才也、或通云、敵則爲友、不取不敵者也、蔡譏云、本言同志爲友、此章所言、謂慕其志而思與之同、不謂自然同也、夫上同乎。勝己、所以進也、下同乎不如己、所以退也、閔天四賢上慕文王、故四友是四賢、上同心於文王、非文王下同四賢也、然則求友之道、固當見賢思齊、同志於勝己、所以進德修業成天下之亹亹也、今言敵則爲友、此直自論才同德等而相親友耳、非夫子勸教之本旨也、若如所云、則直諒多聞之益、便辟善柔之誡、奚所施也、**過則勿憚改。**勿猶莫也、憚難也、友主切磋、若有過失者、

當更相諫諍、莫難改也、一云、若結友過誤不得善人、則改易之莫難之也、故李充云、若友失其人、改之爲貴也、

鄭玄曰。主親也。憚難也。鄭心則言當親於忠信之人也、

曾子曰。愼終追遠。明人君德也、愼終謂喪盡其哀也、喪爲人之終、人子宜窮其哀戚、是愼終也、追遠謂三年之後、爲之宗廟、祭盡其敬也、三年後去親轉遠、而祭極敬、是追遠也、一云、靡不有初、鮮克有終、終宜愼也、久遠之事、錄而不忘、是追遠也、故能埋云、欣新忘舊、近情之常累、信近負遠、義士之所弃、是以愼終如始、則尠有敗事、平生不忘、則久人敬之也、

民德歸厚矣。上之化下、如風靡草、君上能行愼終追遠之事、則民下之德日歸於厚也、一云、君能行此二事、是厚德之君也、君德既厚、則民咸歸依之也、

孔安國曰。愼終者喪盡其哀也。追遠者祭盡其敬也。人君能行此二者。民化其德而皆歸於厚也。此是前通也、

子禽問於子貢曰。夫子至於是邦也。必聞其政。是此也、此邦謂每邦、非一國也、禽問子貢、怪孔子每所至之國、必早逆聞其國之風政也、故問、求之與。與語不定之辭也、問言孔子每所至國、必先逆聞其風政、爲是就其國主求而得之不乎、抑與之與。抑語助也、亢又問言、爲是孔子不就國主求、而國主自呼與孔子爲治而聞之不乎、

鄭玄曰。子禽弟子陳亢也。字子禽也。子貢弟子。姓端木。名賜。字子貢也。亢恠孔子所至之邦。必與聞

其國政。與逆也、求而得之耶。抑人君自願與爲治耶

也。

子貢曰。夫子溫良恭儉讓以得之。子貢答禽說孔子所以得逆聞之由也、夫子卽孔子也、禮身經爲大夫者、則得稱爲夫子、孔子爲魯大夫、故弟子呼之爲夫子也、敦美潤澤、謂之溫、行不犯物、謂之良、和從不逆、謂之恭、去奢從約、謂之儉、推人後己、謂之讓、言夫子身有此五德之美、推己以測人、故凡所至之邦、必逆聞之也、故顧歡云、此明非求非與、直以自得之耳、其故何也、夫五德內充、則是非自鏡也、又一通云、孔子入人境、觀其民之五德、則知其君所行之政也、故梁冀云、夫子所至之國、入其境觀察風俗、以知其政敎、其民溫良、則其君政敎之溫良也、其民恭儉讓、則政敎恭儉讓也、孔子但見其民、則知其君政敎之得失也、夫子之求之也。其諸異乎人之求

之與也。此明夫子之求與人之求異也、人則行就彼君求之、而孔子至境推五德以測求之、故云、其諸異乎人之求之也、諸猶之也、與語助也、故顧歡云、夫子求知乎己、而諸人訪之於聞、故曰異也、梁冀又云、凡人求聞見乃知耳、夫子觀化以知之、與凡人異也、

鄭玄曰。言夫子行此五得而得之。與人求異。亦會兩通也、明不就人求、故云異也、明人君自願求與爲治之也。此云人君自與之、非謂自呼與之也、政是人君所行、見於民下、不可隱藏、故夫子知之、是人君所行、自與之也、

子曰。父在觀其志。父沒觀其行。此明人子之行也、其於人子也、志謂在其心未行也、故詩序云、在心爲志是也、言人子父在、則己不得專行、應有善惡、但志之在心、在心而外必有趣向意氣、故可觀志也、父若已沒、則子得專行無憚、故父沒則觀此子所行之行也、

孔安國曰。父在子不得自專。故觀其志而已也。志若好善、聞善事便喜、志若好惡、聞善則不喜也、父沒乃觀其行也。得專行也、

三年無改於父之道。可謂孝矣。謂所觀之事也、子若在父喪三年之內、不改父風政、此卽是孝也、所以是孝者、其義有二也、一則哀毀之深、豈復識政之是非、故君薨、世子聽冢宰三年也、二則三年之內、哀慕心事亡如存、則所不忍改也、

孔安國曰。孝子在喪哀慕。猶若父在。無所改於父之道也。此如後通也、或問曰、若父政善、則不改爲可、若父政惡、惡教傷民、寧可不改乎、答曰、本不論父政之善惡、自論孝子之心耳、若人君風政之惡、則冢宰自行政、若卿大夫之惡、則其家相邑宰自行事、無關於孝子也、

有子曰。禮之用和爲貴。此以下明人君行化、必禮樂相須、用樂和民心、以禮檢民跡、跡檢心和、故風化乃美、故云禮之用和爲貴、和卽樂也、變樂言和、見樂功也、樂既言和、則禮宜云敬、但樂用在內爲隱、故言其功也、○先王之道斯爲美。先王謂聖人爲天子者也、斯此也、言聖天子之化行禮、亦以此用和爲美也、小大由之。有所不行。由用也、若小大之事皆用禮而不用和、則於事有所不行也、知和而和。不以禮節之。亦不可行。上明行禮須樂、此明行樂須禮也、人若知禮用和、而每事從和、不復用禮爲節者、則於事亦不得行也、所以言亦者、沈居士云、上純用禮不行、今皆用和、亦不可行也、馬融曰。人知禮貴和。而每事從和。不以禮爲節。亦不可行也。此解知和而和、不以禮爲節義也、

有子曰。信近於義。言可復也。信不欺也、義合宜也、復猶驗也、夫信不必合宜、合宜不必信、若爲信近於合宜、此信之言乃可復驗也、若爲信不合宜、此雖是不欺、而其言不足復驗也、或問曰、不合宜之信云何、答曰、昔有尾生、與一女子期於梁下、每期每會後一日急暴水漲、尾生先至、而女子不來、而尾生守信不去、遂守期溺死、此是信不合宜、不足可復驗也、

復猶覆也。義不必信。信不必義也。以其言可反覆。故曰近義也。若如注意、則不得爲向者通也、言信不必合宜、雖不合宜、而其交是不欺、不欺則猶近於合宜、故其言可覆驗也、○

恭近於禮。遠耻辱也。恭是遜從、禮是體別、若遜從不當於禮、則爲恥辱、若遜從近禮、則遠於恥辱、遜從不合禮者何、猶如遜在牀下、及不應拜而拜之屬也、

恭不合禮。非禮也。以其能遠耻辱。故曰近於禮也。此注亦不依向通也、故言恭不合禮、乃是非禮、而交得遠於耻辱、故曰近禮也、即是危行言遜、得免遠耻辱也、

因不失其親。亦可宗敬也。因猶親也、人能所親得其親者、則此德可宗敬也、親不失其親、若近而言之、則指於九族、宜相和睦也、若廣而言之、則是汎愛衆、而親仁、乃義之與比、是親也、不失其親也、然云亦可宗者、亦猶重也、能親所親、則是重爲可宗也、

孔安國曰。因親也。言所親不失其親。亦可宗敬也。亦會二通、然喪服傳云、繼母與因母同、是言繼母與親母同、故孔亦謂此因爲親是也、

子曰。君子食無求飽。居無求安。此勸人學也、既所慕在形骸之內、故無暇

復在形骸之外、所以不求安飽也、一簞一瓢、是無求飽也、曲肱陋巷、是無求安也、

鄭玄曰。學者之志。有所不暇也。

敏於事此以下三句、是不飽不安、所爲之事也、敏疾也、事所學之行也、疾學於所學之行也、而慎於言。言所學之言也、所學之言、當慎傳說之也、就有道而正焉。有道有道德者也、若學前言之行、心有疑昧、則往就有道德之人決正之也、可謂好學也矣已。合結食無求飽以下之事、並是可謂好學者也、

孔安國曰。敏疾也。有道者謂有道德者也。正謂問事是非也。

子貢問曰。貧而無諂。乏財曰貧、非分橫求曰諂也、乏財者、好以非分橫求也、子貢問言、若有貧者能不橫求、何如、故云貧而無諂也、范寧云、不以正道求人爲諂也、富而無驕。積蓄

財帛曰富、陵上慢下曰驕也、富積者既得人所求、好生陵慢、故云富而無驕也、**何如。**陳二事既畢、故問云何如也、**子曰。可也。**答子貢也、言貧富如此、乃是可耳、未足為多也、

孔安國曰。未足多也。范寗云、孔子以為不驕不諂、於道雖可、未及臧也、

未若貧而樂道孔子更說貧行有勝於無諂者也、貧而無諂乃是為可、然而不及於自樂也、故孫綽云、顏氏之子、一簞一瓢、人不堪憂、回也不改其樂也、**富而好禮者也。**又舉富行勝於不驕者也、富能不驕乃是可嘉、而未如恭敬好禮者也、然不云富而樂道、貧而好禮者、亦各指事也、貧者多憂而不樂、故以樂為勝、又貧無財以行禮、故不云禮也、富既饒足、本自有樂、又有財可行禮、故言禮也、

鄭玄曰。樂謂志於道不以貧賤為憂苦之也。顏原是也、

子貢曰。詩曰。如切如磋。如琢如磨。其斯之謂與也。子貢聞孔子言貧樂富禮、並是宜自切磋之義、故引詩以證之也、爾雅云、治骨曰切、治象曰磋、治玉曰琢、治石曰磨、言骨象玉石四物、須切磋乃得成器、如孔子所說貧樂富禮是自切磋成器之義、其此之謂不乎、以諸孔子也、○

孔安國曰。能貧而樂道。富而好禮者。能自切磋琢磨者也。

子曰。賜也。始可與言詩已矣。子貢既知引詩結成孔子之義、故孔子美之云始可與言詩也、言始可者、明知之始於此也、告諸往而知來者也。解所以可言詩也、諸之也、言我往告之以貧樂富禮、而子貢來答、知引切磋之詩以起予也、江熙云、古者賦詩見志、子貢意見、故曰可與言詩矣、夫所貴悟言者、既得其言又得其旨也、告往事而知將來、謂聞夷齊之賢可以知

論語義疏第一

不爲衛君、不欲指言其語、故舉其類耳、

孔安國曰。諸之也。子貢知引詩以成孔子義。善取類也。故然之。往告以貧而樂道。來答以切磋琢磨者也。范寧云、子貢欲躬行二者、故請問也、切磋琢磨所以成器、訓誘學徒、義同乎茲、子貢富而猶吝、仲尼欲戒以禮中、子貢知心厲己、故引詩以爲喩也、

子曰。不患人之不己知也。患己不知人也。世人多言己有才而不爲人所知、故孔子解抑之也、言不患人不知己、但患己不知人耳、故李充云、凡人之情、多輕易於知人、而怨人不知己、故抑引之教興乎此矣、王肅曰。徒患己無能知也。

論語爲政第二　何晏集解　凡廿四章

疏 爲政者、明人君爲風俗政之法也、謂之爲政者、後卷云、政者正也、子率而正、孰敢不正、又鄭注周禮司馬云、政正也、政所以正不正也、所以次前者、學記云、君子如欲化民成俗、其必由學乎、是明先學後乃可爲政化民、故以爲政次於學而也、○

子曰。爲政以德。 此明人君爲政教之法也、德者得也、言人君爲政、當得萬物之性、故云以德也、德也、故郭象曰、萬物皆得性、謂之德、夫爲政者、奚事哉、得萬物之性、故云德而已也、**譬如北辰居其所。而衆星拱之。** 此爲政以德之君爲譬也、北辰者北極紫微星也、所猶地也、衆星謂五星及二十八宿以下之星也、北辰鎭居一地而不移動、故衆星共宗之以爲主也、譬人君若無爲而御民以德、則民共尊奉之而不違背、猶如衆星之共尊北辰也、故郭象曰、得其性則歸之、失其性則

違之、

鄭玄曰。德者無爲。譬猶北辰之不移而衆星拱之也。

子曰。詩三百。此章舉詩證爲政以德之事也、詩卽今之毛詩也、三百者詩篇大數也、詩有三百五篇、此舉其全數也、

孔安國曰。篇之大數也。

一言以蔽之。一言謂思無邪也、蔽當也、詩雖三百篇之多六義之廣、而唯用思無邪之一言、以當三百篇之理也、猶如爲政其事乃多、而終歸於以德不動也、

苞氏曰。蔽猶當也。

曰。思無邪。此卽詩中之一言也、言爲政之道、唯思於無邪、無邪則歸於正也、衞瓘曰、不曰思正而曰思無邪、明正無所思邪、邪去則合於正也、

苞氏曰。歸於正也。

子曰。導之以政。此章證爲政以德所以勝也、將言其勝、故先舉其劣者也、導謂誘引也、政謂法制也、謂誘引民用法制以正民者也、故郭象云、政者立常制以正民者也、

孔安國曰。政謂法教也。法教即是法制也、

齊之以刑。齊謂齊整之也、刑謂刑罰也、故郭象曰、刑者興法辟以割制物者也、

馬融曰。齊整之以刑罰也。

民免而無耻。免猶脫也、耻恥辱也、爲政若以法制導民、以刑罰齊民、則民畏威、苟且百方巧避、求於免脫罪辟、而不復知避耻、故無耻也、故郭象云、制有常則可矯、法辟興則可避、可避則違情而苟免、可矯則去性而從制、從制外正而心內未服、人懷苟免、則無恥於物、其於化不亦薄乎、故曰民免而無耻也、

孔安國曰。苟免罪也。

導之以德。此即舉勝者也、謂誘引民以道德之事也、郭象曰、德者得其性者也、

苞氏曰。德謂道德也。亦得合郭象解也、

齊之以禮。以禮齊整之也、郭象曰、禮者體其情也、有耻且格。（加白反）

格正也。旣導德齊禮、故民服從而知愧恥、皆歸於正也、郭象云、情有所恥、而性有所本、得其性則本至、體其情則知恥、知恥則無刑而自齊、本至則無制而自正、是以導之以德、齊之以禮、有恥且格、沈居士曰、夫立政以制物、物則矯以從之、用刑以齊物、物則巧以避之、矯則跡從而心不化、巧避則苟免而情不恥、由失其自然之性也、若導之以德、使物各得其性、則皆用心不矯其眞、各體其情、則皆知恥而自正也、

子曰。吾十有五而志於學。此章明孔子隱聖同凡、學有時節、自少迄老、皆所以

勸物也、志者在心之謂也、孔子言我年十五而志學在心也、十五是成童之歲、識慮堅明、故始此年而志學也矣、

三十而立。立謂所學經業成立也、古人三年明一經、從十五至三十、是又十五年、故通五經之業、所以成立也、

有所成立也。凡注無姓名者、皆是何平叔語也、

四十而不惑。惑疑惑也、業成後已十年、故無所惑也、故孫綽云、四十強而仕、業通十年、經明行修、德茂成於身、訓洽邦家、以之莅政、可以無疑惑也、

孔安國曰。疑惑也。

五十而知天命。天命謂窮通之分也、謂天爲命者、言人稟天氣而生、得此窮通、皆由天所命也、天本無言、而云有所命者、假之言也、人年未五十、則猶有橫企無厓、及至五十、始衰、則自審已分之可否也、故王弼曰、天命廢興有期、知道終不行也、孫綽曰、大易之數五十、天地萬物之理究矣、以知命之

年、通致命之道、窮學盡數、可以得之、不必皆生而知之也、此勉學之至言也、熊埋曰、既了人事之成敗、遂知推天命之期運、不以可否繫其理治、不以窮通易其志也、

孔安國曰。知天命之終始也。終始、卽是分限所在也、

六十而耳順。順謂不逆也、人年六十、識智廣博、凡厥萬事不得悉須觀見、但聞其言卽解微旨、是所聞不逆於耳、故曰耳順也、故王弼曰、耳順言心識在聞前也、孫綽云、耳順者廢聽之理也、朗然自玄悟、不復役而後得、所謂不識不知、從帝之則也、李充云、耳順者、聽先王之法言、則知先王之德行、從帝之則莫逆於心、心與耳相從、故曰耳順、

鄭玄曰。耳順、聞其言而知其微旨也。

七十而從心所欲不踰矩。從猶放也、踰越也、矩法也、年至七十、習與性成、猶蓬

生麻中不扶自直、故雖復放縱心意、而不踰越於法度也、所以不說八十者、孔子唯壽七十三也、說此語之時、當在七十後也、李充曰、聖人微妙玄通、深不可識、所以接世軌物者、曷嘗不誘之以形器乎、黜獨化之跡、同盈虛之質、勉夫童蒙而志乎學、學十五載、功可與立、爰自志學迄于從心、善始令終、貴不踰法、示之易行、而約之以禮、爲教之例、其在茲矣、

馬融曰。矩法也。從心所欲無非法者。

孟懿子問孝。孟懿子魯大夫也、問孝問於孔子爲孝之法也、

孔安國曰。魯大夫仲孫何忌也。仲孫是氏也、何忌是名也、然曰孟懿子而不云仲孫者、魯有三卿、至八佾自釋也、

懿諡也。諡者明行之跡也、生時有百行之不同、死後至葬、隨其生時德行之跡而爲名稱、猶如經緯天地曰文、撥定禍亂曰武之屬也、

子曰。無違。孔子答也、言行孝者、每事須從無所違逆也、樊遲御。樊遲孔子弟子樊須也、字子遲、御御車也、謂樊遲時爲孔子御車也、子告之曰。孟孫問孝於我。我對曰。無違。孟孫卽懿子也、孔子前答懿子之問云無違、恐懿子不解、而他日樊遲爲孔子御車、孔子欲使樊遲爲孟孫解無違之旨、故語樊遲云、孟孫問孝於我、我對曰無違也、○鄭玄曰。孟孫不曉無違之意。將問於樊遲。故告之也。樊遲弟子樊須也。

樊遲曰。何謂也。樊遲亦不曉無違之旨、故反問之何謂也、子曰。生事之以禮。死葬之以禮。祭之以禮。向樊遲釋無違旨也、孟孫三家、僭濫違禮、故孔子以每事須禮爲答也、此三事爲人子之大禮、故特舉之也、故衞瓘曰、三家僭侈、皆不以禮也、故以禮答之也、

或問曰、孔子何不即告孟孫、乃還告樊遲耶、答曰、欲厲於孟孫、言其人不足委曲、即亦示也、所以獨告樊遲者、舊說云、樊遲與孟孫親狎、必問之也、一云、孟孫問時、樊遲在側、孔子知孟孫不曉、後必問樊遲、故後遲御時、而告遲也、

孟武伯問孝。孟武伯懿子之子也、亦問孔子行孝之法也、子曰。父母唯其疾之憂。答也、其其人子也、言人子欲常敬愼自居、不爲非法、横使父母憂也、若己身有疾、唯此一條當非人所及、可測尊者憂耳、唯其疾之憂也、

馬融曰。武伯懿子之子也。仲孫彘也。武諡也。言孝子不妄爲非。唯有疾病。然後使父母之憂耳。

子游問孝。亦問行孝法也、

孔安國曰。子游弟子。姓言。名偃也。

子曰。今之孝者是謂能養。答也、今之謂當孔子時也、夫孝爲體以敬爲先以養爲後、而當時皆多不孝、縱或一人有、唯知進於飲食、不知行敬、故云今之孝者是謂能養、至於犬馬。皆能有養。此舉能養無敬、非孝之例也、犬能爲人守禦、馬能爲人負重載人、皆是能養而不能行敬者、故云至犬馬皆能有養也、不敬何以別乎。言犬馬者亦養人、但不知爲敬耳、人若但知養而不敬、則與犬馬何以爲殊別乎、

苞氏曰。犬以守禦。馬以代勞。能養人者也。唯不知敬、與人爲別耳、

一曰。人之所養。乃能至於犬馬。此釋與前異也、言人所養乃至養於犬馬也、不敬則無以別。養犬馬則不須敬、若養親而不敬、則與養犬馬不殊別也、孟子曰。養而不愛。豕畜之也。引孟子語證後通也、言人畜養

家但以養之而不愛重之也、愛而不敬。獸畜之也。又言人養珍禽奇獸亦愛重之、而不恭敬之也、

子夏問孝。亦問行孝法也、子曰。色難。答也、色謂父母顏色也、言為孝之道必須承奉父母顏色、此事為難、故曰、色難也、故顏延之云、夫氣色和則情志通、善養親之志者、必先和其色、故曰難也、

苞氏曰。色難謂承望父母顏色乃為難也。

有事。弟子服其勞。此以下是易、而非孝子之事也、有事謂役使之事也、弟子謂為人子弟者也、服謂執持也、勞勞苦也、言家中有役使之事、而弟子自執持、不憚於勞苦也、有酒食。先生饌。先生謂父兄也、饌猶飲食也、言若有酒食則弟子不敢飲食、必以供飲食於父母也、

馬融曰。先生謂父兄也。饌飲食也。然禮唯呼師為先生、謂資為弟

子、此言弟子以對先生、則似非子弟、對父兄也、而注、必謂先生爲父兄者、其有二意焉、一則既云問孝、孝是事親之目、二則既釋先生爲父兄、欲寄在三之事同、師親情等也、

曾是以爲孝乎。曾猶嘗也、言爲人子弟先勞後食、此乃是人子人弟之常事也、最易處耳、誰嘗謂此爲孝乎、言非孝也、故江熙稱、或曰、勞役居前、酒食處後、人子之常事、未足稱孝也、

馬融曰。孔子喻子夏曰。服勞先食。汝謂此爲孝乎。未足爲孝也。承順父母顏色。乃是爲孝耳也。此四人問孝、是同、而夫子答異者、或隨疾與藥、或寄人弘教也、懿子武伯皆明其人有失、故隨其失而答之、子游子夏是寄二子以明教也、故王弼曰、問同而答異者、或攻其短、或矯其時失、或成其志、或說其行、又沈峭曰、夫應教紛紜、常係汲引、經營流世、每存急疾、今世万途、難以同對、互舉一事、以訓來問、來

問之訓、縱橫異轍、則孝道之廣亦以明矣、

子曰。吾與回言終日不違。如愚。此章美顏淵之德也、回者顏淵名也、愚者不達之稱也、自形器以上名之爲無、聖人所體也、自形器以還名之爲有、賢人所體也、今孔子終日所言、卽入於形器、故顏子聞而卽解、無所諮問、故不起發我道、故言終日不違也、一往觀回終日默識不問、殊似於愚魯、故云如愚也、○

孔安國曰。回弟子也。姓顏。名回。字淵。魯人也。不違者無所怪問於孔子之言。默而識之。如愚者也。諸弟子不解、故時或諮問、而顏回默識、故不問、不問如愚者之不能問也、故繆播曰、將言形器、形器顏生所體、莫逆於心、故若愚也、

退而省其私。亦足以發。回也不愚也。退謂回聽受已竟、退還其私房時也、省視也、其私謂顏私與諸朋友談論也、發發明義理也、言回就人衆講說、見回不問、如似愚人、今觀回退還私房與諸子覆述前義、亦足發明義理之大體、故方知回之不愚也、

孔安國曰。察其退還與二三子說釋道義發明大體。知其不愚也。熊埋曰、退察與二三子私論、亦足以發明聖奧、振起風訓也、回之似愚、而豈愚哉、既以美顏、又曉衆人未達者也、

子曰。視其所以。此章明觀知於人之法也、以用也、其其彼人也、若欲知彼人行、當先視其卽日所行用之事也、

以用也。言視其所行用也。

觀其所由。由者經歷也、又次觀彼從來所經歷處之故事也、

由經也。言觀其所經從也。

察其所安。察、謂心懷忖測之也、安、謂意氣歸向之也、言雖或外迹有所避、而不得行用、而心中猶趣向安定見於貌者、當審察以知之也、然在用言視、由言觀、安言察者、各有以也、視直視也、觀廣瞻也、察沈吟用心忖度之也、即日所用易見、故云視、而從來經歷處此即爲難、故言觀、情性所安最爲深隱、故云察也、

人焉廋哉。人焉廋哉。焉安也、廋匿也、言用上三法以觀驗彼人之德行、則在理必盡、故彼人安得藏匿其情邪、再言之者、深明人情不可隱也、故江熙曰、言人誠難知、以三者取之、近可識也、

孔安國曰。廋匿也。言觀人之終始安有所匿其情也。

子曰。溫故而知新。可以爲師矣。此章明爲師之難也、溫溫燖也、故謂所學

已得之事也、所學已得者、則溫燖之不使忘失、此是月無忘其所能也、新謂即時所學新得者也、知新謂日知其所亡也、若學能日知所亡、月無忘所能、此乃可爲人師也、孫綽曰、滯故則不能明新、希新則存故不篤、常人情也、唯心平秉一者、守故彌溫、造新必通、斯可以爲師者也、○

溫尋也。

尋繹故者。又知新者。可以爲師也。溫是尋繹之義、亦是燖煖之義也、

子曰。君子不器。此章明君子之人不係守一業也、器者給用之物也、猶如舟可汎於海、不登山、車可陸行、不可濟海、君子當才業周普、不得如器之守一也、故熊埋曰、器以名可繫其用、賢以才可濟其業、業無常分、故不可守一名、用有定施、故舟車殊功也、

苞氏曰。器者各周其用。至於君子。無所不施也。

子貢問君子。問施於何德行而可謂爲君子乎、子曰。先行其言而後從之。答曰、君子先有其言、而後必行、行以副所言、是行從言也、若言而不行、則爲辭費、君子所耻也、孔安國曰。疾小人多言而行之不周也。又一通云、君子之言、必爲物楷、故凡有言皆令後人從而法之也、故王朗曰、鄙意以爲立言之謂也、傳云、太上有立德、其次立言、明君子之道言必可則、令後世準而從之、故曰而後從之、

子曰。君子周而不比。此章明君子行與小人異也、周忠信也、比阿黨也、與君子常以忠信爲心、而無相阿黨也、孔安國曰。忠信爲周。阿黨爲比也。

小人比而不周。與君子反也、小人唯更相阿黨而並不忠信也、然周是傳遍之法、故謂爲忠信、比是親狎之名、故謂爲阿黨耳、若互而言、周名亦有惡、比名亦有善者、故春秋云、是謂比周、言其爲

惡周遍天下也、易卦有比、比則是輔、論語云、君子義與比、比則是親、雖非廣稱、文亦非惡、今此文既言周以對比、故以爲惡耳、孫綽云、理備故稱周、無私故不比也、

子曰。學而不思則罔。此章教學法也、夫學問之法、既得其文、又宜精思其義、若唯學舊文、而不思義、則臨用行之時、罔罔然無所知也、

苞氏曰。學而不尋思其義理。則罔然無所得也。又一通云、罔誣罔也、言既不精思、至於行用乖僻、是誣罔聖人之道也、

思而不學則殆。又若不廣學舊文、而唯專意獨思、則精神疲殆也、於所業無功也、

不學而思。終卒不得。使人精神疲殆也。

子曰。攻乎異端。斯害也已矣。此章禁人雜學諸子百家之書也、攻治也、古人謂學爲治、故書史載人事經學問者、皆云治其書治其經也、異端謂雜書也、言人若不學六籍正典、而雜

學于書史百家、此則爲害之深、故云攻乎異端斯害也已矣、斯害也已矣者、爲害之深也、

攻治也。善道者有統。故殊途而同歸。善道即五經正典也、有統、統本也、謂皆以善道爲本也、殊途謂詩書禮樂爲教也、途不同也、同歸謂雖所明各異端、同歸於善道也、○異端不同歸者也。諸子百家並是虛妄、其理不善、無益教化、故是不同歸也、

子曰。由。此章抑子路兼人也、由子路名也、子路有兼人之性、好以不知爲知也、孔子將欲教之、故先呼其名也、誨汝知之乎。誨教也、孔子呼子路名云、我欲教汝知之文事乎、

孔安國曰。由弟子。姓仲。名由。字子路也。

知之爲知之。不知之爲不知。汝若心有所不知、則當云不知、不可妄云知之

也、是知也。若不知云知、此則是無知之人耳、若實知而云知、此則是有知之人也、又一通云、孔子呼子路名云、由我從來教化於汝、汝知我教汝以不乎、汝若知我教則云知、若不知則云不知、能如此者是有知之人也、○

子張學干祿。干求也、祿祿位也、弟子子張就孔子學干祿位之術也、

鄭玄曰。子張弟子。姓顓孫。名師。字子張也。干求也。祿祿位也。

子曰。多聞闕疑。答求祿術也、疑疑惑之事也、言人居世間必多有所聞、所聞之事、必有疑者有解者、解者則心錄之、若疑者則廢闕而莫存錄、故云多聞闕疑、愼言其餘。其餘謂所心解不疑者也、已闕可疑者、而所餘不疑者、雖存錄在心、亦何必中理、故又宜口愼言之也、則寡尤。寡少也、尤過也、既闕可疑、又愼言所不疑、能如此者則生平之言少有過失也

苞氏曰。

尤過也。疑則闕之。其餘不疑。猶慎言之。則少過也。

多見闕殆。殆危也、言人若眼多所見、闕廢其危殆者、不存錄之也、慎行其餘。其餘謂自所錄非危殆之事也、雖已廢危殆者、而所餘不殆者、亦何必並中其理、故又宜慎行之也、則寡悔。悔恨也、既闕於危殆者、又慎行所不殆、能如此者則平生所行少悔恨也、

苞氏曰。殆危也。所見危者。闕而不行。則少悔也。

言寡尤。行寡悔。祿在其中矣。其餘若能言少過失、行少悔恨、則祿位自至、故云祿在其中也、故范寧曰、發言少過、履行少悔、雖不以要祿、乃致祿之道也、仲尼何以不使都無尤悔、而言寡尤乎、有顏回、猶不二過、蘧伯玉亦未能寡其過、自非聖人何能無之、子張若能寡尤悔、便爲得祿者也、

鄭玄曰。言行如此。雖不得祿。得祿之道也。

言當無道之世、德行如此、雖不得祿、若忽値有道之君、則必見用、故云得祿之道也、

哀公問曰。何爲則民服也。哀公失德、民不服從、而公患之、故問孔子求民服之法也、

苞氏曰。哀公魯君之謚也。

孔子對曰。擧直錯諸枉。則民服。荅哀公民服之法也、凡稱子曰、則是弟子所記、若稱孔子則當時人、非弟子所記、後爲弟子所撰、仍舊不復改易、故依先呼孔子也、直謂正直之人也、錯置也、枉邪委曲佞之人也、言若擧正直之人爲官位、爲廢置邪佞之人、則民服君德也、亦由哀公廢直用枉故也、故范寧云、哀公捨賢任佞、故仲尼發乎此言、欲使擧賢以服民也、

苞氏曰。錯置也。擧用正直之人。廢置邪枉之人。則民服其上矣。

舉枉錯諸直。則民不服。此舉哀公之政如此故民不服也、江熙曰、哀公當千載之運、而聖賢滿國、舉而用之、魯其王矣、而唯好耳目之悅、群邪秉政、民心厭弃、既而苦之、乃有此問也、

季康子問。使民敬忠以勸。如之何。魯臣也、其既無道僭濫、故民不敬不忠不相勸奬、所以問孔子求學使民行敬及忠及勸三事也、故云如之何、

孔安國曰。魯卿大夫季孫肥也。康謚也。

子曰。臨民之以莊則民敬。答使爲三事之術也、民從上化如草從風也、臨謂以高視下也、莊嚴也、言君居上臨下、若自能嚴整、則下民皆爲敬其上也、

苞氏曰。莊嚴也。君臨民以嚴。則民敬其上也。

孝慈則忠。又言、君若上孝父母、下慈民人、則民皆盡竭忠心以奉其上也、故江熙曰、言民法上

而行也、上孝慈則民亦孝慈、孝於其親、乃能忠於君、求忠臣必於孝子之門也、○

苞氏曰。君能上孝於親。下慈於民。則民忠矣。

舉善而教不能。則民勸。又言、若民中有善者、則舉而祿位之、若民中未能善者、則教令使能、若能如此、則民競爲勸慕之行也、

苞氏曰。舉用善人而教不能者。則民勸之也。

或謂孔子曰。子奚不爲政。或者或有一人不記其姓名也、奚何也、政謂居官南面也、或人見孔子栖遑、故問孔子曰、何不爲政處官位乎、

苞氏曰。或人以爲居位乃是爲政也。

子曰。書云。孝于惟孝。友于兄弟。施於有政。是亦爲政

也。此以上並尚書言也、引書以答或人也、然此語亦與尚書微異而義可一也、善父母曰孝、善兄弟爲友、于於也、惟孝謂惟令盡於孝也、施行也、此言人子在閨門、當極孝於父母而極友於兄弟、若行此二事有政、卽亦是爲政也、**奚其爲爲政。**此是孔子正答於或人也、言施行孝友有政家家皆正、則邦國自然得正、亦又何用爲官位乃是爲政乎、故范寧曰、夫所謂政者以孝友爲政耳、行孝友則是爲政、復何者爲政乎、引尚書所以明政也、或人貴官位而不存孝道、故孔子言乎此也、

苞氏曰。孝于惟孝者。美孝之辭也。惟令極行於孝、故云美孝之辭也、**友于兄弟。善於兄弟也。**然友于兄弟是善於兄弟、則孝于惟孝是善於父母也、父母既云孝于惟孝、則兄弟亦宜云友于惟友也、所以互見之也、**施行也。所行有政道。卽是與爲政同耳也。**行孝友有政道、卽與爲政同、更何所別復

論語義疏第一

爲政乎、

子曰。人而無信。不知其可也。此章明人不可失信也、言人若無信、雖有他才終爲不可、故云不知其可也、

孔安國曰。言人而無信。其餘終無可也。其餘謂他才伎也、

大車無輗。小車無軏。其何以行之哉。此爲無信設譬也、言人無以信得立、如大小之車由輗軏以得行也、若車無輗軏、則車何以得行哉、如人而無信、則何以得立哉、故江熙稱彥叔曰、車待輗軏而行、猶人須信以立也、

苞氏曰。大車牛車。牛能引重、故曰大車也、輗者轅端橫木以縛枙者也。端頭也、古作牛車二轅、不異卽時車、但轅頭安枙與今異也、卽時車枙、用曲木

駕於牛脰、仍縛枙兩頭著兩軛、古時則先取一橫木縛著兩軛頭、又別取曲木爲枙、縛著橫木以駕

牛脰也、即時一馬牽車、枙猶如此也、

小車駟馬車也。馬所載輕、故曰小車也、四馬共牽一車、即今龍旂車是也、

軏者轅端上曲拘衡者也。衡橫也、四馬之車、唯中央有一轅、轅頭曲向上、此拘駐於橫、名此曲者爲軏也、所以轅頭拘此橫者、轅駕四馬、故先橫一木於轅頭而縛枙著此橫、此橫旣爲四馬所載恐其不堅、故特置曲枙軏裏、使牽之不脫也、猶卽時龍旂車轅端爲龍、置橫在龍頭上曲處也、鄭玄曰、輗穿轅端著之、軏因轅端著之、

子張問。十世可知也。十世謂十代也、子張見五帝三王文質變易世代不同、故問孔子從今以後方來之事、假設十代之法可得逆知以不乎、

孔安國曰。文質禮變也。禮變則制度改易也、

論語義疏第一

子曰。殷因於夏禮。所損益可知也。孔子舉前三代禮法相因及所損益、以爲後代可知之證也、言殷代夏立、而因用夏禮及損益夏禮、事事可得而知也、周因於殷禮。所損益可知也。又周代殷立、亦有因殷禮及有所損益者、亦事事可知也、馬融曰。所因謂三綱五常也。此是周所因於殷、殷所因於夏之事也、三綱謂夫婦父子君臣也、三事爲人生之綱領、故云三綱也、五常謂仁義禮智信也、就五行而論、則木爲仁、火爲禮、金爲義、水爲信、土爲智、人稟此五常而生、則備有仁義禮智信之性也、人有博愛之德謂之仁、有嚴斷之德爲義、有明辨尊卑敬讓之德爲禮、有言不虛妄之德爲信、有照了之德爲智、此五者是人性之恒、不可暫捨、故謂五常也、雖復時移世易事歷今古、而三綱五常之道不可變革、故世々相因、百代仍襲也、所損益謂文質三統也。夫文質再而復、正朔三而

改、質文再而復者、若一代之君以質爲教者、則次代之君必以文教也、以文之後君則復質、質之後君則復文、循環無窮、有興必有廢、廢興更遷、故有損益也、正朔三而改者、三代而一周也、夫人君爲政、所尚不同、必各有所統、統則有三也、案大傳云、王者始起、改正朔易服色、夫正朔有三本、亦有三統、明王者受命、各統一正也、朔者蘇也、革也、言萬物革更於是、故統焉、又禮三正記云、正朔三而改、文質再而復、尚書大傳云、夏以孟春爲正、殷以季冬爲正、周以仲冬爲正、又曰夏以十三月爲正、色尚黑、以平旦爲朔、殷以十二月爲正、色尚白、以鷄鳴爲朔、周以十一月爲正、色尚赤、以夜半爲朔也、白虎通云、王者受命、必改正朔者、明易姓示不相襲、明受之於天、不受之於人、所以變易民心、革其耳目以化、又云、十三月之時、萬物始達、孚甲而出、皆黑、人得加功力、故夏爲人正、色尚黑也、十二月之時、萬物始芽而白、白者陰氣、故殷爲地正、色尚白也、十一月之時、陽氣始養根核、故黃泉之下萬

物皆赤、赤者盛陽之氣也、故周爲天正、色尚赤也、又云、天道左旋、改正右行者、非改天道、但改日月耳、日月右行、故改正右行、日尊於月、不言正日而言正月者、積日成月、物隨月而變、據物爲正也、天質地文、周反天統何、質文再改、正朔三易、三微質文、正不相因、故正不隨質文也、三統之義如此、然舊問云、夏用建寅爲正、物初出色黑、故尚黑、今就草木初生皆青、而云黑何也、舊通云、物初出乃青、遠望則黑、人功貴廣遠故也、且一日之中、天有青時、故取其黑也、又舊問云、三正爲正、是三王爲上代已有、舊通有二家、一云、正在三代、三代時相統、故須變革相示也、又一家云、自從有書籍而有三正也、伏犧爲人統、神農爲地統、黃帝爲天統、少昊猶天統、言是黃帝之子、故不改統也、顓頊爲人統、帝嚳爲地統、帝堯是爲嚳子、亦爲地統、帝舜爲天統、夏爲人統、殷爲地統、周爲天統、三正相承若連環也、今依後釋、所以必從人爲始者、三才須人乃成、是故從人爲始也、而禮家從夏爲始者、夏是三

王始、故舉之也、又不用建卯建辰爲正者、于時萬物不齊、莫適所統也、

其或繼周者。雖百世亦可知也。既因變有常、故從今以後、假令或有繼周而王者、王王相承至於百世、亦可逆知也、言或者爾時周猶在、不敢指斥有代、故云其或也、

馬融曰。物類相招。謂三綱五常各以類相招、因而不變者也、**勢數相生。**謂文質三統及五行相次各有勢數也、如太昊木德、神農火德、黃帝土德、少昊金德、顓頊水德、周而復始、其勢運相變生也、**其變有常。故可豫知也。**豫逆也、有因有變各有其常、以此而推故百世可逆知也、○

子曰。非其鬼而祭之。諂也。諂橫求也、鬼神聰明正直不歆非禮、人若非己祖考而祭之、是爲諂求福也、○

鄭玄曰。人神曰鬼。非其祖考而祭之。是諂以求福也。

見義不爲。無勇也。義謂所宜爲也、見所宜爲之事而不爲、是無勇敢也、

孔安國曰。義者所宜爲也。而不能爲。是無勇也。○

論語義疏第一　經一千四百七十字　註一千五百十三字

論語義疏卷第二 八佾 里仁　梁國子助教吳郡皇侃撰

論語八佾第三　何晏集解　凡廿六章

疏八佾者、奏樂人數行列之名也、此篇明季氏是諸侯之臣而僭行天子之樂也、所以次前者、言政之所裁、裁於斯濫、故八佾次爲政、又一通云、政既由學、學而爲政、則如北辰、若不學而爲政、則如季氏之惡、故次於爲政也、然此不標季氏而以八佾命篇者、深責其惡、故書其事標篇也、○

孔子謂季氏。謂者評論之辭也、夫相評論者、對面而言、有遙相稱評、若此後子謂冉有曰汝不能救與、則是對面也、今此所言、是遙相評也、季氏魯之上卿也、魯有三卿、並豪強僭濫、季氏是上卿、爲僭濫之端、故特舉謂季氏也、

八佾舞於庭。此是孔子所譏之事也、佾猶行列也、天子之制八音爲樂、以調八風、故舞人亦有八行、每八人爲行、八八六十四人、則天子儛舞者用六十四人也、魯有周公

之故、故天子賜魯用天子八佾之樂、而季氏是魯臣、乃僭取八佾樂、於其家廟庭而舞之、故云八佾舞於

庭也、**是可忍也。**是猶此也、此此舞八佾之事也、忍猶容耐也、孔子曰、此僭八佾之舞、若可容忍

者也、**孰不可忍也。**孰誰也、言若此僭可忍、則天下爲惡、誰復不可忍也、

馬融曰。孰誰也。佾列也。天子八佾。天子用八以象八風、八風者八

方之八卦之風也、北曰廣漠風、東北曰條風、東曰明庶風、東南曰淸明風、南曰景風、西南曰涼風、西

曰閶闔風、西北曰不周風也、**諸侯六。**六禮降殺以兩、天子八佾、諸侯故六佾也、**卿大**

夫四。士二。杜注春秋及公羊傳皆云、諸侯六六三十六人、大夫四四十六人、士二二四人

也、**八人爲列。八八六十四人也。**據天子之佾人數也、**魯以周**

公故故周公有輔相成王、攝天子位、六年制禮作樂、七年致政還成王之故也、**受王者**

禮樂。有八佾之僣。由周公之故、故受天子禮樂八佾舞也、今季桓子僣於其家廟僣之。故孔子譏之也。桓子家之豪強、起於季氏、文子武子平子悼子至桓子五世、故後引稱孔子曰政逮於大夫四世矣、是也、今孔子所譏皆譏其五世、而注獨云桓子者、是時孔子與桓子政相値、故舉値者言之、○

三家者以雍徹。又譏其失也、三家即是仲孫叔孫季孫也、並皆僣濫、故此幷言之也、季氏爲最惡、故卷初獨言季氏也、雍者詩篇名也、徹者禮天子祭竟、欲徹祭饌、則先使樂人先歌雍詩以樂神、後乃徹祭器、于時三家祭竟、亦歌雍詩以徹祭、故云三家以雍徹也、

馬融曰。三家者謂仲孫叔孫季孫也。三孫同是魯桓公之後、桓公嫡子莊公爲君、而桓公之庶子有公子慶父、公子叔牙、公子季友也、仲孫是慶父之後、叔孫是叔

牙之後、季孫是季友之後、後子孫皆以其先仲叔季爲氏、故有此三氏、並是桓公子孫、故俱稱孫也、亦曰三桓子孫也、仲孫氏後世改仲曰孟、孟者庶長之稱也、言己家是庶、不敢與莊公爲伯仲叔季之次、故取庶長爲始、而云孟孫氏也、**雍周頌臣工篇名也。天子祭於宗廟。歌之以徹祭。今三家亦作此樂者也。**天子徹祭所以歌雍者、雍詩云、有客雍雍、至止肅肅、相維辟公、天子穆穆、是言祭事周畢、有客甚自雍和、而至皆並肅敬、時助祭者、有諸侯及二王後、而天子威儀又自穆穆、是禮足事竟、所以宜徹、故歌之以樂神也、

子曰。相維辟公。天子穆穆矣。奚取於三家之堂。前是記者之言、此是孔子語也、孔子稱雍詩之曲以譏三家也、相助、辟猶諸侯也、公二王之後、穆穆敬也、奚何也、孔子云、此詩曲言時助祭者有諸侯及王者後、而天子容儀盡敬穆穆然、今三家之祭但有其家臣而已、有

何諸侯二王後及天子穆穆乎、既無此事、何用空歌此曲於其家之廟堂乎、

苞氏曰。辟公謂諸侯及二王之後也。辟訓君、君故是諸侯也、二王後稱公、公故是二王後也、穆穆天子之容也。雍篇歌此者。有諸侯及二王之後來助祭故也。唯天子祭有此也、今三家但家臣而已。何取此義而作之於堂耶。大夫稱家、今三卿之祭、但家臣、家臣謂家相邑宰之屬來助祭耳、有何辟公天子之穆穆、而空歌此曲於堂哉、或問曰、魯祭亦無諸侯及二王後、那亦歌此曲耶、答曰、既用天子禮樂、故歌天子詩也、或通云、既用天子禮樂、故當祭時則備設此諸官也、或云、魯不歌此雍也、季氏自僭天子禮、非僭魯也、○

子曰。人而不仁。如禮何。人而不仁。如樂何。此章亦爲季氏出也、

論語義疏第二

季氏三家僭濫王者禮樂、其既不仁、則柰此禮樂何乎、江熙云、所貴禮樂者、以可安上治民移風易俗也、然其人存則興、其人亡則廢、而不仁之人、居得興之地、而無能興之道、則仁者之屬、無所施之、故歎之而已、

苞氏曰。言人而不仁。必不能行禮樂也。

林放問禮之本。問孔子求知禮之本也、

鄭玄曰。林放魯人也。

子曰。大哉問。重林放能問禮之本、故美其問而稱之大哉也、故王弼云、時人棄本崇末、故大之其能尋本禮意也、**禮與其奢也寧儉。**美之既竟、此答之也、奢奢侈也、儉儉約也、夫禮之本貴在奢儉之中、不得中者皆爲失也、然爲失雖同、而成敗則異、奢則不遜、儉則固陋、俱是致失、奢不如儉、故云禮與奢寧儉也、**喪與其易也寧戚。**易和易也、戚哀過禮也、凡喪有五服輕重

者、各宜當情、所以是本、若和易及過哀、皆是爲失、會是一失、則易不如過哀、故云寧戚也、或問曰、何不答以禮本、而必言四失何也、通云、舉其四失、則知不失其本也、其時世多失、故因舉失中之勝、以誡當時也、

鄭玄曰。易和易也。言禮之本意失於奢。不如儉也。喪失於和易。不如哀戚也。就注意、即所答四失從二、即是禮之本也、

子曰。夷狄之有君。不如諸夏之亡也。此章重中國賤蠻夷也、諸夏中國也、亡無也、言夷狄雖有君主、而不及中國無君也、故孫綽云、諸夏有時無君、道不都喪、夷狄强者爲師、理同禽獸也、釋慧琳云、有君無禮、不如有禮無君也、刺時季氏有君無禮也、○

苞氏曰。諸夏中國也。亡無也。謂中國爲諸夏者、夏大也、中國禮大、故謂爲夏也、諸之也、之語助也、

論語義疏第二

季氏旅於泰山。又譏季氏僭也、旅祭名也、泰山魯之大山也、禮天子祭天下名山大川、諸侯止祭其封內、大夫位非專封、則不得祭山川、而季氏亦僭祭魯大山也、○子謂冉有曰。汝不能救與。冉有孔子弟子也、救猶諫止也、時冉有仕季氏家、季氏濫祀、故孔子問冉有言、汝既仕彼家、那不能諫止其濫祀乎、

馬融曰。旅祭名也。鄭注周禮云、旅非常祭也、今季氏祭大山、非是常祭、故云旅也、禮諸侯祭山川在其封內者也。大山在魯、魯君宜祭之耳、今陪臣祭大山。非禮也。陪重也、魯是天子臣、而季氏是魯臣、於天子爲重臣、重臣而與天子俱祭名山、故爲非禮也、冉有弟子冉求也。時仕季氏。救猶止也。

對曰不能。冉有對孔子也、不能謂季氏豪僭、雖諫不能止也、子曰。嗚呼。孔子更說季氏之失、故先歎而後言也、嗚呼歎也、曾謂泰山不如林放乎。曾之言則也、乎助語也、孔子曰、林放尚能問禮本、況大山之神聰明、正直、而合歆此非禮之祀也乎、若遂歆此非禮之食、則此神反不如林放也、既必無歆理、豈可誣罔而祭之乎、故云則可謂大山不如林放乎、

苞氏曰。神不享非禮。林放尚知禮。大山之神反不如林放耶。欲誣而祭之也。

子曰。君子無所爭。此章明射之可重也、言君子恒謙卑自收、退讓明禮、故云無所爭也、必也射乎。言雖他事無爭、而於射有爭、故云必也射乎、於射所以有爭者、古者生男必設桑弧蓬矢於門左、至三日夜、使人負子出門而射、示此子方當必有事於天地四方、故云至年長以射進仕、禮

王者得祭、必擇士助祭、故四方諸侯並貢士於王、王試之於射宮、若形容合禮、節奏比樂、而中多者、則得預於祭、得預於祭者、進其君爵土、若射不合禮樂而中少者、則不預祭、不預祭者黜其君爵土、此射事旣重、非唯自辱、乃係累已君、故君子之人於射而必有爭也、故顏延之云、射許有爭、故可以觀無爭也、范寧亦云有爭、○

孔安國曰。言於射而後有爭也。

揖讓而升下。射儀之禮、初主人揖賓而進、交讓而升堂、及射竟勝負已決下堂、猶揖讓不忘禮、故云揖讓而升下也、**而飲。**而飲者謂射不如者而飲罰爵也、射勝者黨酌酒跪飲於不如者云敬養、所以然者、君子敬讓、不以己勝爲能、不以彼負爲否、言彼所以不中者、非彼不能、政是有疾病故也、酒能養病、故酌酒飲彼、示養彼病、故云敬養也、所以禮云君使士射不能則辭以病懸弧之義也、而不如者亦跪受酒而云賜灌、灌猶飲也、言賜飲者、服而爲敬辭也、

王肅曰。射於堂。升及下皆揖讓而相飲也。就王注意則云揖讓而升下也、若餘人讀則云揖讓而升、升屬上句、又云下而飲、下屬下句、然此讀不及王意也、○其爭也君子。夫少人之爭、必攘臂厲色、今此射雖心止不忘中、而進退合禮、更相辭讓、跪授跪受、不乖君子之容、故云其爭也君子也、

馬融曰。多算飲少算。君子之所爭也。此證其爭也君子也、算猶籌也、射者比結朋黨、各有算數、每中則以算表之、若中多則籌多、故云多算也、中少則籌少、故云少算也、凡情得勝則敢自爲矜貴、今射雖多算、當猶自酌酒以飲少算、不敢自高、是君子之所爭也、故云君子之所爭也、然釋此者、亦云於射無爭、非今所安、聊復記之、李充曰、君子謙卑以自收、後己先人、受勞辭逸、未始非讓、何爭之有乎、射藝競中以明能否、而處心無措者、勝負若一、由此觀之、愈知君子之無爭也、欒肇曰、君子於射、講藝明訓、考

德觀賢、繁揖讓以成禮、崇五善以興教、故曰、君子無所爭、必也射乎、言於射尤必君子之無爭、周官所謂陽禮教讓、則民不爭者也、君子於禮所主在重、而所略在輕、若升降揖讓於射則爭、是爲輕在可讓、而重在可爭、豈所謂禮敬之道哉、且爭無益於勝、功者也、求勝在己、理之常也、雖心在中質、不可謂不爭矣、故射義曰、失諸正鵠、還求諸身、求中以辭養、不爲爭勝以恥人也、又曰、射仁道也、發而不中、不怨勝己者、反求諸己而已、因稱此言以證無爭焉、誠以爭名施於小人、讓分定於君子也、今說者云、必於射然後有爭、此爲反論文背周官違禮記、而後有爭之言得通、考諸經傳、則無爭之證益明矣、○

子夏問曰。巧笑倩兮。美目盼兮。素以爲絢兮。何謂也。

此是衛風碩人閔莊姜之詩也、莊姜有容有禮、衛侯不好德而不答、故衛人閔之也、巧咲咲之美者也、倩

巧咲貌也、言人可怜、則咲巧而貌倩倩然也、美目目之美者也、盼動目貌也、言人可怜、則目美而貌盼盼然也、素白也、絢文貌也、謂用白色以分間、五采使成文章也、言莊姜既有盼倩之容、又有禮自能約束、如五采得白分間、乃文章分明也、子夏讀詩不達此語、故云何謂以問孔子也、

馬融曰。倩笑貌。盼動目貌也。絢文貌也。此上二句在衛風碩人之二章。巧笑及美目卽見衛風碩人第二章、其下一句逸也。素以爲絢之一句也、已散逸則衛風所無也、○

子曰。繪事後素。答子夏也、繪畫也、言此上三句是明美人先有其質、後須其禮以自約束、如畫者先雖布衆采蔭映、然後必用白色以分間之、則畫文分明、故曰繪事後素也、

鄭玄曰。繪畫文也。又刺繡成文則謂之繡、畫之成文謂之爲繪也、凡畫繪

先布衆采。然後以素分其間。以成其文。喻美女雖有倩盼美質。亦須禮以成也。

曰。禮後乎。子夏聞孔子云繪事後素、而解特喻人雖可怜必後用禮、故云禮後乎、

孔安國曰。孔子言繪事後素。子夏聞而解知以素喻禮。故曰禮後乎。

子曰。起予者商也。始可與言詩已矣。起發也、予我也、孔子但言繪事後素、而子夏仍知以素喻禮、是達詩人之旨、以起發我談、故始可與言詩也、

苞氏曰。予我也。孔子言。子夏能發明我意。可與共言詩已矣。沈居士曰、孔子始云未若貧而樂道富而好禮、未見貧者所以能樂道、富所以

能好禮之由、子貢答曰、切磋琢磨所以得好禮也、則是非但解孔子旨、亦是更廣引理以答也、故曰告諸往而知來者也、孔子云繪事後素、本政是以素喩禮、子夏答云禮後乎、但是解夫子語耳、理無所廣、故云起予、而不云知來也、

子曰。夏禮吾能言之。杞不足徵。此章明夏殷之後失禮也、夏禮謂禹時禮也、卽孔子往杞、所得夏時之書也、杞夏之後所封之國也、徵成也、夏桀失國、殷封其後於杞、當周末而其君昏闇、故孔子言夏家之禮吾能言之、但杞君昏愚、不足與共成其先代之禮、故云杞不足徵也、殷禮吾能言之。宋不足徵也。殷禮殷湯之禮、卽孔子往宋所得坤乾之書也、宋殷之後所封之國也、紂失國、周封微子於宋也、孔子云殷湯之禮吾亦能言、但于時宋君昏亂不足以與共成之也、

苞氏曰。徵成也。杞宋二國名也。夏殷之後

也。夏殷之禮吾能說之。杞宋之君不足以成之也。文獻不足故也。解所以不足成義也、文文章也、獻賢也、言杞宋二君無文章賢才、故我不足與成之也、足則吾能徵之矣。若文章賢才足則吾豈不與成之乎、故云足則成之矣、鄭玄曰。獻猶賢也。我能不以其禮成之者。以此二國之君文章賢才不足故也。

子曰。禘自既灌而往者。吾不欲觀之矣。此章明魯祭失禮也、禘者大祭名也、周禮四時祭、名春曰祠、夏曰礿、秋曰嘗、冬曰烝、又四時之外、五年之中、別作二大祭、一名禘、一名祫、而先儒論之不同、今不具說、且依注梗概而談也、謂祫爲禘者諦也、謂審諦昭穆也、灌者獻也、酌鬱鬯酒獻尸、灌地以求神也、禘禮必以毀廟之主陳在太祖廟、未毀廟之主亦升於太祖廟、序諦昭穆而後共

合食堂上、未陳列主之前、王與祝入太祖廟室中、以酒獻尸、尸以祭灌於地、以求神、求神竟而出廟堂、列定昭穆、備成祭禮、時魯家逆祀、尸主亂次、當於灌時、未列昭穆、猶有可觀、既灌以後、逆列已定、故孔子云不欲觀也、往猶後也、不言祫唯云禘者、隨爾時所見也、

孔安國曰。禘祫之禮爲序昭穆也。列諸主在太祖廟堂、太祖之主在西壁東向、太祖之子爲昭、在太祖之東而南向、太祖之孫爲穆、對太祖之子而北向、以次東陳在北者曰昭、在南者曰穆、所謂父昭子穆也、昭者明也、尊父故曰明也、穆敬也、子宜敬於父也、○故毀廟之主及群廟之主。皆合食於太祖。孔及先儒義云、禘祫禮同、皆取毀廟之主及未毀廟之主、並升列昭穆、在太祖廟堂也、灌者酌鬱鬯。灌於太祖。以降神也。鬱鬯者、煑鬱金之草取汁、釀黑秬一秠二米者爲酒、酒成則氣

芬芳調暢、故呼爲鬯、亦曰秬鬯也、若又擣鬱金取汁、和莎沸於此、暢則呼爲鬱鬯、但先儒舊論灌法不同、一云、於太祖室裡龕前東向、東白茅置地上、而持鬯酒灌於白茅上、使酒味滲入淵泉以求神也、而鄭康成不正酌道灌地、或云灌尸、或云灌神、故郊特牲云、周人尚臭、灌用鬯臭、鬱合鬯臭、陰達於淵泉、灌以珪璋、用玉氣也、既灌然後迎牲、致陰氣也、鄭注云、灌謂以圭瓚酌、暢始獻神也、又祭統云、君執圭瓚灌尸、太宗執璋瓚亞灌、鄭注云、天子諸侯之祭禮、先有灌尸之事、及後迎牲、案鄭二注、或神或尸、故解者或云灌神、是灌地之禮、灌尸是灌人之禮、而鄭注尚書大傳則云、灌是獻尸、尸乃得獻、乃祭酒以灌地也、

既灌之後。別尊卑。序昭穆。謂灌竟尸出堂時也、而

魯爲逆祀。躋僖公亂昭穆。故不欲觀之矣。躋升也、僖公閔公俱是莊公之子、僖庶子而年長、閔嫡而幼、莊公薨而立閔公爲君、則僖爲臣事閔、閔薨而僖立爲

君、僖後雖爲君、而昔是經閔臣、至僖薨、列主應在閔下、而魯之宗人夏父弗忌佞僖公之子文公云、吾聞新鬼大故鬼小、故升僖於閔上、而逆祀亂昭穆、故孔子不欲觀之也、○

或問禘之說。或人聞孔子不欲觀禘、故問孔子以求知禘禮舊說也、**子曰。不知也。**孔子答或人云、不知禘禮舊說也、所以然者、若依舊說而答之、則魯乖禮之事顯、若依魯而說之、則又乖正教、旣爲魯諱、故云不知也、

孔安國曰。答以不知者。爲魯君諱也。臣爲國諱惡、則是禮也、

知其說者之於天下也。其如示諸斯乎。孔子爲國諱而答以不知、遂不更說、則千載之後長言禘禮爲聖所不知、此事永絕、故更向或人陳其方便也、言若欲知禘說、其自不難、於天下之人莫不知矣、人人皆知、如示以掌中之物、無不知了者也、故云之於天下也、其如示諸斯

也、斯此也、此此孔子掌中也、**指其掌。**此記者所言、以釋孔子語也、孔子既云易知而申掌、又以一手自指所申之掌以示或人云、其如示諸此也、是孔子自指其掌也、

苞氏曰。孔子謂或人言。知禘禮之說者於天下之事。如指示以掌中之物。言其易了也。

祭如在。此以下二句乃非孔子之言、亦因前而發也、爲魯祭、臣處其君上、是不如在故、明宜如在也、也、此先說祭人鬼也、人子奉親、事死如事生、是如在、○**孔安國曰。言事死如事生也。**所以祭之日、思親居處咲語及所好樂嗜慾、事事如生存時也、

祭神如神在。此謂祭天地山川百神也、神不可測、而必心期對之、如在此也、

孔安國曰。謂祭百神也。孔所以知前是祭人神鬼後是祭百神者、凡且人稱其鬼

在、以對不在也、前既直云如在、故則知是人鬼、以今之不在對於昔之在也、後既云祭神如神在、再稱於神、則知神無存沒、期之則在也、○

子曰。吾不與祭。如不祭。既並須如在、故說者引孔子語證成己義也、孔子言、我或疾或行、不得自祭、使人攝之、雖使人代攝、而於我心不盡、是與不祭同也、

苞氏曰。孔子或出或病。而不自親祭。使攝者爲之。故不致敬心。與不祭同也。

王孫賈王孫賈者周靈王之孫、名賈也、是時仕衞爲大夫也、問曰。與其媚於奧。寧媚於竈。何謂也。此世俗舊語也、媚趣向也、奧內也、謂室中西南角、室向東南開戶、西南安牖、牖內隱奧無事、恒尊者所居之處也、竈謂人家爲飲食之處也、賈仕在衞執政、爲一國之要、能爲人

人之益、欲自比如竈雖卑外而實要爲衆人所急也、又侍君之近臣以喻奧也、近君之臣、雖近君爲尊、而交無事、如室之奧雖尊而無事也、並於人無益也、時孔子至衛、賈誦此舊語以感切孔子、欲令孔子求媚於己如人之媚竈也、故云與其媚於奧寧當媚竈、問於孔子何謂、使孔子悟之也、

孔安國曰。王孫賈衛大夫也。奧內也。以喻近臣也。竈以喻執政也。賈者執政者也。欲使孔子求昵之。故微以世俗之言感動之也。昵猶親近也、欲令孔子求親近於己、故說世俗之言微以感動之也、○

子曰。不然。獲罪於天。無所禱也。孔子識賈之詐、故以此言距之也、言我不被時用、是由君命、何能細爲曲情以求於汝輩、譬如世人得罪於天、亦無所細祈禱衆邪之神也、○

孔安國曰。天以喻君也。孔子距之曰。如獲罪於天。無所禱於衆神也。若不依注則復一釋、欒肇曰、奥尊而無事、竈卑而有求、時周室衰弱、權在諸侯、賈自周出仕衛、故託世俗言以自解於孔子、孔子曰、獲罪於天無所禱者、明天神無上王尊無二、言當事尊、卑不足媚也、

子曰。周監於二代。郁郁乎文哉。周周代也、監視也、二代夏殷也、郁郁文章明著也、言以周世比視於夏殷、則周家文章最著明大備也、吾從周。周既極備爲教所須、故孔子欲從周也、

孔安國曰。監視也。言周文章備於二代。當從周也。

子入大廟。周公廟也、孔子仕魯助祭、故得入周公廟也、

苞氏曰。大廟周公廟也。孔子仕魯。魯祭周公而助祭焉也。

每事問。大廟中事及物、孔子每事輒問於廟中令長也、○或曰。孰謂鄹人之子知禮乎。入大廟每事問。孰誰也、鄹孔子父叔梁紇所治邑也、故謂孔子爲鄹人子也、世人皆傳孔子知禮、或人疑云、知禮者自當遍識一切、不應有問、今孔子入廟、每事輒問、則是不當知禮也、故曰誰謂鄹人子知禮乎、

孔安國曰。鄹孔子父叔梁紇所治邑也。時人多言孔子知禮。或人以爲知禮者不當復問也。

子聞之曰。是禮也。孔子聞或人譏己多問、故釋之也、所以云是禮者、宗廟事重、不可輕

脫、愈知愈問、是敬、愼之禮也、

孔安國曰。雖知之當復問。愼之至也。

子曰。射不主皮。射者男子所有事也、射乃多種、今云不主皮者、則是將祭擇士之大射也、張布爲棚、而用獸皮帖其中央、必射之取中央、故謂主皮也、然射之爲禮乃須中質、而又須形容兼美、必使威儀中禮節奏比樂、然後以中皮爲美、而當周衰之時、禮崩樂壞、其有射者無復威儀、唯競取主皮之中、故孔子抑而解之云、射不必在主皮也、

馬融曰。射有五善。引周禮卿大夫射五物之法以證之也、○一曰和志。體和也。和志謂將射必先正志、志和則身體和韻、故云體和也、二曰和容。有容儀也。二則使行步擧動和柔、所以有容儀也、三曰主皮。能中質也。

先和志有容儀、後乃取中於質、質卽棚也、四曰和頌。合雅頌。射時有歌樂、言雖能中質、而放捨節奏、必令與雅頌之聲和合也、天子以騶虞爲節、諸侯以狸首、大夫以菜蘋、士以菜蘩爲節、故孔子云何以射、何以聽、言射節以與樂聲合如一也、五曰興武。與舞同也。匪唯聲合雅頌而已、乃至使射容與樂儛趣興相會進退同也、然馬注與鄉射五物小異、亦可會也、不須委曲細通、天子有三侯。侯卽射棚也、謂棚爲侯者、天子中之以威服諸侯、諸侯中之則得爲諸侯、故禮云、謂射之爲諸侯也、尚書云侯以明之、是也、以熊虎豹皮爲之。三獸之皮各爲一侯、故有三侯也、所以用此三獸者、三獸雄猛、今取射之、示能伏服猛也、天子大射張此三侯、天子射猛虎、諸侯射熊、卿大夫射豹也、然此注先言熊者、隨語便、無別義也、○

言射者不但以中皮爲善。亦兼取之和容也。

爲力不同科。爲力謂力役之事也、科品也、古者役使人、隨其强弱爲科品、使之有上中下三等、周末則一概使之、無復强弱三科、與古爲異、此明與古不同科也、○古之道也。射不主皮及爲力不同科二事、皆是古有道之時法也、故云古之道也、馬融曰。爲力爲力役事也。亦有上中下。設三科焉。故曰不同科也。

子貢欲去告朔之餼羊。告朔者人君每月旦於廟告此月朔之至也、禮天子每月之旦、居於明堂、告其時帝布政、讀月令之書畢、又還大廟、告於太祖、諸侯無明堂、但告於大廟、並用牲、天子用牛、諸侯用羊、于時魯家昏亂、自魯文公而不復告朔、以至子貢之時也、時君雖不告朔、而其國之舊官猶進告朔之羊、子貢見告朔之禮久廢、而空有其羊、故使除去其羊也、云餼者腥羊也、腥牲曰餼、鄭玄曰。牲生曰餼。鄭注詩云、牛羊豕爲牲、繫養者曰牢、熟曰雍、腥曰餼、生曰牽、而

鄭今云牲生曰餼者、當腥與生是通名也、然必是腥也、何以知然者、猶生養則子貢何以養也、愛乎、政是殺而腥送、故賜愛之也、○**禮人君每月告朔於廟。有祭謂之朝享也。**告朔之祭、周禮謂爲朝享也、鄭注論語云、諸侯用羊、天子用牛矣、侃案、魯用天子禮告朔、應用牛而今用羊者、天子告朔時帝、事大故用牛、魯不告帝、故依諸侯用羊也、○**魯自文公始不視朔。子貢見其禮廢。故欲去其羊也。**文公是僖公之子也、起文公爲始、而不視告於朔也、始文經宣成襄昭定、至哀公時、子貢當於定未及哀時也、然謂月旦爲朔者、朔者蘇也、生也、言前月已死、此月復生也、

子曰。賜也汝愛其羊。我愛其禮。孔子不許子貢去羊也、言子貢欲去羊之意、政言既不告朔、徒進羊爲費、故云愛羊也、而我不欲去羊者、君雖不告朔、而後人見有告朔之羊、猶識

舊有告朔之禮、今既已不告、若又去羊、則後人無復知有告朔之禮者、是告朔禮都亡已、我今猶欲使人見羊知其有禮、故云我愛其禮也、

苞氏曰。羊在猶所以識其禮也。羊亡禮遂廢也。

子曰。事君盡禮。人以爲諂也。當于今時、臣皆佞諂阿黨、若見有能盡禮竭忠於君者、因共翻謂爲諂、故孔子明言以疾當時也、○

孔安國曰。時事君者多無禮。故以有禮者爲諂也。

定公問。君使臣。臣事君。如之何。定公哀公父也、亦失禮而臣不服、定公患之、故問孔子求於君使臣、臣事君之法禮也、

孔安國曰。定公魯君謚也。時臣失禮。定公患之。故問也。

論語義疏第二

孔子對曰。君使臣以禮。臣事君以忠。孔子答定公也、言臣之從君、如草從風、故君能使臣得禮、則臣事君必盡忠也、君若無禮、則臣亦不忠也、子曰。關雎樂而不婬。關雎者卽毛詩之初篇也、時人不知關雎之義、而橫生非毀、或言其婬、或言其傷、故孔子解之也、關雎樂得淑女以配君子、是共爲政風之美耳、非爲婬也、故云樂而不婬也、江熙云、樂在得淑女、疑於爲色、所樂者德、故有樂而無婬也、又李充曰、關雎之興、樂得淑女以配君子、憂在進賢、不淫其色、是樂而不淫也、哀而不傷。關雎之詩、自是哀思窈窕思賢才故耳、而無傷善之心、故云哀而不傷也、故李充曰、哀窈窕思賢才、而無傷善之心、是哀耳、不傷也、

孔安國曰。樂而不至淫。哀而不至傷。言其和也。鄭玄曰、樂得淑女以爲君子之好仇、不爲淫其色也、寤寐思之、哀世失夫婦之道、不得此人、不爲感傷、其

愛也、

哀公問社於宰我。社、社稷也、哀公見社稷種樹之不同、故問宰我也、哀公魯君也、宰我孔子弟子、姓宰、名予、字子我也、鄭論本云問主也、○**宰我對曰。夏后氏以松。殷人以柏。周人以栗。**宰我答社稷樹三代所居不同、故有松柏之異也、然夏稱夏后氏、殷周稱人者、白虎通曰、夏以揖讓受禪爲君、故褒之稱后、后君也、又重其世、故氏以係之也、殷周以干戈取天下、故貶稱人也、白虎通又云、夏得禪授是君與之、故稱君也、殷周從人民之心而取之、是由人得之、故曰人也、**曰。使民戰栗也。**曰者謂也、宰我見哀公失德民不畏服、無戰栗慄敬之心、今欲微諷哀公使改德修行、故因於答三代木竟、而又矯周樹用栗之義也、言周人所以用栗、謂種栗而欲使民戰栗故也、今君是周人而社既種栗、而民不戰栗、何也、然謂曰爲謂者、猶曰者未仁、及不曰如何之類也、

孔安國曰。凡建邦立社。各以其土所宜之木。出周禮也、然社樹必用其土所宜之木者、社主土、土生、土生必令得宜、故用土所宜木也、夏居河東、河東宜松、殷居亳、亳宜柏、周居鄷鎬、鄷鎬宜栗也、宰我不曉其本意。妄爲之說。木隨土所宜、而宰我妄說在其義、是不本其意也、因周用栗。便云使民戰栗也。便謂周栗是使民戰栗也、依注意卽不得如先儒言、曰使民戰栗、是哀公語也、

子聞之。孔子聞之宰我說使民戰栗之言也、曰。成事不說。聞而說宰我也、言種栗是隨土所宜、此事之成箸乎三代、汝今妄說曰使民戰栗、是壞於禮政、故云成事不說也、〇

苞氏曰。事已成。不復說解。依注亦得爲向解也、

遂事不諫。此指哀公也、言哀公爲惡已久、而民不戰栗、其事畢遂、此豈汝之可諫止也、

苞氏曰。事已遂。不可復諫止也。亦得爲向解也、

既往不咎。此斥宰我也、言汝不本樹意、而妄爲他說、若餘人爲此說、則爲可咎責、今汝好爲謬失、而此事既已往、吾不復追咎汝也、是咎之深也、猶於予與何誅之類也、

苞氏曰。事既往。不可復追非咎也。亦得爲向說也、孔子非宰我。故歷言三者。欲使慎其後也。然此注亦得爲向者之解、又一家云、三語並譏宰我也、故李充曰、成事不說、而哀釁成矣、遂事不諫、而哀謬遂矣、既往不咎、而哀政往矣、斯似譏宰我、而實以廣道消之慨、盛德衰之歎、言不咎者咎之深也、案李充說、是三事並誡宰我、無令後日復行也、然成遂往及說諫咎之六字、先後之次、相配之旨、未都可見、師說云、成是其事自初成之時、遂是其事既行之日、既往指其事已過之後也、事初成不可解說、事政行不可諫止、事

已過不可追咎也、先後相配各有旨也、

子曰。管仲之器小哉。管仲者齊桓公之相管夷吾也、齊謂之仲父、故呼爲管仲也、器者謂管仲識量也、小者不大也、言管仲識量不可大也、

言其器量小也。孫綽曰、功有餘而德不足、以道觀之、得不曰小乎、

或曰。管仲儉乎。或人聞孔子云管仲器小、便謂管仲慳儉、故問云儉乎、

苞氏曰。或人見孔子小之。以爲謂之大儉乎也。

曰。管氏有三歸。官事不攝。焉得儉乎。孔子又答或人、說管仲不儉也、三歸者管仲娶三國女爲婦也、婦人謂嫁曰歸也、禮諸侯一娶三國九女、以一大國爲正夫人、正夫人之兄弟女一人、又夫人之妹一人、謂之姪娣、姪娣隨夫人來爲妾、又二小國之女來爲媵、媵亦有姪娣自隨、

既每國三人、三國故九人也、大夫婚不越境、但一國娶三女也、以一爲正妻、二人姪娣從爲妾也、管仲是齊大夫、而一娶三國九女、故云有三歸也、又諸侯國大事多、故立一官各職、每人輒爲一官、若大夫則不得官官置人、但每人輒攝領數事、管仲是大夫、而立官各人不須兼攝、故云官事不攝也、既女多官廣、費用不少、此則非儉者所爲、故云焉得儉也、

苞氏曰。三歸者娶三姓女也。然媵與夫人與大國宜同姓、今雖三國政應一姓、而云三姓者、當是誤也、○婦人謂嫁爲歸。攝猶兼也。攝並也、禮國君事大。官各有人。大夫幷兼。今管仲家臣備職。非爲儉也。大夫稱家、大夫之臣曰家臣、家臣宜幷事、今云不攝、是不幷、不幷是不儉也、家臣謂家相邑宰之屬也、

曰。然則管仲知禮乎。又或人問也、或人聞孔子云不儉、故更問曰、若如此則是管仲

知禮乎、然猶如此也、

苞氏曰。或人以儉問。故答以安得儉。或人聞不儉。更謂爲得禮也。

曰。邦君樹塞門。管氏亦樹塞門。又答或人云管仲不知禮也、邦國謂諸侯也、樹塞門、謂立屏以障隔門、別外內、禮天子諸侯並有之也、臣來朝君、至屏而起敬、天子尊遠、故外屏於路門之外爲之、諸侯尊近、故內屏於內門之內爲之、今黃門閤板障是也、卿大夫以簾、士以帷、又並不得施之門、政當在庭階之處耳、管仲是大夫、亦學諸侯、於門立屏、故云亦樹塞門也、

邦君爲兩君之好。有反坫。管氏亦有反坫。又明失禮也、禮諸侯與鄰國君相見、共於廟飲、燕、有反坫之禮、坫者築土爲之、形如土堆、在於兩楹之間、飲酒行獻酬之禮、更酌、酌畢則各反其酒於爵於坫上、故謂此堆爲反坫、大夫無此禮、而管仲亦僭爲之、故云亦有反坫也、

鄭玄曰。反坫反爵之坫也。爵謂杯也、在兩楹之間。兩楹者古者屋當棟下隔之、棟後謂之室、棟前謂之堂、假三間堂、而中央之間、堂、無西東之壁、其柱盈盈而立、故謂柱爲楹、東柱爲東楹、西柱爲西楹、西楹之東東楹之西、卽謂此地爲兩楹之間也、人君有別外內於門。樹屏以𢿱之。今黃閤用板爲障、古者未必用板、或用土、今大廟中門內作屏障之也、〇若與隣國君爲好會。其獻酢之禮更酌。初主人酌酒與賓曰獻、賓飲獻畢而酌酒與主人曰酢、主人飲酢畢又酌與賓曰酬、古者賓主各杯、故云更酌也、酌畢則各反爵於坫上。既云各反、則是各兩爵也、〇今管氏皆僭爲之。如是是不知禮也。卑者濫用尊者之物曰僭也、

管氏而知禮。孰不知禮也。結於答也、孰誰也、言若謂管仲此事爲知禮、則誰復是不知禮者乎、然孔子稱管仲爲仁及匡齊不用兵車、而今謂爲小、又此二失者、管仲中人、寧得圓足、是故雖有仁功、猶不免此失也、今李充曰、齊桓隆霸王之業、管仲成一匡之功、免生民於左衽、豈小也哉、然苟非大才者則有偏失、好內極奢、桓公之病也、管生方恢仁大勳、弘振風義、遺近節於當年、期遠濟乎千載、寧謗分以要治、不潔己以求名、所謂君子之行道忘其爲身者也、漏細行而全令圖、唯大德乃堪之、季末奢淫慾違禮則、聖人明經常之訓、塞奢侈之源、故不得不貶以爲少也、子謂魯大師樂曰。樂其可知也已。魯大師魯樂師也、魯之國禮樂崩壞、正音不存、故孔子見魯之樂師而語其使知正樂之法、故云樂其可知也已、始作翕如也。此以下並是所語可知之聲也、翕習也、言正樂初奏、其聲翕習而盛也、

大師樂官名也。言五音始奏。翕如盛也。

從之純如也。從放縱也、言正樂始奏翕習、以後又舒縱其聲、其聲則純一而和諧、言不離折散逸也、從讀曰縱也。言五音既發。放縱盡其聲。

純純如和諧也。

皦如也。言雖純如而如一、其音節又明亮皎皎然也、言其音節明也。

繹如也。繹尋續也、言聲相尋續而不斷絕也、以成矣。以成矣奏樂如此、則是正聲一成也、

縱之以純如皦如繹如。言樂始於翕如而成於三者也。三者純皦繹也、

儀封人儀衛邑名也、封人守衛邑之堺吏也、周人謂守封壃之人爲封人也、請見。時孔子至

衛、而封人是賢者、故謂諸弟子求見於孔子也、

鄭玄曰。儀蓋衛下邑也。封人官名也。

曰。君子之至於斯者。吾未嘗不得見也。從者見之。此封人請見之辭也、既欲見孔子、而恐諸弟子嫌我微賤不肯爲通之聞、時故引我恒例以語諸弟子、使爲我通也、斯此也、言從來若有君子來至此衛地者、我嘗未不得與之相見、言皆見我也、從者卽是弟子隨孔子來者也、聞其言而爲通達使得見也、

苞氏曰。從者是弟子隨孔子行者也。通使得見者也。

出曰。二三子何患於喪乎。出謂封人出見孔子竟而出也、二三子卽是向爲封人

通聞之弟子也、喪猶亡失也、封人見竟、出而呼孔子弟子而語之也、云二三子汝何所憂患於孔子聖道亡失乎、必不亡失也、**天下之無道久矣。**此封人又說孔子聖道不亡失之由也、言事不常一、有盛必有衰、衰極必盛、當今天下亂離無道已久、久亂必應復興、興之所寄、政當在孔子聖德之將喪亡也、

孔安國曰。語諸弟子言。何患於夫子聖德將喪亡耶。天下之無道也已久矣。極衰必有盛也。

天將以夫子爲木鐸。言今無道將興、故用孔子爲木鐸以宣令聞也、

孔安國曰。木鐸施政教時所振也。言天將命孔子制作法度以號令於天下也。鐸用銅鐵爲之、若行武教則用銅鐵爲舌、若行文教則用木爲舌、謂之木鐸、將行號令則執鐸振奮之、使鳴而言所教之事也、故檀弓云、宰執

木鐸以命于宮曰、舍故而諱新、又月令云、奮木鐸以令兆民曰、雷將發聲、是其事也、孫綽曰、達哉封人、栖遲賤職、自得於懷抱、一觀大聖、深明於興廢、明道內足、至言外亮、將天假斯人以發德音乎、夫高唱獨發、而無感於當時、列國之君、莫救乎聾盲、所以臨文永慨者也、然玄風遐被、大雅流詠、千載之下若瞻儀形、其人已遠、木鐸未戰、乃知封人之談信於今矣、〇

子謂韶。盡美矣。又盡善矣也。此詳虞周二代樂之勝否也、韶舜樂名也、夫聖人制樂隨人心而爲名、韶紹也、天下之民樂舜揖讓紹繼堯德、故舜有天下、而制樂名韶也、美者堪合當時之稱也、善者理事不惡之名也、夫理事不惡、亦未必會合當時、會合當時、亦未必事理不惡、故美善有殊也、韶樂所以盡美又盡善、天下萬物樂舜繼堯、從民受禪、是會合當時之心、故曰盡美也、揖讓而代、於事理無惡、故曰盡善也、

韶舜樂名也。謂以聖德受禪。故曰盡善也。注不釋盡美、而釋盡善者、釋其異也、○

謂武。盡美矣。未盡善也。武、武王樂也、天下之民樂武王干戈、故樂名武也、天下樂武、武王從民伐紂、是會合當時之心、故盡美也、而以臣伐君、於事理不善、故云未盡善也、

孔安國曰。武武王樂也。以征伐取天下之故。曰未盡善也。注亦釋其異也、○

子曰。居上不寬。爲禮不敬。臨喪不哀。吾何以觀之哉。此說當時失德之君也、爲君居上者、寬以得衆、而當時居上者不寬也、又禮以敬爲主、而當時行禮者不敬也、又臨喪以哀爲主、而當時臨喪者不哀、此三條之事、並爲乖禮、故孔子所不欲觀、故云吾何以觀之

哉、○

論語義疏第二

論語里仁第四　何晏集解　凡廿六章

疏 里者鄰里也、仁者仁義也、此篇明凡人之性易爲染著、遇善則升、逢惡則墜、故居處宜愼、必擇仁者之里也、所以次前者、明季氏惡由不近仁、今示避惡徙善宜居仁里、故以里仁次於季氏也、○

子曰。里仁爲美。 里者民之所居處也、周家去王城百里謂之遠郊、遠郊內有六鄉、六鄉中五家爲比、五比爲閭、五閭爲族、五族爲黨、五黨爲州、五州爲鄉、百里外至二百里謂之六遂、遂中五家爲鄰、五鄰爲里、四里爲酇、五酇爲鄙、五鄙爲縣、五縣爲遂、二百里外至王畿五百里之內、並同六遂之制也、仁者博施濟衆也、言人居宅必擇有仁者之里、所以爲美也、里仁既爲美、則閭仁亦美可知也、○

鄭玄曰。里者民之所居也。居於仁者之里是爲善也。 文云美、而注云善者、夫美未必善、故鄭深明居仁者里必是善也、

論語義疏第二

擇不處仁。焉得智。中人易染、遇善則善、遇惡則惡、若求居而不擇仁里而處之、則是無智之人、故云焉得智也、

鄭玄曰。求善居而不處仁者之里。不得爲有智之也。沈居士曰、言所居之里尚以仁地爲美、況擇身所處、而不處仁道、安得智乎、

子曰。不仁者不可以久處約。此明不仁之人居世無宜也、約猶貧困也、夫君子處貧愈久、德行無變、若不仁之人久居約、則必斯濫、爲盜、故不可久處也、

孔安國曰。久困則爲非也。

不可以長處樂也。樂富貴也、君子富貴愈久、愈好禮不倦、若不仁之人久處富貴、必爲驕溢也、

孔安國曰。必驕佚也。

仁者安仁。辨行仁之中有不同也、若禀性自仁者、則能安仁也、何以驗之、假令行仁獲罪、性仁人行之不悔、是仁者安仁也、

苞氏曰。唯性仁者自然體之。故謂安仁也。

智者利仁。智者謂識昭前境而非性仁者也、利仁者其見行仁者、若於彼我皆利、則己行之、若於我有損、則便停止、是智者利仁也、

王肅曰。知者仁爲美。故利行之也。知仁爲美而性不體之、故有利乃行之也、○

子曰。唯仁者能好人。能惡人。夫仁人不佞、故能言人之好惡、是能好人能惡人也、雍也仁而不佞、是也、

孔安國曰。唯仁者能審人好惡之也。亦得爲向釋也、又一解云、謂極仁之人也、極仁之人、顏氏是也、既極仁昭、故能識審他人好惡

也、故繆播曰、仁者人之極也、能審好惡之表也、故可以定好惡、若未免人好惡之境、何足以明物哉、

子曰。苟志於仁矣。無惡也。 苟誠也、言人若誠能志在於仁、則是爲行之勝者、故其餘所行皆善、無復惡行也、

孔安國曰。苟誠也。言誠能志於仁者。則其餘無惡也。

子曰。富與貴是人之所欲也。 富者財多、貴者位高、位高則身爲他所崇敬、財多則爲他所愛、夫人生則莫不貪欲此二事、故云是人所欲也、**不以其道得之。不處也。** 然二途雖是人所貪欲、要當取之以道則爲可居、若不用道理而得則不可處也、

孔安國曰。不以其道得富貴。不處也。 不義而富且貴、於我如浮雲、是以君子不處也、

貧與賤是人之所惡也。乏財曰貧、無位曰賤、賤則爲人所欺陵、貧則身困凍餒、此二事者爲人所憎惡、故云是人之所惡也、不以其道得之。不去也。若依道理、則有道者宜富貴、無道者宜貧賤、則是理之常道也、今若有道而身反貧賤、此是不以其道而得之也、雖非我道而招此貧賤、而亦安之若命、不可除去我正道而更作非理邀之、故云不去也、

時有否泰。故君子履道而反貧賤。此即不以其道而得之者也。雖是人之所惡。不可違而去之也。時有否泰、運有通塞、雖所招非己分、而不可違去我正道也、所以顏愿安貧、不更他方横求也、

君子去仁。惡乎成名。此更明不可去正道以求富貴也、惡乎猶於何也、言人所以得他人呼我爲君子者、政由我爲有仁道故耳、若捨去仁道傍求富貴、則於何處更得成君子之名乎、

孔安國曰。惡乎成名者。不得成名爲君子也。

君子無終食之間違仁。終食間也、仁既不可去、故雖復飲食之間、亦必心無違離於仁也、造次必於是。造次急遽也、是是仁也、言雖復身有急遽之時、亦必心存於仁也、顛沛必於是。顛沛僵仆也、言雖身致僵仆、亦必心不違於仁也、

馬融曰。造次急遽也。顛沛僵仆也。僵仆猶倒踣也、雖急遽僵仆不違於仁也。

子曰我未見好仁者歎世衰道喪仁道絕、言我未見有一世人見他人行仁而好之者也、惡不仁者又言、我亦不見一人雖不能自行仁者、若見他人不仁而己憎惡之者也、故范寧曰、世衰道喪、人無廉耻、見仁者既不好之、見不仁者亦不惡之、好仁惡不仁、我未覩其人也、好仁

者無以尚之。尚猶加勝也、言若好仁者則爲德之上、無復德可加勝此也、故李充曰、所好唯仁、無物以尚之也、

孔安國曰。難復加也。

惡不仁者。其爲仁矣。好仁者故不可加善、若知惡憎於不仁者、其人亦卽是仁、故云其爲仁也、不使不仁者加乎其身。此是惡不仁者之功也、言旣能惡於不仁而身不與親狎、則不仁者不得以非理不仁之事加陵於己身也、一云、其其於仁者也、言惡不仁之人雖不好仁而能惡於不仁者、不欲使不仁之人以非理加於仁者之身也、故李充曰、不仁仁者之賊也、奚不惡不仁哉、惡其害仁也、是以爲惜仁人之篤者、不使不仁人加乎仁者之身、然後仁道無適而不申、不仁者無往而不屈也、○

孔安國曰。言惡不仁者。能使不仁者不加非義於己。不如好仁者無以加尚爲之優也。

如前解也、

有能一日用其力於仁者矣乎。我未見力不足者也。又歎世無有一日能行仁者也、言人何意不行仁乎、若有一日行仁而力不足者、我未見有此人也、言只故不行耳、若行之則力必足也、○孔安國曰。言人無能一日用其力修仁者耳。我未見欲爲仁而力不足者也。

蓋有之乎。我未之見也。孔子既言無有、復恐爲頓誣於世、故追解之云、世中蓋亦當有一日行仁者、特是自未嘗聞見耳、孔安國曰。謙不欲盡誣時人言不能爲仁。故云爲仁能有耳。其我未見也。誣猶罔也、世有而我云無、是爲罔也、君子可欺、不可罔、故云蓋有之也、

子曰。民之過也。各於其黨。過猶失也、黨類也、人之有失、各有黨類、小人不能爲君子之行、則非小人之失也、猶如耕夫不能耕乃是其失、若不能書則非耕夫之失也、若責之當就其輩類責也、觀過斯知仁矣。若觀人之過、能隨類而責、不求備一人、則知此觀過之人有仁心人也、若非類而責、是不仁人、故云觀過斯知仁矣、○

孔安國曰。黨、黨類也。小人不能爲君子之行。非小人之過也。當恕而無責之。觀過使賢愚各當其所。則爲仁也。殷中湛解小異於此、殷曰、言人之過失、各由於性類之不同、直者以改邪爲義、失在於寡恕、仁者以惻隱爲誠、過在於容非、是以與仁同過、其仁可知、觀過之義、將在於斯者也、

子曰。朝聞道。夕死可矣。歎世無道、故言、假使朝聞世有道、則夕死無恨、故云可矣、

欒肇曰、道所以濟民、聖人存身、爲行道也、濟民以道、非爲濟身也、故云誠令道朝聞於世、雖夕死可也、傷道不行、且明己憂世不爲身也、

言將至死不聞世之有道也。

子曰。士志於道。而耻惡衣惡食者。未足與議也。若欲志於道而耻惡衣惡食者、此則是無志之人、故不足與共謀議於道也、一云、不可與其共行仁義也、李充曰、夫貴形骸之內者、則忘其形骸之外矣、是以昔之有道者有爲者、乃使家人忘其貧、王公忘其榮、而況於衣食也、

○子曰。君子之於天下也。無適也無莫也。義之比也。范寧曰、適莫猶厚薄也、比親也、君子與人無有偏頗厚薄、唯仁義是親也、

言君子之於天下無適無莫。無所貪慕也。唯義之所在也。○

子曰。君子懷德。懷安也、君子身之所安、安於有德之事、

孔安國曰。懷安也。

小人懷土。小人不貴於德、唯安於鄉土、不期利害、是以安不能遷也、

孔安國曰。重遷也。重猶難也、以遷徙爲難、不慕勝而數遷也、一云、君子者人君也、小人者民也、上之化下、如風靡草、君若化民安德、則下民安其土、所以不遷也、故李充曰、凡言君子者德足軌物、義兼君人、不唯獨善而已也、言小人者向化從風、博通下民、不但反是之謂也、故曰、君子之德風、小人之德草也、此言君導之以德、則民安其居而樂其俗、鄰國相望而不相與往來、化之至也、是以大王在岐、下輦成都、仁政感民、猛虎弗避、鍾儀懷土、而謂之君子、然則民之君子、君之小人也、斯言言例也、

君子懷刑。刑法也、言君子之人安於法則也、孔安國曰。安於法也。

小人懷惠。惠恩惠利人也、小人不安法、唯知安利惠也、又一云、人君若安於刑辟、則民下懷利惠也、故李充曰、齊之以刑、則民惠利矣、夫以刑制物者、刑勝則民離、以利望上者、利極則生叛也、○苞氏曰。惠恩惠也。

子曰。放於利而行。放依也、謂每事依財利而行者也、孔安國曰。放依也。每事依利而行之者也。多怨。若依利而行者則爲怨府、故云多怨、孔安國曰。取怨之道也。

子曰。能以禮讓爲國乎。何有。爲猶治也、言人君能用禮讓以治國、則於國事

不難、故云何有、言其易也、故江熙曰、范宣子讓、其下皆讓之、人懷讓心則治國易也、

何有者言不難之也。

不能以禮讓爲國。如禮何。若昏闇之君、不爲用禮讓以治國、則如治國之禮何、

故江熙曰、不能以禮讓、則下有爭心、錐刀之末、將盡爭之、唯利是恤、何遑言禮也、○

苞氏曰。如禮何者言不能用禮也。

子曰。不患無位。患所以立。時多患無爵位、故孔子抑之也、言何患無位、但患己才闇無德以處立於位耳、不患莫己知也。求爲可知也。又言若有才伎則不患人不見知也、故云、不患莫己知也、若欲得人見知、唯當先學才伎、使足人知、故云求爲可知也、

苞氏曰。求善道而學行之。則人知己也。

子曰。參乎。呼曾子名欲語之、參曾子名也、吾道一以貫之哉。所語曾子之言也、道者孔子之道也、貫猶統也、譬如以繩穿物、有貫統也、孔子語曾子曰、吾教化之道唯用一道以貫統天下万理也、故王弼曰、貫猶統也、夫事有歸、理有會、故得其歸、事雖殷大、可以一名舉、總其會、理雖博可以至約窮也、譬猶以君御民、執一統衆之道也、曾子曰。唯。唯猶今應爾也、曾子曉孔子言、故直應爾而已、不諮問也、

孔安國曰。直曉不問。故答曰唯也。

子出。當是孔子往曾子處、得曾子答竟後而孔子出戶去、門人問曰。何謂也。門人曾子弟子也、不解孔子之言、故問於曾子也、曾子曰。夫子之道。忠恕而已矣。曾子答弟子也、釋於孔子之道也、忠謂盡忠心也、恕謂忖我以度於人也、言孔子之道更無他法、政用忠恕之心、以己測物、則万物之理皆可窮驗也、故王弼曰、忠者情之盡也、恕者反情以同物者也、未有

反諸其身而不得物之情、未有能全其恕而不盡理之極也、能盡理極、則無物不統、極不可二、故謂之一也、推身統物、窮類適盡、一言而可終身行者、其唯恕也、○

子曰。君子喻義。小人喻於利。喻曉也、君子所曉於仁義、小人所曉於財利、故范寧曰、棄貨利而曉仁義、則爲君子、曉貨利而棄仁義則爲小人、

孔安國曰。喻猶曉也。

子曰。見賢思齊焉。言人若見賢者、當自思修礪願與之齊等也、

苞氏曰。思與賢者等也。

見不賢者而內自省也。省視也、若見人不賢者、則我更視我心內從來所行、無此事不也、故范寧曰、顧探諸己、謂之內省也、

子曰。事父母幾諫。幾微也、子事父母、義主恭從、父母若有過失、則子不獲不致極而諫、雖復致諫、猶當微微納進善言、不使額額也、此章下四章明孝、

〇苞氏曰。幾微也。言當微諫。納善言於父母也。見志不從。又敬而以不違。雖許有諫、若見父母志不從己諫、則己仍起敬起孝、且不違距於父母之志、待父母悅乃更諫也、故禮記云、父母有過、下氣柔聲、怡色以諫、諫若不入、起敬起孝、悅則後諫、是也、勞而不怨。若諫又不從、或至十至百、則己不敢辭己之勞以怨於親也、故禮記云、凡雖撻之流血、不敢疾怨、是也、苞氏曰。見志者見父母志有不從己諫之色。則又當恭敬不敢違父母意。而遂己之諫也。然夫諫之爲義、義在愛惜、既在三事同、君親宜一、若有不善、俱宜致諫、今就經記、參差有出沒難解、案檀弓云、事親有隱、無犯、事君有犯無隱、則是隱親之失、不諫親之過、又諫君之失、不隱君之過、並爲可疑、舊通云、君親

並諫、同見孝經、微進善言、俱陳記傳、故此云、事父母幾諫、而曲禮云、爲人臣之禮不顯諫、鄭玄曰、合幾微諫也、是知並宜微諫也、又若君親爲過大甚、則亦不得不極於犯顏、故孝經曰、父有爭子、君有爭臣、又內則云、子之事親也、三諫不從、則號泣而隨之、又云、臣之事君、三諫不從、則逃之、以經就記並是極犯時也、而檀弓所言、欲顯眞假本異、故其旨不同耳、何者、父子眞屬天性、莫二、豈父有罪、子向他說也、故孔子曰、子爲父隱、父爲子隱、直在其中、故云有隱也、而君臣旣義合、有殊天然、若言君之過於政有益、則不得不言、如齊晏嬰與晉叔向共言齊晉二君之過是也、唯値有益乃言之、示不恒爲口實、若言之無益則隱也、如孔子答陳司敗曰昭公知禮、是也、假使與他言父過有益、亦不得言、或問曰、春秋傳晉魏戊告於閻沒女寬、言父之過、此豈不亦言乎、答春秋之書、非復常準、苟取權宜不得格於正理也、又父子天性、義主恭從、所以言無犯、是其本也、而君臣假合、義主匡弼、故云有

犯、亦其本也、乃其俱宜有犯、微著事同、是其俱如向釋、又在三有師、檀弓云、事師無犯無隱、所以然者、師常居明德無可隱、無可隱故亦無犯也、

子曰。父母在。子不遠遊。遊必有方。方常也、曲禮云、爲人子之禮、出必告、反必面、所遊必有常、所習必有業、是必有方也、若行遊無常、則貽累父母之憂也、○

鄭玄曰。方猶常也。

子曰。三年無改於父之道。可謂孝矣。○

鄭玄曰。孝子在喪。哀戚思慕。無所改其父之道。非心之所忍爲也。

子曰。父母之年不可不知也。人有年多而容少、或有年少而體老、此處不可

爲定、故爲人子者必宜知父母之年多少也、**一則以喜。**此宜知父母年之事也、知年高而形猶壯、此是壽考之徵、故孝子所以喜也、**一則以懼。**年實未老而形容衰減、故孝子所以怖懼也、

孔安國曰。見其壽考則喜。見其衰老則懼也。亦得如向解、又一釋、若父母年實高而形亦隨而老、此子亦一喜一懼也、見年高所以喜、見形老所以懼也、而李充之解小異、云、孝子之事親也、養則致其樂、病則致其憂、憂樂之情深則喜懼之心篤、然則獻樂以排憂、進歡而去戚者、其唯知父母之年乎、豈徒知年數而已哉、貴其能稱年而致養也、是以唯孝子爲能達就養之方、盡將從之節、年盛則常怡、年衰則消息、喜於康豫、懼於失和、孝子之道備也矣、

子曰。古之者言之不妄出也。恥躬之不逮也。躬身也、逮及也、

古人不輕出言者、恥躬行之不能及也、故子路不宿諾也、故李充曰、夫輕諾者必寡信、多易者必多難、是以古人難之、○苞氏曰。古人之言不妄出口者。爲恥其身行之將不及也。

子曰。以約失之者。鮮矣。鮮少也、言以儉約自處、雖不得中、而失國家者少也、故顏延之云、秉小居薄、衆之所與、執多處豊、物之所去也、○孔安國曰。俱不得中也。奢則驕。溢則招禍。儉約則無憂患也。

子曰。君子欲訥於言而敏於行。訥遲鈍也、敏疾速也、君子欲行先於言、故遲言而速行也、○苞氏曰。訥遲鈍也。言欲遲鈍而行欲敏也。

子曰。德不孤。必有隣。言人有德者、此人非孤然、而必有善隣里、故云魯無君子者、子賤斯焉取斯乎、又一云、鄰報也、言德行不孤失、必爲人所報也、故殷仲湛曰、推誠相與、則殊類可親、以善接物、物亦不皆忘、以善應之、是以德不孤焉、必有隣也、〇

孔安國曰。方以類聚。同志相求也。故必有隣也。是以不孤也。於前解爲便也、〇

子游曰。事君數斯辱矣。朋友數斯疏矣。斯此也、禮不貴褻、故進止有儀、臣非時而見君、此必致恥辱、朋友非時而相往數、必致疏辱也、一云、言數計數也、君臣計數必致危辱、朋友計數必致疎絕也、〇

孔安國曰。數謂速數之數也。速而又數則是不節也、〇

論語義疏第二

論語義疏第二　經一千二百一十二字 注一千九百三十一字

于時文明九年丁酉六月廿八日書寫畢

論語義疏卷第三 公冶長 雍也 梁國子助教吳郡皇侃撰

論語公冶長第五 何晏集解 凡廿九章

疏。公冶長者、孔子弟子也、此篇明時無明君、賢人獲罪者也、所以次前者、言公冶雖在枉濫縲紲、而爲聖師證明、若不近仁則曲直難辨、故公冶次仁里也、○

子謂公冶長。可妻也。公冶長弟子也、可妻者孔子欲以女嫁之、故先評論云謂可妻也、雖在縲紲之中。非其罪也。既欲妻之、故備論其由來也、縲黑索也、紲攣也、古者用黑索以攣係罪人也、冶長賢人、于時經枉濫、在縲紲之中、雖然實非其罪也、以其子妻之。評之既竟、而遂次女嫁之也、范寧曰、公冶行正獲罪、罪非其罪、孔子以女妻之、將以大明衰世用刑之枉濫、勸將來實守正之人也、

孔安國曰。公冶長弟子。魯人。

姓公冶。名長。〇范寧曰、名芝、字子長也、縲黑索也。紲攣也。所以拘罪人也。別有一書、名之爲論釋、云、公冶長從衞還魯、行至二堺上、聞鳥相呼往清溪食死人肉、須臾見一老嫗當道而哭、冶長問之、嫗曰、兒前日出行、于今不反、當是已死亡、不知所在、冶長曰、向聞鳥相呼往清溪食肉、恐是嫗兒也、嫗往看、即得其兒也、已死、即嫗告村司、村司問嫗從何得知之、嫗曰、見冶長道如此、村官曰、冶長不殺人、何緣知之、因錄冶長付獄主、問冶長何以殺人、冶長曰、解鳥語、不殺人、主曰、當試之、若必解鳥語、便相放也、若不解、當令償死、駐冶長在獄六十日、卒日有雀子緣獄柵上、相呼嘖嘖嚾嚾、冶長含笑、吏啓主、冶長笑雀語、是似解鳥語、主教問冶長、雀何所道而笑之、冶長曰、雀鳴嘖嘖嚾嚾、白蓮水邊有車翻覆黍粟、牡牛折角、收斂不盡、相呼往啄、獄主未信、遣人往看、果如其言、後又解猪及燕語、屢驗、於是得放、然此語乃出雜書、未必可信、而亦古舊

相傳云冶長解鳥語、故聊記之、

子謂南容。又評南容也、邦有道不廢。邦無道免於刑戮。明南容之德也、若遭國君有道、則出仕官、不廢己之才德也、若君無道、則危行言遜、以免於刑戮也、刑戮通語耳、亦含輕重也、以其兄之子妻之。論之既畢、孔子以己兄女妻之也、

王肅曰。南容弟子南宮縚也。魯人也。字子容。姓南宮名縚也、又名閱也、○不廢言見任用也。然昔時講說好評公冶南容德有優劣、故女妻有己女兄女之異、侃謂二人無勝負也、卷舒隨世、乃爲有智、而枉濫獲罪、聖人猶然、亦不得以公冶爲劣也、以己女妻公冶、兄女妻南容者、非謂權其輕重、政是當其年相稱、而嫁事非一時、在次耳、則可無意其間也、

子謂子賤。亦評子賤也、

孔安國曰。子賤魯人。弟子宓不齊也。○

君子哉若人。通此所評之事也、若人如此人也、言子賤有君子之德、故言君子哉若此人也、

魯無君子者斯焉取斯。因美子賤、又美魯也、焉安也、斯此也、言若魯無君子、子賤安得取此君子之行而學之乎、言由魯多君子、故子賤學而得之、

苞氏曰。若人者若此人也。如魯無君子。子賤安得取此行而學行之。

子貢問曰。賜也何如。子貢聞孔子歷評諸弟子而不及己、己獨區區己分、故因諸問何如也、子曰。汝器也。孔子答曰、汝是器用之人也、

孔安國曰。言汝是器用之人也。

曰。何器也。器有善惡、猶未知己器云何、故更問也、曰。瑚璉也。此答定器有善分也、瑚璉者宗廟寶器、可盛黍稷也、言汝是器中之貴者也、或云君子不器、器者用必偏、瑚璉雖貴而爲用不周、亦言汝乃是貴器、亦用偏也、故江熙云、瑚璉置宗廟、則爲貴器、然不周於民用也、汝言語之士、束修廊廟則爲豪秀、然未必能幹煩務也、器之偏用、此其貴者猶不足多、況其賤者乎、是以玉之碌碌、石之落落、君子皆不欲也、

苞氏曰。瑚璉者黍稷器也。用盛黍稷之飯也、夏曰瑚。殷曰璉。禮記云、夏之四璉、殷之六瑚、今云夏瑚殷璉、講者皆云、是誤也、故欒肇曰、未詳也、周曰簠簋。宗廟器之貴者也。然夏殷各一名、而其形未測、及周則兩名、其形各異、

外方內圓曰簠、內方外圓曰簋、俱容一斗二升、以簠盛黍稷、以簋盛稻粱、或問曰、子貢周人、孔子何以不云汝是簠簋、而遠舉夏殷器也、或通者曰、夫子近捨當時而遠稱二代者、亦微有旨焉、謂湯武聖德、伊呂賢才、聖德則與孔子不殊、賢才與顏閔豈異、而湯武飛龍、伊呂爲阿衡之任、而孔子布衣洙泗、顏回簞瓢陋巷、論其人則不殊、但是用捨之不同耳、譬此器用則一、而時有廢興者也、○

或曰。雍也仁而不佞。或人云、弟子冉雍甚有仁德、而不能佞媚求會時也、○

馬融曰。雍弟子仲弓名也。姓冉。

子曰。焉用佞。距或人也、言人生在世、備仁躬自足、焉作佞僞也、禦人以口給。

屢憎於民。更說佞人之爲惡也、禦猶對也、給捷也、屢數也、言佞者口辭對人捷給無實、則數爲人所憎惡也、不知其仁也。焉用佞也。憎佞爲惡之深、故重答距於或人也、

孔安國曰。屢數也。佞人口辭捷給。屢爲民所憎也。

○

子使漆彫開仕。孔子使此弟子出仕官也、對曰。吾斯之未能信。彫答也、答師稱吾者、古人皆然也、答云、言己學業未熟、未能究習、則不爲民所信、未堪仕也、一云、言時君未能信、則不可仕也、故張憑曰、夫君臣之道信而後交者也、君不信臣、則無以授任、臣不信君、則難以委質、魯君之誠未洽於民、故曰未敢信也、

孔安國曰。開弟子也。漆彫姓也。開名也。仕進之道未能信者。未能究習也。

子悅。孔子聞開言而欣悅也、范寧曰、開知其學未習究治道、以此爲政不能使民信己、孔子悅其志

道之深不汲汲於榮祿也、鄭玄曰。善其志道深也。

子曰。道不行。乘桴浮於海。桴者編竹木也、大曰筏、小曰桴、孔子聖道不行於世、故或欲居九夷、或欲乘桴泛海、故曰、道不行、乘桴浮於海也、○從我者其由也與。由子路也、言從我浮海者、當時子路俱也、故云其由與、○

馬融曰。桴編竹木也。大者曰筏。小者曰桴也。○

子路聞之喜。子路聞孔子唯將己行、所以喜也、

孔安國曰。喜與己俱行也。

子曰。由也好勇過我。然孔子本意託乘桴激時俗、而子路信之將行、既不達微旨、故孔子不復更言其實、且先云由好勇過我以戲之也、所以是過我者、我始有乘桴之言、而子路便實欲乘、

此、是勇過我也、無所取材。又言、汝乃勇過勝於我、然我無處覓取爲桴之材也、○鄭玄曰。子路信夫子欲行。故言好勇過我也。無所取材者。言無所取桴材也。以子路不解微言故戲之耳。此注如向釋也、一曰。子路聞孔子欲乘桴浮海。便喜不復顧望。故孔子歎其勇曰過我。此又一通也、此意亦與前不乖也、無所復取哉。言唯取於己也。此注則微異也、哉送句也、言子路信我欲行、而所以不顧望者、言將我入海不行、復取餘人哉、言唯取己也、古字材哉同耳。古作材字、與哉字同、故今此字雖作材、而讀義應曰哉也、又一家云、孔子爲道不行爲譬、言我道之不行、如乘小桴入於巨海、終無濟理也、非唯我獨如此、凡門徒從我者道皆不行、亦並由我故也、子

路聞我道由、便謂由是其名、故便喜也、孔子不欲指斥其不解微旨、故微戲曰、汝好勇過我、我無所更取桴材也、

孟武伯問。子路仁乎。武伯問孔子云、弟子中有子路、是仁人不乎、子曰。不知也。孔子答也、所以云不知者、范寧曰、仁道弘遠、仲由未能有之、又不欲指言無仁、非獎誘之教、故託云不知也、

孔安國曰。仁道至大不可全名也。言子路未能全受此仁名、故云不知也、

又問。武伯得答不知、而意猶未已、故更問曰、子路定有仁不乎、故范寧曰、武伯意有未愜、或以仲尼有隱、故再答也、子曰。由也千乘之國可使治其賦也。賦、兵賦也、孔子

得武伯重問答、又直云不知則武伯未已、故且言其才伎、然後更答、以不知也、言子路才勇可使治大國之兵賦任爲諸侯也、

孔安國曰。賦兵賦也。○

不知其仁也。言唯知其才堪、而猶不知其仁也、求也何如。武伯又問、孔子弟子冉求其有仁不乎、故云何如也、子曰。求也千室之邑。百乘之家。可使爲之宰也。亦不答仁、而言求之才亦堪也、千室之邑卿大夫之邑也、百乘之家三公采地也、言求才堪爲千室百乘之邑宰也、○

孔安國曰。千室之邑卿大夫之邑也。卿大夫稱家。

今不復論夏殷、且作周法、周天子畿內方千里、三公采地方百里、卿地方五十里、大夫地方二十五里、畿外五等、公方五百里、侯方四百里、伯方三百里、子方二百里、男方一百里、舊說、五等之臣、其采

地亦爲三等、各依其君國十分爲之、何以然、天子畿千里、既以百里爲三公采、五十里爲卿采、二十五里爲大夫采、故畿外準之、上公地方五百里、其臣大采方五十里、中采方二十五里、小采方十二里半、侯方四百里、其臣大采方四十里、次采方二十里、小采方十里也、伯方三百里、其臣大采方三十里、中采方十五里、小采方七里半、子方二百里、其臣大采方二十里、次采方十里、小采方五里、男方百里、其臣大采方十里、次采方五里、小采方二里半也、凡制地方一里爲井、井有三家、若方二里半、有方一里者六、又方半里者一、則合十八家有餘、故論語云十室之邑也、其中大小各隨其君、故有或有三百戶、是方十里者一、或有千室、是方十里者三有餘也、**諸侯千乘。**謂上公也、**大夫故曰百乘也。宰家臣。**然百乘之家是三公之采、鄭注雜記及此並云大夫百乘者、三公亦通有大夫之稱也、

不知其仁也。亦結答不知其仁也、赤也何如。武伯又問弟子公西華赤有仁不乎、子曰。赤也束帶立於朝。可使與賓客言也。亦唯答赤之才能也、束帶立於朝、謂赤有容儀可使對賓客言語也、故范寧曰、束帶整朝服也、賓客鄰國諸侯來相聘享也、

馬融曰。赤弟子公西華也。有容儀。可使爲行人也。行人謂宜使爲君出聘鄰國、及接鄰國之使人來者也、周禮有大小行人職也、○

不知其仁也。亦不答有仁也、子謂子貢曰。汝與回也孰愈。孰誰也、愈勝也、孔子問子貢、汝與顏回二人才伎誰勝者也、所以須此問者、繆播曰、學末尙名者多、顧其實者寡、回則崇本棄末、賜也未能忘名、存名則美着於物、精本則名損於當時、故發問以要賜對以示優劣也、所以抑賜而進回也、

孔安國曰。愈猶勝也。

對曰。賜也何敢望回。回也聞一以知十。賜也聞一以知二。答孔子以審分也、王弼曰、假數以明優劣之分、言己與顏淵十裁及二、明相去懸遠也、張封溪曰、一者數之始、十者數之終、顏生體有識厚、故聞始則知終、子貢識劣、故聞始裁至二也、○子曰弗如也。弗不也、孔子聞子貢之答分有懸殊、故定之云不如也、吾與汝弗如也。孔子既答子貢之不如、又恐子貢有怨、故又云吾與汝皆不如也、所以安慰子貢也、○苞氏曰。既然子貢弗如。釋前弗如也、復云吾與爾俱不如者。蓋欲以慰子貢心也。苞意如向解、而顧歡申苞注曰、回爲德行之俊、賜爲言語之冠、淺深雖殊、而品裁未辨、故使名實無濫、故假問孰愈、子貢既審回賜之際、又得發問之旨、故舉十與二以明懸殊愚智之異、夫子嘉其有自見之明而無矜尅之貌、故判之以弗如、同之

以吾與汝、此言我與爾雖異而同言弗如、能與聖師齊見、所以爲慰也、侃謂顧意是言我與爾俱明汝不如也、非言我亦不如也、而秦道賓曰、爾雅云、與許也、仲尼許子貢之不如也、

宰予晝寢。寢眠也、宰予惰學而晝寢也、

苞氏曰。宰予弟子宰我也。

子曰。朽木不可彫也。孔子責宰予晝眠、故爲之作譬也、朽敗爛也、彫彫鏤刻畫也、夫名工巧匠所彫刻、唯在好木則其器乃成、若施工於爛朽之木則其器不成、故云朽木不可彫、

苞氏曰。朽腐也。彫彫琢刻畫也。

糞土之牆不可杇也。牆謂墻壁也、杇謂杇鏝之使之平泥也、夫杇鏝牆壁、若牆壁土堅實者則易平泥光餝耳、若鏝於糞土之牆、則頹壞而不平、故云不可杇也、所以言此二者、言汝今當晝而

寢、不可復教、譬如爛木與糞土牆之不可施功也、○

王肅曰。朽鏝也。○二者喻雖施功猶不成也。

於予與何誅。誅責也、言所責者當責有知之人、而今宰予無知、則何責乎、予宰予、與語助也、言不足責也、言不足責即是責之深也、○

孔安國曰。誅責也。今我當何責於汝乎。深責之辭也。然宰我有此失者、一家云、其是中人、豈得無失、一家云、與孔子爲教、故託跡受責也、故珊琳公曰、宰予見時後學之徒將有懈廢之心生、故假晝寢以發夫子切磋之教、所謂互爲影響者也、范寧曰、夫宰我者升堂四科之流也、豈不免乎晝寢之咎、以貽朽糞之譏乎、時無師徒共明勸誘之教、故託夫弊跡以爲發起也、

子曰。始吾於人也。聽其言而信其行。始謂孔子少年時也、孔子歎世醨薄之迹、今異昔也、昔時猶可、故吾少時聞於人所言、便信其能有行、故云而信其行也、今吾於人也。聽其言而觀其行。今謂孔子末時也、不復聽言信行、乃更聽言而必又須觀見其行也、於予與改是。是此也、言我所以不復聽言信行、而更為聽言觀行者、起於宰予而改為此、所以起宰予而改者、我當信宰予是勤學之人、謂必不懶惰、今忽正晝而寢、則如此之徒居然不之復可信、故使我并不復信於時人也、孔安國曰。改是者始聽言信行。今更察言觀行。發於宰我晝寢也。

子曰。吾未見剛者。剛謂性無慾者也、孔子言、我未見世有剛性無慾之人也、〇或對曰。申棖。或有人聞孔子說而答之云、魯有姓申名棖者、其人剛也、

苞氏曰。申棖魯人也。

子曰。棖也慾。焉得剛。孔子語或人曰、夫剛人性無求、而申棖性多情慾、多情慾者必求人、求人則不得是剛、故云焉得剛、○孔安國曰。慾多情慾也。

子貢曰。我不欲人之加諸我也。子貢自願云、我不願世人以非理加陵之於我也、吾亦欲無加諸人。又云、我匪唯願人不以非理加於我、而我亦願不以非理加陵於人也、馬融曰。加陵也。

子曰。賜也非爾所及也。孔子抑子貢也、言能不招人以非理見加、及不以非理加人、此理深遠、非汝分之所能及也、爾汝也、故袁氏曰、加人、不得理之謂也、非無過者、何能不加人、人亦不加已、盡得理賢人也、非子貢之分也、○孔安國曰。言不能止人使

不加非義於己也。然不加人、人不加己、並難可能、而注偏釋不加己者、略也、

子貢曰。夫子之文章可得而聞也。子貢此歎顔氏之鑽仰也、但顔既庶幾與聖道相隣、故云鑽仰之、子貢既懸絶、不敢言其高賢、故自說聞於典籍而已、文章者六籍也、六籍是聖人之筌蹄、亦無關於魚兔矣、六籍者有文字章著煥然、可修耳目、故云夫子文章可得而聞也、○

章明也。文彩形質著見。可得以耳目自修也。然典籍著見可聞可觀、今不云可見而云可聞者、夫見之爲近、聞之爲遠、不敢言躬自近見、政欲寄於遠聞之而已、

夫子之言性與天道。不可得而聞也已矣。夫子之言即謂文章之所言也、性孔子所稟以生者也、天道謂元亨日新之道也、言孔子六籍乃是人之所見、而六籍所言之

旨、不可得而聞也、所以爾者、夫子之性與天地元亨之道、合其德致、此處深遠、非凡人所知、故其言不可得聞也、○

性者人之所受以生者也。人稟天地五常之氣以生曰性、性生也、○

天道者元亨日新之道也。元善也、亨通也、日新謂日日不停、新新不已也、謂天善道通利万物、新新不停者也、言孔子所稟之性與元亨日新之道合德也、○

深微故不可得而聞也。與元亨合德、故深微不可得而聞也、或云、此是孔子死後子貢之言也、故大史叔明云、文章者六籍是也、性與天道如何注、以此言之與、是夫子死後七十子之徒、追思曩日聖師平生之德音、難可復値、六籍卽有性與天道、但垂於世者可蹤、故千載之下、可得而聞也、至於口說言吐、性與天道、蘊藉之深、止乎身者難繼、故不可得而聞也、侃案何注似不如此、且死後之言、凡者亦不可聞、何獨聖乎、○

子路有聞。未能行。唯恐有聞。子路禀性果決、言無宿諾、故前有所聞、於孔子、即欲修行、若未及能行、則不願更有所聞、恐行之不周、故唯恐有聞也、孔安國曰。前所聞。未能及得行。故恐後有聞不得並行也。

子貢問曰。孔文子何以謂之文也。衛大夫孔叔圉以文爲謚、子貢疑其太高、故問孔子也、問其何德而謚文也、孔安國曰。孔文子衛大夫孔叔圉也。文謚也。○

子曰。敏而好學。不恥下問。是以謂之文也。答所以謚文之由也、敏疾速也、言孔圉之識智疾速、而所好在學、若有所不知、則不恥諸問在己下之人、有此諸行、故謂爲文也、孔安國曰。敏者識之疾也。下問問凡在己

下者也。

子謂子產。有君子道四焉。言子產有四德、並是君子之道也、

孔安國曰。子產鄭大夫公孫僑也。○

其行己也恭。一也、言其行身己於世、常恭從、不逆忤人物也、其事上也敬。是二也、人若事君親及凡在己上者、必皆用敬也、○其養民也惠。三也、言其養民皆用恩惠也、故孔子謂爲古之遺愛也、○其使民也義。四也、義宜也、使民不奪農務、各得所宜也、○

子曰。晏平仲善與人交。言晏平仲與人交結有善也、久而人敬之。此善交之驗也、凡人交易絕、而平仲交久而人愈敬之也、孫綽曰、交有傾蓋如舊、亦有白首如新、隆始者易、克終者難、敦厚不渝、其道可久、所以難也、故仲尼表焉、○

周生烈曰。齊大夫也。晏姓也。平謚也。名嬰也。○

子曰。臧文仲居蔡。居猶畜也、蔡大龜也、禮唯諸侯以上得畜大龜以卜國之吉凶、大夫以下不得畜之、文仲是魯大夫、而畜龜、是僭人君禮也、

苞氏曰。臧文仲魯大夫臧孫辰也。○文謚也。蔡國君之守龜也。出蔡地。因以爲名。國君守國之龜出蔡地、因呼龜爲蔡也、長尺有二寸。蔡地既出大龜、龜長尺二寸者因名蔡也、居蔡僭也。大夫亦得卜用龜、龜小者也、不得畜蔡也、文仲畜之、是僭濫也、○

山節藻梲。此奢侈也、山節者刻杜頭露節爲山、如今拱斗也、藻梲者畫梁上侏儒杜爲藻文也、人君居室無此禮、而文仲爲之、故爲奢也、宮室之飾、士去首去本、大夫達稜、諸侯斲而礱之、天子加密石、

焉、出穀梁傳、

苞氏曰。節者栭也。刻鏤爲山也。言刻栭柱頭爲山也、栭是梁上柱名也、梲者梁上楹也。梁上楹即是儒、儒即侏儒柱也、苞兩而言之、當是互明之也、刻儒頭爲山也、畫儒身爲藻文也、又有一本注云、山節者刻薄櫨爲山也、○畫爲藻文。言其奢侈也。若以注意則此是非僭也、正言是奢侈失禮、人君無此禮、故不僭也、梲梁上侏儒柱也、此注爲便、鄭注明堂位亦云、刻薄櫨爲山也、

何如其智也。時人皆謂文仲是有智之人、故孔子出其僭奢之事而譏時人也、故云何如其智也、

孔安國曰。非時人謂以爲智也。

子張問曰。令尹子文令尹楚官名也、子文爲楚令尹、故曰令尹子文也、

孔安國曰。令尹子文楚大夫。姓鬭。名穀。字於菟。楚鬭

伯比外家是鄖國、其還外家、通舅女生子、既恥之、仍遂擲於山草中、此女之父、獵還見虎乳飲小兒、因取養之、既未知其姓名、楚人謂乳爲教、謂虎爲於菟、(音塗)此兒爲虎所乳、故名之曰教於菟也、後知其是伯比子、故呼爲鬬教於菟也、後長大而賢、仕楚爲令尹之官、范寧曰、子文是謚也、○三仕爲令尹。無喜色。文子經仕楚、三遇爲令尹之官、而顏色未嘗喜也、三已之。無慍色。已謂黜止也、文子作令尹、經三過被黜、而亦無慍恚之色也、舊令尹之政。必以告新令尹。雖三過被黜、每被黜受代之時、必以令尹舊政、令告語新人、恐其不知解也、何如也。子張問孔子、令尹行如此、是謂何人也、子曰。忠矣。孔子答言、臨代以舊、此是爲臣之忠者也、李充曰、進無喜色、退無慍色、公家之事、知無不爲、忠臣之至也、曰。仁矣乎。子張又問孔子、如子文之行、可得謂爲仁不乎、曰。未知。焉得仁。孔子答曰、唯聞其忠、

未知其何由得爲仁乎、

孔安國曰。但聞其忠事。未知其仁也。李充曰、子玉之敗子文之舉、舉以敗國、不可謂智也、賊夫人之子、不可謂仁、侃謂、李爲不智、不及注也、

崔子弑齊君。崔子齊大夫崔杼也、弑其君莊公也、云弑者夫上殺下曰殺、殺名爲早也、下殺上曰弑、弑試也、下之害上、不得卽而致殺、必先相試以漸故易曰、臣殺君、子殺父、非一朝一夕、其所從來久矣、如履霜以至堅氷也、

陳文子有馬十乘。陳文子亦齊大夫也、十乘四十匹馬也、四馬共乘一車、故十乘有四十匹也、

棄而違之。文子見崔杼弑君、而己力勢不能討、故棄四十疋馬而違去此國、更往他邦、

孔安國曰。皆齊大夫也。崔杼作亂。陳文子惡之。捐其四十疋馬。違而去之也。捐猶

弃放也、○至於他邦。則又曰。猶吾大夫崔子也。于時天下竝亂、國國皆惡、文子棄馬而去、復便至他邦、而所至之國亦亂、與齊不異、故曰、猶吾大夫崔子也、違之。違去也、文子所至新國又惡、故又去之也、之至一邦。之往也、去所至新國、更復往一邦也、則又曰。猶吾大夫崔子也。去初所至、更往一國、一國復昏亂、又與齊不異、故又曰、猶吾大夫崔子也、違之。已復更去也、何如。子張更問孔子言、文子捨馬三至新邦、屢違之事如此、可謂爲何人也、子曰。清矣。清清潔也、顏延之曰、每適又違、潔身者也、曰。仁矣乎。子張又問、若如此文子之行、則可謂爲仁不乎、曰。未知。焉得仁。答子張曰、其能自去、只可得清、未知所以得名爲仁也、孔安國曰。文子避惡逆。去無道。求有

道。當春秋時。臣陵其君。皆如崔杼。無有可止者也。孫綽曰、大哉仁道之弘、以文子平粹之心無借之誠、文子疾時惡之篤、棄馬而逝、三去亂邦、坐不暇寧、忠信有餘、而仁猶未足、唯顏氏之子體仁無違、其亞聖之目乎、李充曰、違亂求治、不汙其身清矣、而所之無可、驟稱其亂、不如寧子之愚、蘧生之可卷、未可謂智也、潔身而不濟世、未可謂仁也、李謂爲未智、亦不勝爲未知也、

季文子三思而後行。言文子有賢行、擧事必三過思之也、子聞之曰。再思斯可矣。孔子美之言、若文子之賢、不假三思、唯再思此則可也、斯此也、鄭玄曰。季文子魯大夫季孫行父也。文謚也。文子忠而有賢行。其擧事寡過。不必及三思也。有一通云、言再

過二思而則可也、又季彪曰、君子之行、謀其始、思其中、慮其終、然後允合事機、擧無遺算、是以曾子三省其身、南容三復白圭、夫子稱其賢、且聖人敬愼於教訓之體、但當有重耳、固無緣有減損之理也、時人稱季孫名過其實、故孔子矯之、言季孫行事多闕、許其再思則可矣、無緣乃至三思也、此蓋矯抑之談耳、非稱美之言也、○

子曰。寧武子。美武子德也、

馬融曰。衛大夫寧喩也。武謚也。○

邦有道則智。言武子若值邦君有道、則肆己智識以贊明時也、**邦無道則愚。**若值國主無道、則卷智藏明、詐昏同愚也、**其智可及也。**是其中人識量當其肆智之目、故爲世人之可及也、**其愚不可及也。**時人多衒聰明、故智識有及於武子者、而無敢詳愚隱智

如武子者、故云其愚不可及也、孔安國曰。詳愚似實。故曰不可及也。詳詐也、王朗曰、或曰、詳愚蓋運智之所得、緣有此智、故能有此愚、豈得云同其智而闕其愚哉、答曰、智之爲名、止於布德尚善、動而不用、黜者也、愚無預焉、至於詳愚、韜光潛綵、恬然無用、支流不同、故其稱亦殊、且智非足者之目、可有雖審其顯、而未盡其愚者矣、孫綽曰、人情莫不好名、咸貴智而賤愚、雖治亂異世、而矜鄙不變、唯深達之士爲能晦智藏名以全身遠害、飾智以成名者易、去華以保性者難也、

子在陳曰。歸與。歸與。孔子周流在陳最久、將欲反魯、故發此辭、再言歸與歸與者、欲歸之意深也、吾黨之小子。狂簡斐然成章。不知所以裁之也。此是欲歸之辭也、所以不直歸而必有辭者、客住既久、主人無薄、若欲去無辭、則恐主人生愧、故託

爲此辭以申客去之有由也、吾黨者謂我鄉黨中也、小子者鄉黨中後生末學之人也、狂者直進無避者也、簡大也、大謂大道也、斐然文章貌也、孔子言我所以欲歸者、爲我鄉黨中有諸末學小子、狂而無避進取、正經大道、輒妄穿鑿斐然以成文章、皆不知其所以輒自裁斷、此爲謬誤之甚、故我當歸爲裁正之也、

○孔安國曰。簡大也。孔子在陳。思歸欲去。故曰。吾黨之小子狂者。進趣於大道。妄穿鑿以成文章。不知所以裁制。我當歸以裁制之耳。遂歸。趣取也、大道正經也、既狂故取正典穿鑿之也、

子曰。伯夷叔齊不念舊惡。怨是用希。此美夷齊之德也、念猶識錄也、舊惡故憾也、希少也、人若錄於故憾、則怨恨更多、唯夷齊豁然忘懷、若人有犯己、己不怨錄之、所以與人

怨少也、○

孔安國曰。伯夷叔齊孤竹君之二子也。

孤竹國名也。孤竹之國、是殷湯正月三日丙寅日所封、其子孫相傳至夷齊之父也、父姓墨台、名初、字子朝、伯夷名允、字公信、叔齊名致、字公達、伯夷大而庶、叔齊小而正、父薨、兄弟相讓、不復立也、○

子曰。孰謂微生高直。于時世人多云、微生高用性清直、而孔子譏之、故云孰謂微生高直也、孰誰也、

孔安國曰。微生姓也。名高。魯人也。

或人乞醯焉。舉微生非直之事也、醯酢酒也、有人就微生乞醯者也、乞諸其鄰而與之。諸之也、時微生家自無醯、而爲乞者乞己鄰有醯者乞之、以與或人也、直人之行、不應委曲、今微生高用意委曲、故其識非直也、

孔安國曰。乞之四鄰以

應求者。用意委曲。非爲直人也。四鄰四面隣里之家也、

子曰。巧言令色足恭。謂己用恭情少而爲巧言令色足恭之者也、繆協曰、恭者從物、

凡人近情莫不欲人之從己、足恭者以恭足於人意、而不合於禮度、斯皆適人之適而曲媚於物也、○

孔安國曰。足恭便僻之貌也。○

左丘明恥之。丘亦恥之。左丘明受春秋於仲尼者也、其旣良直、故凡有可恥之事、

而仲尼皆從之爲恥也、巧言令色足恭、是可恥之事也、

孔安國曰。左丘明魯大夫也。

匿怨而友其人。匿藏也、謂心藏怨而外詐相親友者也、

孔安國曰。心內相怨。而外詐親也。

左丘明耻之。丘亦耻之。亦從左丘明耻也、范寧曰、藏怨於心詐親於形外、楊子法言曰、友而不心、面友也、亦丘明又所耻、顏淵季路侍。季路卽子路也、次第是季、侍侍孔子、卑在尊側曰侍也、子曰。盍各言爾志。盍何不也、孔子話顏路曰、汝二人何不各言汝心中所思乎也、子路曰。願車馬衣輕裘。與明友共弊之。而無憾。弊敗也、憾恨也、子路性決、言朋友有通財、車馬衣裘共乘服、而無所憾恨也、〇孔安國曰。憾恨也。一家通云、而無憾也言願我既乘服朋友衣馬而不慚憾也、故殷仲堪曰、施而不恨、士之近行也、若乃用人之財、不覺非己、推誠闇往、感思不生、斯乃交友之至、仲由之志與也、

顏淵曰。願無伐善。有善而自稱曰伐善也、顏淵所願、願己行善而不自稱、欲潛行而百

姓日用而不知也、李充曰、自伐者無功、自矜者不莊、

孔安國曰。自無稱己善也。

無施勞。又願不施勞役之事於天下也、故鑄劔戟爲農器、使子貢無施其辯、子路無厲其勇也、○

孔安國曰。無以勞事置施於人也。

子路曰。願聞子之志。二子說志既竟、而子路又云願聞孔子志也、古稱師曰子也、

子曰。老者安之。朋友信之。少者懷之。孔子答也、願己爲老人所見撫安、朋友必見期信、少者必見思懷也、若老人安己、己必是孝敬故也、朋友信己、己必是無欺故也、少者懷己、己必有慈惠故也、欒肇曰、敬長故見安、善誘故可懷也、○

孔安國曰。懷安也。

子曰。已矣乎。吾未見能見其過而內自訟者也。已止也、止矣乎者歎此以下事久已無也、訟猶責也、言我未見人能自見其所行事有過失、內自責者也、

苞氏曰。訟猶責也。言人有過莫能自責者也。

子曰。十室之邑。必有忠信如丘者焉。不如丘之好學者也已。丘孔子名也、孔子自稱名言、十室爲邑、其中必有忠信如丘者焉也、但無如丘之好學耳也、孫綽曰、夫忠信之行、中人所能存全、雖聖人無以加也、學而爲人、未足稱也、好之至者必鑽仰不息、故曰、有顏回者好學、今也則亡、今云十室之學不逮於己、又曰、我非生而知之、好古敏而求耳、此皆陳深崇於教、以盡汲引之道也、一家云、十室中若有忠信如丘者、則其餘焉不如丘之好學也、言今不好學不忠信耳、故衞瓘曰、所以忠信不如丘者、由不能好學如丘耳、苟能好學、則其忠信可使如丘也、○

論語雍也第六　何晏集解　凡卅章

雍孔子弟子也、明其才堪南面而時不與也、所以次前者、其雖無橫罪、亦是不遇之流、橫罪爲切、故以公治前明、而雍也爲次也、○

子曰、雍也可使南面。南面謂爲諸侯也、孔子言冉雍之德可使爲諸侯也、

苞氏曰、可使南面者、言任諸侯可使治國故也。

仲弓問子桑伯子。仲弓卽冉雍也、問孔子曰、有人名子桑伯子、此是何人也、

王肅曰、伯子書傳無見也。言書傳不見有子桑伯子也、○

子曰、可也簡。可猶可謂也、簡謂疏大無細行也、孔子答曰、伯子人身所踈行可謂踈簡也、

以能其簡故曰可也。言伯子能爲簡略之行、故云可也、

論語義疏第三

仲弓曰。居敬而行簡。以臨其民。不亦可乎。孔子答曰、伯子所行可謂疎簡、故仲弓更諮孔子、評伯子之簡不合禮也、將說其簡不合於禮、故此先說於合禮之簡也、言人若居身有敬、而寬簡以臨下民、能如此者乃爲合禮、故云不亦可乎、言其可也、

孔安國曰。居身敬肅。臨下寬略。則可也。

居簡而行簡。無乃大簡乎。此說伯子之簡不合禮也、而伯子身無敬、而以簡自居、又行簡對物、對物皆無敬、而簡如此、不乃大簡乎、言其簡過甚也、

苞氏曰。伯子之簡大簡也。

子曰。雍之言然。雍論簡既是、故孔子然許之也、虞喜曰、說苑曰、孔子見伯子、伯子不衣冠而處、弟子曰、夫子何爲見此人乎、曰、其質美而無文、繁、吾欲說而文之、孔子去、子桑伯子門人不說曰、何

爲見孔子乎、曰其質美而文繁、吾欲說而去其文、故曰、文質修者、謂之君子、有質而無文、謂之易野、子桑伯子易野、欲同人道於牛馬、故仲尼曰大簡也、

哀公問曰。弟子孰爲好學。哀公問孔子、諸弟子之中誰爲好學者、**孔子對曰。有顏回者。好學。**答曰、弟子之中唯有顏回好學、**不遷怒。**此舉顏淵好學分滿所得之功也、凡夫識昧、有所瞋怒不當道理、唯顏回學至庶幾、而行藏同於孔子、故識照以道、怒不乖中、故云不遷、遷猶移也、怒必是理、不遷移也、**不貳過。**但不能照機、機非已所得、故於己成過、凡情有過必文、是爲再過、而回當機時不見己乃有過、機後即知、知則不復文飾以行之、是不貳也、故易云、顏氏之子、其殆庶幾乎、有不善未嘗不知、知之未嘗復行是也、然學至庶幾、其美非一、今獨舉怒過二條者、蓋有以爲當時哀公濫怒貳過、欲因答寄箴者也、**不幸短命死矣。**凡應死而生曰幸、應

生而死曰不幸、若顏子之德、非應死而今死、故曰不幸也、命者稟天所得以生、如受天教命也、天何言哉、設言之耳、但命有短長、顏生所得短者也、不幸而死、由於短命、故曰不幸短命死矣、○**今也則亡。**亡無也、言顏淵既已死、則無復好學者也、然游夏文學著於四科、而不稱之便謂無好學者何也、游夏非體之人、不能庶幾、尚有遷有貳、非關喪予、唯顏生鄰亞、故曰無也、**未聞好學者也。**好學庶幾、曠世唯一、此士難重得、故曰未聞也、

凡人任情。喜怒違理。未得坐忘、故任情不能無偏、故違理也、**顏淵任道。怒不過分。**過猶失也、顏子道同行捨、不自任己、故曰任道也、以道照物、物豈逃形、應可怒者皆得其實、故無失分也、**遷者移也。怒當其理。不移易也。**照之故當理、當理而怒之、不移易也**不貳過者。有不善未嘗得行也。**卽用

易繫爲解也、未嘗復行謂不文飾也、○

子華使於齊。子華弟子、字冉也、姓公西、名赤、有容儀、故爲使往齊國也、但不知時爲魯君之使爲孔子之使耳、○冉子爲其母請粟。冉子冉求也、其母子華母也、請粟就孔子請粟也、時子華既出使、而母在家、冉有由朋友之情、故爲子華之母就孔子請粟也、子曰。與之釜。孔子得冉求之情、故命與粟一釜、釜容六斗四升也、

馬融曰。子華弟子公西華赤字也。六斗四升曰釜也。春秋昭公三年、冬、晏子曰、齊舊四量、豆區釜鍾、四升爲豆、各自加其四以登於釜、釜十則鍾、案如茲說、是四升爲豆、四豆爲甌、甌斗六升也、四甌爲釜、釜六斗四升、如馬注也、若鍾則六斛四斗也、

○

請益。冉求嫌一釜之少、故更就孔子請益也、曰。與之庾。冉子既請益、故孔子令與之庾也、庾十六斗也、然初請唯得六斗四升、請益而得十六斗、是益多於初、如爲不次、政恐益足前釜以成十六斗也、苞氏曰。十六斗爲庾也。然案苞注十六斗爲庾、與賈氏注國語同、而不合周禮、周禮旊人職云、豆實三而成觳、鄭云、豆實四升、則觳實一斗二升也、又陶人職云、庾實二觳、案如陶旊二文則庾二斗四升矣、而苞氏注曰、十六斗爲庾、卽是聘禮之籔也、聘禮十六斗曰籔、不知苞賈當別有所出耳、冉子與之粟五秉。十六斛曰秉、五秉八十斛也、孔子與粟既竟、故冉子又自以己粟八十斛與之也、馬融曰。十六斛爲秉。五秉合八十斛也。聘禮云、十斗曰斛、十六斗曰籔、十籔曰秉、是馬注曰與同也、○

子曰。赤之適齊也。乘肥馬。衣輕裘。孔子說我所以與少、又說冉求不應與多意也、肥馬馬之食穀者也、輕裘裘之皮精毛軟、及新綿爲著者也、若家貧則馬不食穀而瘦、裘用麤皮毛強、而故絮爲著、縕袍是也、今子華往使於齊、去時所乘馬肥、其所衣裘輕軟、則是家富、其母不乏也、

吾聞之也。君子周急。不繼富。孔子曰、吾聞舊語、夫君子施但周贍人之急者耳、不係繼足人爲富蓄也、○鄭玄曰。非冉求與之太多也。非猶識也、孔子此語、是識冉求與子華母粟之太多也、然舊說疑之、子華之母、爲當定乏、爲當定不乏、若實乏而子華肥輕、則爲不孝、孔子不多與、是爲乏、不仁、若不乏而冉求與之、則爲不智、誰爲得失、舊通者云、三人皆得宜也、子華中人、豈容已乘肥馬衣輕裘而令母乏、必不能然矣、且夫子明言不繼富、則知其家富也、實富而冉求爲請與多者、明朋友之親有同己親、既一人不在、則一人宜相共

恤故也、今不先直以己粟與之、而先請於孔子者、己若直與則人嫌子華母有乏、故先請孔子、孔子再與、猶不至多、明不繼富也、已故多與、欲招不繼富之責、是知華母不乏也、華母不乏而已與之、爲於朋友之義故也、不乏尚與、況乏者也、

原思爲之宰。弟子原憲也、孔子爲魯司寇、有菜邑、故使原思爲邑宰也、

苞氏曰。弟子原憲也。思字也。孔子爲魯司寇。以原憲爲家邑宰也。余見鄭注本云、孔子初仕魯爲中都宰、從中都宰爲司空、從司空爲司寇也、○

與之粟九百。九百九百斗也、原憲既爲邑宰、邑宰宜得祿、故孔子以粟九百斗與之也、辭。原性廉讓、辭不受粟也、

孔安國曰。九百九百斗也。辭讓不受也。漫云九百、而孔必知九百斗者、孔子政當嫌九百升爲少、九百斛爲多、故應是斗也、宜與粟五秉亦相類也、

子曰。毋。原辭不肯受、故孔子止之也、毋毋辭也、

孔安國曰。祿法所得當受。無以讓也。

以與爾鄰里鄉黨乎。又恐原憲不肯受、故又說云、汝莫辭但受之、若無用、當還分與爾鄰里鄉黨也、此是示賢人仕官潤澤州鄉之教也、

鄭玄曰。五家爲鄰。五鄰爲里。萬二千五百家爲鄉。五百家爲黨也。內外五言之耳、鄰里在百里之外、鄉黨在百里之內也、○

子謂仲弓曰。此明不以父無德而廢子之賢也、仲弓父劣、當是于時爲仲弓父劣而不用仲

弓、故孔子明言之也、范寧曰、謂非必對言也、犂牛之子。騂且角。爲設譬也、犂牛文也、雜文曰犂、(或音狸、狸雜文也、或音犂、犂謂耕犂也、)騂赤色也、周家所貴也、角角周正、長短尺寸合禮也、言假令犂牛而生好子、色角合禮也、○雖欲勿用。山川其舍諸。勿猶不也、舍猶棄也、言犂牛生好子、子既色角悉正、而時人或言、此牛出不佳之母、急欲捨弃此牛而不用、特祭於鬼神、則山川百神、豈薄此牛母惡而弃捨其子、遂不歆饗此祭乎、必不捨矣、譬如仲弓之賢、其父雖劣、若遭明王聖主、豈爲仲弓父劣、而捨仲弓之賢、不用爲諸侯乎、明必用也、故鯀則殛死、禹乃嗣興、是也、

犂雜文也。騂赤色也。角者角周正中犧牲也。雖欲以其所生犂而不用。山川寧肯捨之乎。言父雖不善。不害於其子之美也。然周禮牧人職云、凡陽祀用騂牲毛之、陰祀以黝特

毛之、望祀各以其方之色牲毛之、鄭云、陽祀祭天於南郊、及宗廟也、陰祀祭地北郊、及社稷也、望祀五嶽四鎮四瀆也、然今云山川者、趣舉言之也、若南方則用赤、是有其方色也、且既云山川、則宗廟亦可知、亦互之也、

子曰、回也其心三月不違仁。仁是行盛、非體仁則不能、不能者心必違之、能不違者唯顏回耳、既不違則應終身、而止舉三月者、三月一時、爲天氣一變、一變尚能行之、則他時能可知也、亦欲引汲、故不言多時也、故苞述云、顏子不違仁、豈但一時、將以勗群子之志、故不絕其階耳、其餘則日月至焉而已矣。其餘謂他弟子也、爲仁並不能一時、或至一日、或至一月、故云日月至焉而已也、言餘人暫有至仁時。唯回移時而不變也。既言三月不違、不違故知移時也、

季康子問。仲由可使從政也與。仲由子路也、魯卿季康子問孔子曰、子路可使從政爲官長諸侯不也、○子曰。由也果。答康子說子路才行可爲政也、言子路才性果敢、能決斷也、苞氏曰。果謂果敢決斷也。於從政乎何有。既解決斷則必能從政也、何有言不足有也、故衛瓘曰、何有政者有餘力也、○曰。賜也可使從政也與。又問孔子曰、子貢可使從政不也、子曰。賜也達。亦答才能也、言賜能達於物理也、孔安國曰。達謂通於物理也。於從政乎何有。既達物理、故云亦何有也、曰。求也可使從政也與。又問孔子曰、冉求何如、曰。求也藝。又答才能也、言求多才能也、

孔安國曰。藝謂多才能也。

於從政乎何有。有才能、故云亦何有也、季氏使閔子騫爲費宰。弟子閔損也、費邑也、季氏采邑也、時季氏邑宰叛、聞閔子騫賢、故遣使召之爲費宰也、

孔安國曰。費季氏邑也。季氏不臣。強僭於魯、故曰不臣也、而其邑宰叛。其邑宰即公山不擾也、亦賢人也、見季氏惡、故叛也、所以後引云公山不擾以費叛召子欲往、是也、○聞閔子騫賢。故欲用也。

閔子騫曰。善爲我辭焉。子騫賢不願爲惡人爲宰、故謂季氏之使者云、汝還好爲我作辭、辭於季氏道我不欲爲宰之意也、孔安國曰。不欲爲季氏宰。語使者曰。善爲我辭說。令不復召我也。

如有復我者。復又也、子騫曰、汝若不能爲我作善辭、而令有使人來召我者、語在下也、

孔安國曰。復我者。重來召我也。

則吾必在汶上矣。汶水名也、汶在魯北齊南、子騫時在魯、謂使者云、若又來召我、我當北渡汶水之上、往入齊也、

孔安國曰。去之汶水上。欲北如齊也。〇

伯牛有疾。伯牛弟子冉耕字也、魯人、有疾時其有惡疾也、

馬融曰。伯牛弟子冉耕也。

子問之。孔子往問伯牛之疾差不也、自牖執其手。牖南窓也、君子有疾、寢於北壁下東首、令師來、故遷出南窓下、亦東首、令師從戶入於床北、得面南也、孔子恐其惡疾不欲見人、故不入

戶、但於窗上而執其手也、苞氏曰。牛有惡疾。不欲見人。故孔子從牖執其手也。○

曰。亡之。亡喪也、孔子執其手而曰、喪之、言牛必死也、

孔安國曰。亡喪也。疾甚。故持其手曰喪也。

命矣夫。亦是不幸之流也、言如汝才德實不應死、而今喪之、豈非稟命之得矣夫、矣夫助語也、

斯人也而有斯疾也。斯人也而有斯疾也。斯此也、言有此善人而嬰此之惡疾、疾與人反、故歎之也、再言之者痛歎之深也、○

苞氏曰。再言之者痛惜之甚也。

子曰。賢哉回也。美顏淵之賢行、故先言賢哉回也、一簞食。一瓢飲。簞竹

筥之屬也、用貯飯、瓢瓠片也、匏持盛飲也、言顏淵食不重餚、及無彫鏤之器、唯有一簞食一瓢飲而已、

孔安國曰。簞笥也。以竹爲之、如箱篋之屬也、○瓢瓠也。

在陋巷。不顧爽塏而居處之、在窮陋之巷中也、人不堪其憂。凡人以此爲憂而不能處、故云不堪其憂也、回也不改其樂。顏回以此爲樂、久而不變、故云不改其樂也、賢哉回也。美其樂道情篤、故歎始末言賢也、

孔安國曰。顏淵樂道。雖簞食在陋巷。不改其所樂也。所樂則謂道也、

冉求曰。非不悅子之道。力不足也。冉求諮孔子曰、求之心誠非不喜悅夫子之道而欲行之、只才力不足、無如之何也、子曰。力不足者中道而廢。孔子抑冉求無企慕之心也、言汝但學不行之矣、若行之而力不足者、當中道而廢住耳、莫發初自誠不能行

也、今汝畫。畫止也、汝今云力不足矣、是汝自欲止耳、

孔安國曰。畫止也。力不足者。當中道而廢。今汝自止耳。非力極也。

子謂子夏曰。汝爲君子儒。無爲小人儒。儒者濡也、夫習學事久、則濡潤身中、故謂久習者爲儒也、但君子所習者道、道是君子儒也、小人所習者矜誇、矜誇是小人儒也、孔子語子夏曰、當爲君子儒、不得習爲小人儒也、

馬融曰。君子爲儒。將以明其道。小人爲儒。則矜其名也。

子游爲武城宰。弟子子游也、時爲武城邑宰也、

苞氏曰。武城魯下邑也。

子曰。汝得人焉耳乎哉。孔子問子游言、汝作武城宰、而武城邑民有好德行之人爲汝所得者不乎、故云汝得人焉耳乎哉、故袁氏曰、謂得其邦之賢才不也、

孔安國曰。焉耳乎哉。皆辭也。

曰。有澹臺滅明者。行不由徑。答爲宰而所得邑中之人也、澹臺滅明亦孔子弟子也、言滅明每事方正、故行出皆不邪徑於小路也、一云滅明德行方正、不爲邪徑小路行也、○非公事。未嘗至偃之室也。公事其家課稅也、偃子游名也、偃之室謂子游所住邑之廨舍也、子游又言、滅明既方正、若非常公稅之事、則不嘗無事至偃住處也、舉其明不託狎倚勢於朋友也、

苞氏曰。澹臺姓。滅明名也。字子羽。言其公且方也。公謂非公事不至偃室、方謂不由徑、

子曰。孟之反不伐。魯臣也、不伐謂有功不自稱也、

孔安國曰。魯大夫孟之側也。與齊戰。軍大敗。不伐者不自伐其功也。此不伐之源、魯哀公十一年魯師及齊師戰郊之事也、見春秋也、余見鄭注本、姓孟名之側、字之反也、

奔而殿。此不伐之事也、軍前曰啓、軍後曰殿、于時魯與齊戰、魯軍大敗退奔、而孟之側獨住軍後爲殿、以捍衞奔者、故曰奔而殿也、

將入門。策其馬。門魯國門也、策杖也、初敗奔時在郊、去國門遠、孟之側在後、及還將至入國門、而孟之側杖馬令在奔者前也、然六籍唯用馬乘車、無騎馬之文、唯又曲禮云、前有車騎、是騎馬耳、今云策其馬、不知爲馬爲乘車也、

曰。非敢後也。馬不進也。其既在後、而國人皆迎之謂正有功、己不欲獨受其功、故將入門、杖馬而云、我非敢在後

距敵、政是馬行不進、故在後耳、所以杖馬示馬從來不進也、

馬融曰。殿在軍後者也。前曰啓。後曰殿。○孟之反賢而有勇。軍大奔。獨在後爲殿。故停軍後、爲捍敵也、人迎爲功之。在國人迎軍見其在後、而爲謂之有功、故云功之也、不欲獨有其名。故云我非敢在後距敵也。馬不能前進耳。前猶進也、

子曰。不有祝鮀之佞。而有宋朝之美。難乎免於今之世矣。祝鮀能佞也、宋朝宋國之美人、善能婬欲者也、當于爾時佞貴佞重婬、此二人並有其事、故曰得寵幸而免患難、故孔子曰、言人若不有祝鮀佞、反宜有宋朝美、若二者並無、則難免今世之患難也、故范寧曰、祝鮀以佞諂被寵於靈公、宋朝以美色見愛於南子、無道之世、並以取容、孔子惡時民濁亂唯佞

色是尚、忠正之人不容其身、故發難乎之談、將以激亂俗、亦欲發明君子全身遠害也、○

孔安國曰。佞口才也。祝鮀衞大夫。名子魚也。時世貴之。貴其能佞也、○宋朝宋國之美人也。而善婬。于時在衞、通靈公夫人南子也、○言當如祝鮀之佞。而反如宋朝之美。難矣免於今世之害也。一本云、反如宋朝之美也、通者云、佞與淫異、故云反也、

子曰。誰能出不由戶者。何莫由斯道也。道先王之道也、人生得在道世、皆由於先王道理而通、而世人多違理背道、故孔子爲譬以示解時惑也、言人之在室、出入由戶而通、亦如在世由道理而生、而人皆知出室由戶、而未知在世由道、故云誰能出不由戶、何莫由斯道也、莫無也、斯此也、故范寧云、人咸知由戶而行也、莫知由學而成也、

孔安國曰言

人立身成功。當由道。譬猶人出入要當從戶也。

子曰。質勝文則野。謂凡行禮及言語之儀也、質實也、勝多也、文華也、言語實多而文飾少也、則如野人、野人鄙略大樸也、

苞氏曰。野如野人。言鄙略也。

文勝質則史。史記書史也、史書多虛華無實、妄語欺詐、言人若爲事多飾少實、則如書史也、

苞氏曰。史者文多而質少也。

文質彬彬。然後君子。彬彬文質相半也、若文與質等半、則爲會時之君子也、

苞氏曰。彬彬文質相半之貌也。○

子曰。人生也直。言人得生居世者、必由直行故也、故李充曰、人生之道、唯人身直乎、

馬融曰。言人之所以生於世而自終者。以其正直

之道也。自終謂用道、故不横夭殤也、

罔之生也。幸而免。罔謂爲邪曲誣罔者也、應死而生曰幸、生卽由直、若有誣罔之人亦得生世者、獲是幸而免死耳、故李充曰、失平生之道者、則動之死地矣、必或免之、善由於幸耳、故君子無幸而有不幸、小人有幸而無不幸也、

苞氏曰。誣罔正直之道而亦生。是幸而免也。

子曰。知之者不如好之者。謂學者深淺也、知之謂知學問有益者也、好之謂欲學之以爲好者也、夫知有益而學之、則不如欲學之以爲好者也、故李充曰、雖知學之爲益、或有計而後知學利在其中、故不如好之者篤也、好之者不如樂之者。樂謂歡樂之也、好有盈厭、故不如性歡而樂之、如顏淵樂在其中也、故李充曰、好有盛衰、不如樂之者深也、○

苞氏曰。學問知之者。不如好之者篤。好之者。又不如樂之者深也。

子曰。中人以上可以語上也。中人以下不可以語上也。此謂爲教化法也、師說云、就人之品識大判有三、謂上中下也、細而分之則有九也、有上上上中上下也、又有中上中中中下也、又有下上下中下下也、凡有九品、上上則是聖人、聖人不須教也、下下則是愚人、愚人不移、亦不須教也、而可教者、謂上中以下、下中以上凡七品之人也、今云中人以上可以語上、即以上道語於上分也、中人以下不可以語上、雖不可語上、猶可語之以中、及語之以下、何者、夫教之爲法、恒導引分前也、聖人無待於教、故以聖人之道可以教顏、以顏之道、可以教閔、斯則中人以上可以語上也、又以閔道可以教中品之上、此則中人亦可語上也、又以中品之上道以教中品之中、又以中品之

中道教中品之下、斯卽中人亦有可以語之以中也、又以中品之下道、教下品之上、斯卽中人以下可以語中、又以下品之上道教下品之中、斯卽中人以下可以語下也、此云中人以上中人以下、大略言之耳、既有九品、則第五爲正中人也、以下卽六七八也、以上卽四三二也、○

王肅曰。上謂上知之人所知也。上知所知謂聖人之道可敎顏閔者

也、兩舉中人。以其可上可下也。若分九品、則第五以上可以語上、第五以下不可語上、今但應云中人以上可以語上、以下不可語上、而復云中人以下、是以再舉中人也、所以爾者、明中人之大分有可上可下也、若中人之上可以語上、中人之下不可語上、故再言中人也、又一云、中人若遇善師則可上、若遇惡人則可下、故再舉中人、明可上可下也、

樊遲問智。問孔子爲智之道也、**子曰。務民之義。**答曰若欲爲智、當務在化導民

之義也、　王肅曰。務所以化導民之義也。

敬鬼神而遠之。鬼神不可慢、故曰敬鬼神也、可敬不可近、故宜遠之也、可謂智矣。如上二事則可爲智也、○

苞氏曰。敬鬼神而不瀆也。瀆猶數近也、

問仁。樊遲又問爲仁也、　子曰。仁者先難而後獲。可謂仁矣。獲得也、言臣心先歷爲難事、而後乃可得祿受報、則是仁也、若不先勞事而食、則爲不仁、故范寧曰、艱難之事則爲物先、獲功之事而處物後、則爲仁矣、○

孔安國曰。先勞苦乃後得功。此所以爲仁也。

子曰。智者樂水。陸特進曰、此章極弃智仁之分也、凡分爲三段、自智者樂水仁者樂山爲

第一、明智仁之性、又智者動仁者靜爲第二、明智仁之用、先既有性、性必有用也、又智者樂仁者壽爲第三、明智仁之功、已有用、用宜有功也、今第一明智仁之性、此明智性也、智者識用之義也、樂者貪樂之稱也、水者流動不息之物也、智者樂運其智化物、如水流之不息、故樂水也、

苞氏曰。智者樂運其才智以治世。如水流而不知已之也。

仁者樂山。此章明仁者之性也、仁者惻隱之義、山者不動之物也、仁人之性、願四方安靜、如山之不動、故云樂山也、

仁者樂如山之安固自然不動。而萬物生焉也。

智者動。此第二明用也、智者何故如水耶、政自欲動進其識、故云智者動也、○

苞氏曰。自進故動也。

仁者靜。仁者何故如此耶、其心寧靜故也、

孔安國曰。無欲故靜也。

智者樂。第三明功也、樂懽也、智者得運其識、故得從心而暢、故懽樂也、

鄭玄曰。智者自役得其志。故樂之也。

仁者壽。性靜如山之安固、故壽考也、然則仁既壽亦樂、而智樂不必壽、緣所役用多故也、

苞氏曰。性靜故壽考也。

子曰。齊一變至於魯。魯一變至於道。大公封於營丘之地、爲齊國、周公封於曲阜之地、爲魯國、周公大聖、大公大賢、賢聖既有優劣、雖同致太平、而其化不得不微異、故末代

二國齊有景公之昏闇、魯有定公之寡德、然其國猶有望旦之遺風、故禮記云、孔子曰、吾捨魯何適耶、明猶魯猶勝餘國也、今孔子歎其君之並惡、故有此言也、言若齊有明君、一變、便得如魯之太平之日、魯有明、君一變、便如大道時也、此是引汲之教耳、實理則不然矣、若明君興之、政當得各如其初、何容得還淳反本耶、

苞氏曰。言齊魯有大公周公之餘化也。大公大賢。周公聖人。今其政教雖衰。若有明君興之者。齊可使如魯。魯可使如大道行之時也。

子曰。觚不觚。觚禮酒器也、禮云、觚之酌酒一獻之禮、賓主百拜、此則明有觚之用酒也、當于爾時、用觚酌酒、而沈湎無度、故孔子曰、不觚觚也、故王肅曰、當時沈湎于酒、故曰觚不觚、言不知禮也、蔡謨曰、酒之亂德自古所患、故禮說三爵之制、尚書著明酒誥之篇、易有濡首之戒、詩列賓筵之刺、皆可以防沈酒

湎、王氏之說是也、觚失其禮、故曰觚不觚、猶言君臣不君臣耳、

馬融曰。觚禮器也。一升曰爵。二升曰觚也。○

觚哉觚哉。言用觚之失道也、故重曰觚哉觚哉、

觚哉觚哉。言非觚。何此注亦得同王蔡之釋也、以喩爲政而不得其道。則不成也。如何此注則與王蔡小異也、何意言用觚不得其道、則非復觚德、譬如人所爲不得其道者、則事亦不成也、若欲知氣味、何說則特前觚不觚、如王蔡之釋、後云觚哉觚哉、自因前以寄後、喩事不乖王蔡、而有兼得之美也、故褚仲都曰、作觚而不用觚法、觚終不成、猶爲政而不用政法、豈成哉、疾世爲政不用政、故再言焉、

宰我問曰。仁者雖告之曰井有仁者焉。其從之與。宰我

欲極觀仁者之懷、故假斯以問也、言有人告於仁者云、彼處有仁者墮井、而仁者常救人於急難、當自投者入井救取之不耶、〇孔安國曰。宰我以爲。仁者必濟人於患難。故問有仁人墮井。將自投下。從而出之乎。否乎。欲極觀仁人憂樂之所至也。

子曰。何爲其然也。孔子距之、故云何爲其然也、言仁者雖復救濟、若審有人墮井、當爲方計出之、豈容自投從之、君子可逝也。不可陷也。逝往也、陷沒也、言聞有人墮井也、乃可往看之耳、不遂投井取之也、〇苞氏曰。逝往也。言君子可使往視之耳。不肯自投從之耳。

可欺也。不可罔也。欺者謂遙相語也、罔者謂面相誣也、初彼來見告云、井中有仁人、我

往視之、是可欺也、既至井實無人、不可受通、而自投入井、是不可罔也、○

馬融曰。可欺者可使往也。不可罔者不可得誣罔令自投下也。或問曰、仁人救物、一切無偏、何不但云井中有人者、而必云有仁人者耶、若唯救仁者、則非仁人墮井、則仁人所不救乎、答曰、仁者能好人、能惡人、其雖惻隱濟物、若聞惡人墮井、亦不往也、又李充曰、欲極言仁、設云救井爲仁、便當從不耶、故夫子答云、何爲其然也、言何至如此、是君子之人若於道理宜爾、身猶可亡、故云可逝、逝往也、若理有不可、不肯陷於不知、故云不可誣罔令投下也、君子不逆詐、故可以闇昧欺、大德居正、故不可以非道罔也、

子曰。君子博學於文。約之以禮。亦可以弗畔矣夫。博廣也、約束也、畔違也、背也、言君子廣學六籍之文、又用禮自約束、能如此者、亦可得不違背於道理也、

鄭玄曰。弗畔不違道也。

子見南子。南子衛靈公夫人也、淫亂而孔子入衛欲與之相見也、所以欲相見者、靈公唯婦言是用、孔子欲因南子說靈公、使行正道也、故繆播曰、應物而不擇者道也、兼濟而不辭者聖也、靈公無道、衆庶困窮、鍾救於夫子、物困不可以不救、理鍾不可以不應、應救之道必明有路、路由南子、故尼父見之、涅而不緇、則處污不辱、無可無不可、故兼濟而不辭、以道觀之、未有可猜也、

子路不悅。子路于時隨夫子在衛、見夫子與淫亂婦人相見、故不悅也、繆播曰、賢者守節、怪之宜也、或以亦發孔子之答、以曉衆也、王弼曰、案本傳、孔子不得已而見南子、猶文王拘羑里、蓋天命之窮會也、子路以君子宜防患辱、是以不悅也、○

夫子矢之曰。予所否。天厭之。天厭之。矢誓也、否不也、厭塞也、子路既不悅、而孔子與之呪誓也、言我見南子、若有不善之事者、則天當厭塞我道也、繆播

曰、否不也、言體聖而不爲聖者之事、天其壓塞此道耶、王弼曰、否泰有命、我之所屈不用於世者、乃天命壓之、言非人事所免也、重言之者、所以誓其言也、蔡謨曰、矢陳也、尙書叙曰、皐陶矢其謀也、春秋經曰、公矢魚于棠、皆是也、夫子爲子路矢陳天命、非誓也、李充曰、男女之別、國之大節、聖人明義、敎正內外者也、而乃廢常違禮、見淫亂之婦人者、必以權道有由而然、子路不悅、固其宜也、夫道消運否、則聖人亦否、故曰、予所否者、天壓之、天壓之、壓亦否也、明聖人與天地同其否泰耳、豈區區自明於子路而已、

孔安國曰。等以爲南子者衞靈公夫人也。淫亂而靈公惑之。孔子見之者。欲因以說靈公使行治道也。矢誓也。子路不說。故夫子誓之。○

曰。行道既非婦人之事。而弟子不說。與之呪誓。義可疑也。○

子曰中庸之爲德也。其至矣乎。民鮮久矣。中中和也、庸常也、鮮少也、言中和可常行之德、是先王之道、其理甚至善、而民少有行此者也、已久、言可歎之深也、

庸常也。中和可常行之德也。世亂先王之道廢。民鮮能行此道久矣。非適今也。

子貢曰。如能博施於民而能濟衆者何如。可謂仁乎。子貢問言、若有人所能廣施恩惠於民、又能救濟衆民之患難、能如此者何如、可得謂爲仁人否乎、○

子曰。何事於仁。必也聖乎。孔子答也、曰若能如此者、何事是仁也、乃是聖人之行、而聖人猶病患其事之難行也、

堯舜其猶病諸。堯舜古聖天子也、病猶患也、諸之也、又言、前所能之事、乃是聖人之行、而聖人猶病患其事之難行也、

孔安國曰。

論語義疏第三

若能廣施恩惠。濟民於患難。堯舜至聖。猶病其難也。

夫仁者己欲立而立人。己欲達而達人。既云前事不啻是仁、爲聖所難、故此更答爲仁之道也、言己若欲自立自達、則必先立達他人、則是有仁之者也、能近取譬。可謂仁之方也已。能近取譬於諸身、遠取諸物、己所不欲勿施於人、能如此者、可謂爲仁之道也、方猶道也、

孔安國曰。更爲子貢說仁者之行也。方道也。但能近取譬於己。皆恕己所不欲而勿施人也。

論語義疏第三　經一千七百一十一字　註二千八百二十字

論語義疏卷第四 述而 泰伯　梁國子助教吳郡皇侃撰

論語述而第七　何晏集解 舊卅九章 今卅八章

疏 述而者、明孔子行教、但祖述堯舜、自比老彭、而不制作也、所以次前者、時既夷嶮、聖賢地閉、非唯二賢之不遇、而聖亦失常、故以聖不遇證賢不遇、非賢之失、所以述而次雍也、○

子曰。述而不作。 此孔子自說也、述者傳於舊章也、作者新制禮樂也、孔子自言我但傳述舊章、而不新制禮樂也、夫得制禮樂者、必須德位兼並、德爲聖人、尊爲天子者也、所以然者、制作禮樂必使天下行之、若有德無位、既非天下之主、而天下不畏、則禮樂不行、若有位無德、雖爲天下之主、而天下不服、則禮樂不行、故必須並兼者也、孔子是有德無位、故述而不作也、**信而好古。** 又言己常存於忠信、而復好古先王之道、故曰信而好古也、所以中庸云、仲尼祖述堯舜、憲章文武、是也、**竊比**

於我於老彭。竊猶盜也、老彭彭祖也、年八百歲、故曰老彭也、老彭亦有德無位、但述而不作信而好古、孔子欲自比之、而謙不敢均然、故曰竊比也、苞氏曰。老彭殷賢大夫也。好述古事。我若老彭矣。祖述之耳也。

子曰。默而識之。見事必識而口不言、謂之默識也、學而不厭。又學先王之道而不厭也、誨人不倦。誨教也、又教一切之人而不疲倦也、何有於我哉。言人無此諸行、故天下貴於我耳、若世人皆有此三行、則何復貴有於我哉、故李充曰、言人若有此三行者、復何有貴於我乎、斯勸學敦誨誘之辭也、鄭玄曰。人無有是行。言天下人皆無此三行也、於我我獨有之也。釋於我哉也、言由我獨有之、故天下貴有於我也、

子曰。德之不修也。得理之事、宜修治在身也、而世人不修也、學之不講也。所學經業恒宜講說使決了、而世人不講也、聞義不能從也。聞有仁義之之事、徙意從之、而世人不從也、不善不能改也。身本有不善、當自改正令善也、而世人不改也、是吾憂也。吾孔子自謂也、言孔子恒憂世人不爲上四事也、

孔安國曰。夫子常以四者爲憂也。

子之燕居。申申如也。夭夭如也。明孔子居處有禮也、燕居者退朝而居也、申申者心和也、夭夭者貌舒也、玉藻云、燕居溫溫、鄉黨云、居不容、故當燕居時、所以心和而貌舒也、故孫綽曰、燕居無事、故云心內夷和外舒暢者也、

馬融曰。申申夭夭和舒之貌也。申申心申暢故和也、貌舒緩故夭夭也、詩云、桃之夭夭、灼灼其華、即美舒義也、

子曰。甚矣吾衰也久矣。吾不復夢見周公也。夫聖人行教既須德位兼並、若不爲人主則必爲佐相、聖而君相者周公是也、雖不九五而得制禮作樂道化流行、孔子乃不敢期於天位、亦猶願放乎周公、故年少之日恒存慕發夢、及至年齒衰朽、非唯道教不行、抑亦不復夢見、所以知己德衰、而發衰久矣、卽歎不夢之徵也、然聖人懸照本無俟夢想、而云夢者、同物而示衰故也、故李充曰、聖人無想、何夢之有、蓋傷周德之日衰、哀道教之不行、故寄慨於不夢、發歎於鳳鳥也、

孔安國曰。孔子衰老。不復夢見周公也。明盛時夢見周公。欲行其道也。卽謂攝行天子事、而復制禮作樂也、

子曰。志於道。此章明人生處世、須道藝自輔、不得徒然而已也、志者在心向慕之謂也、道者通而不擁也、道既是通、通無形相、故人當恒存志之在心、造次不可暫捨離者也、

志慕也。道不可體。故志之而已矣也。不可體謂無形體也、

據於德。據者執杖之辭也、德謂行事得理者也、行事有形、有形故可據杖也、

據杖也。德有成形。故可據也。前事有涯、故云有形也、

依於仁。依、依倚也、仁者施惠之謂也、施惠於事宜急、故當倚之而行也、仁劣於德、倚減於據、故隨事而配之、

依倚也。仁者功施於人。故可倚之也。

遊於藝。遊者履歷之辭也、藝六藝、謂禮樂書數射御也、其輕於仁、故不足依據、而宜遍遊歷以知之也、

藝六藝也。不足據。故曰遊也。

子曰。自行束修以上。吾未嘗無誨焉。此明孔子教化有感必應者也、束修十束脯也、古者相見必執物爲贄、贄至也、表己來至也、上則人君用玉、中則卿羔、大夫雁、士雉、下則

庶人鶩、工商執雞、其中或束修壺酒一犬、悉不得無也、束修最是贄之至輕者也、孔子言人若能自施贄行束修以上來見謁者、則我未嘗不教誨之、故江熙云、見其翹然向善思益也、古以贄見、修脯也、孔注雖不云修是脯、而意亦不得離脯也、

孔安國曰。言人能奉禮自行束修以上。則皆教誨之也。

子曰。不憤不啓。不悱不發。又明孔子教人法也、憤謂學者之心思義未得而憤憤然也、啓開也、悱謂學者之口欲有所諮而未能宣悱悱然也、發明也、言孔子之教、待人心憤憤、乃後爲開導之、若不憤則不爲開也、又待其口悱悱而後乃爲發明之、若不悱則不爲發明也、所以然者、人若不悱憤而先爲啓發、則受者識錄不堅、故須悱憤乃爲發啓、則聽受分明、憶之深也、學一隅而示之。不以三隅反。則吾不復。隅角也、牀有四角、屋有四角、皆曰隅也、孔子爲

教、雖待悱憤而爲開發、開發已竟而此人不識事類、亦不復教之也、譬如屋有四角、已示之一角、餘三角從類可知、若此人不能以類反識三角、則不復教示也、

鄭玄曰。孔子與人言。必待其人心憤憤口悱悱。乃後啓發爲之說也。如此則識思之深也。說則舉一隅以語之。其人不思其類。則不復重教之也。

子食於有喪者之側。未有嘗飽也。謂孔子助葬時也、爲應執事故必食也、必有哀色、故不飽也、故云、禮云、飢而廢事非禮也、飽而忘哀、亦非禮也、子於是日也哭則不歌。謂孔子弔喪之日也、弔喪必哭、哭歌不可同日、故是於弔哭之日不歌也、故范寧曰、是日卽弔赴之日也、禮歌哭不同日也、故哭則不歌也、

喪者哀戚。飽食其側。是無惻隱之心也。

子謂顏淵曰。用之則行。舍之則藏。唯我與爾有是夫。此明顏孔於事等於行藏也、用者謂時世宜可行之事也、藏者謂時世不宜行之事、爾汝也、自降幾以下而賢人能得、故可行用、則顏孔所同、故云用行捨藏唯我與爾有是夫、孫綽曰、聖人德合於天地、用契於四時、不自昏於盛明、不獨曜於幽夜、顏齊其度、故動止無違、所以影附日月絕塵於遊場也、一云、與許也、唯我許汝如此也、故江熙曰、聖人作則賢人佐、天地閉則賢人隱、用則行、捨則藏也、唯我許爾有是分者、非聖無以盡賢也、

孔安國曰。言可行則行。可止則止。唯我與顏淵同耳也。

子路曰。子行三軍則誰與。子路聞孔子論行藏而獨美顏淵、然若行三軍必當

與己、己有勇故也、故問、則誰與之、孔安國曰。大國三軍。天子六軍、大國三軍、小國一軍、軍萬二千五百人也、子路見孔子獨美顏淵。以爲己有勇。至夫子爲三軍將。亦當唯與己俱。故發此問也。將猶帥也、謂孔子得爲三軍帥時也、

子曰。暴虎憑河。死而無悔者。吾不與也。孔子聞子路之衒勇、故抑之也、空手搏虎爲暴虎、無舟渡河爲憑河、言搏虎須杖、渡河須舟、然後身命可全、若無杖而搏虎、無舟而涉河、必致傷溺、若爲此勇、則我行三軍、所不與也、以斥子路之勇、必不得其死然也、繆播曰、聖教軌物、各以應其求、隨長短以抑引、隨志分以誘導、使歸於會通合乎道中、以故剛勇者屈以優柔、儉弱者勵以求及、由之性也、以勇爲累、常恐有失其分、覔功衒長、故因題目於回、舉三軍以致問、將以仰叩道訓、陶染情性、

故夫子應以篤誨以示厥中也、

孔安國曰。暴虎徒搏也。憑河徒涉也。徒空也、謂空手搏也、爾雅云、暴虎徒搏也、郭注云、空手執也、又云、憑河徒涉也、郭云、無舟檝也、

必也臨事而懼。好謀而成者也。孔子既抑子路、而又云、我所以與子者、政欲須臨事而懼、又好爲謀事而必成者也、沈居士曰、若子路不平與顏淵、而尙其勇、鄙味也已甚、孔子以之比暴虎憑河、陷之於惡、實爲大深、余以爲子路聞孔子許顏之遠、悅而慕之、自恨己才之近、唯强而已、故問曰、子行三軍則誰與、言必與許己也、言許己以麤近也、故夫子因慰而廣之、言若在三軍、如暴虎憑河則可賤而不敢取、謂世之麤勇也、若懼而能謀、抑亦仁賢之次流、謂子路也、如此三軍則不獨麤近也、

子曰。富而可求也。雖執鞭之士。吾亦爲之。孔子意云、夫富貴貧

賤皆稟天之命、不可苟且求、若可求而得者、雖假令執鞭賤職、而吾亦爲之、則不辭矣、繆協稱袁氏曰、執鞭君之御士、亦有祿位於朝也、

鄭玄曰。富貴不可求而得者也。言不可以非理求也、當修德以得之。若値明世、修德必得也、若逢亂世、雖修德不得、而是得之道也、猶如言寡尤行寡悔祿在其中矣、若於道可求者。雖執鞭賤職。我亦爲之矣。道猶世道也、若於世道可求、則吾不辭賤職也、周禮有條狼氏職、掌執鞭以趨避、王出入則八人夾道、公則六人、侯伯四人、子男二人、鄭言趨而避行人、若今卒避車之爲也、

如不可求者。從吾所好。既不可求、則當隨我性所好、我性所好者、古人之道也、

孔安國曰。所好者古人之道也。

子之所慎。齊戰疾。記孔子所慎之行也、齊者先祭之名也、將欲祭祀、則先散齊七日、致之齋三日也、齋之言齊也、人心有欲、散漫不齊、故將接神、先自寧靜、變食遷坐、以自齊潔也、時人漫神、故於齋不慎、而孔子慎之也、戰者兩刃相交、性命俄頃、身體髮膚、彌宜全重、時多暴虎、不避毀傷、唯孔子慎之、故後則云、子畏於匡、及云善人教民七年、亦不卽戎、又云、以不教民戰、是謂棄之、並是慎戰也、疾者宜將養制節飲食、以時人不慎、而孔子慎之也、故云、子之所慎齊戰疾也、

孔安國曰。此三者人所不能慎。而夫子能慎之也。

子在齊聞韶樂。三月不知肉味。韶者舜樂名也、盡善盡美者也、孔子至齊聞齊君奏於韶樂之盛、而心爲痛傷、故口忘完味、至於一時乃止也、三月一時也、何以然也、齊是無道之君、而濫奏聖王之樂、器存人乖、所以可傷慨也、故郭象曰、傷器存而道廢、得有聲而無時、江熙曰、和璧與

瓦礫齊貫、卞子所以惆悵、虞韶與鄭衞比響、仲尼所以永歎、彌時忘味、何遠情之深也、

周生烈曰。孔子在齊聞習韶樂之盛美。故忽於完味也。忽猶忘也、范寧曰、夫韶乃大虞盡善之樂、齊諸侯也、何得有之乎、曰、陳舜之後也、樂在陳、陳敬仲竊以奔齊、故得僭之也、

曰。不圖爲樂之至於斯也。此孔子說所以忘味之由也、圖猶謀慮也、爲猶作奏也、樂韶樂也、斯此也、此指齊也、孔子言實不意慮奏作聖王之韶樂、而來至此齊侯之國也、或問曰、樂隨人君而變、若人君心善則樂善、心淫則樂淫、今齊君無道、而韶音那獨不變而猶盛耶、且若其音猶盛、則君齊民宜從樂化、而齊民猶惡不隨樂化何也、侃答曰、夫樂隨人君而變者、唯在時王之樂耳、何者如周王遍奏六代之樂、當周公成康之日、則六代之聲悉善、亦悉以化民、若幽厲傷周天下大壞、則唯周樂自隨

論語義疏第四

時君而變壞、其民亦隨時君而惡、所餘殷夏以上五聖之樂則不隨時變、故韶樂在齊、而音猶盛美者也、何以然哉、是聖王之樂故不隨惡君變也、而周武亦善而獨變者、以其君是周之子孫、子孫既變、故先祖之樂亦爲之而變也、又既五代音存而不能化民者、既不隨惡王而變、寧爲惡王所御乎、既不爲所御、故雖存而不化民也、又一通云、當其末代、其君雖惡、而其先代之樂聲亦不變也、而其君所奏淫樂、不復奏正樂、故不復化民也、

王肅曰。爲作也。不圖作韶樂至於此。此齊也。

冉有曰。夫子爲衞君乎。爲猶助、衞君謂輒也、衞靈公逐太子蒯聵、靈公以魯哀公二年夏四月薨、而立蒯聵之子輒爲衞君、孔子時在衞、爲輒所賓接、後蒯聵不奪輒國、父子相圍、時人多疑孔子應助輒拒父、故冉有傳物之疑以問子貢也、故江熙曰、夫子在衞、受輒賓主悠悠者、或疑爲之、故

問也、

鄭玄曰。爲猶助也。衛君者謂輒也。衛靈公逐太子蒯聵。公薨而立孫輒也。公死後乃立輒也、後晉趙鞅納聵于戚。後謂輒立爲君後也、蒯聵奔在戚、以輒立定後、其年六月、晉臣趙鞅於戚、納蒯聵、遂入衛奪輒位也、衛石曼姑帥師圍之。至哀公三年、衛輒之臣石曼姑帥師圍蒯聵于戚也、故問其意助輒否乎。其、其孔子也、冉有問子貢曰、孔子意助輒不也、哀公二年孔子在衛、至十一年反魯、至十五年冬、蒯聵乃勝、輒出奔魯、子路死難、使魯來報孔子也、至十六年正月、蒯聵從戚入衛爲君也、

子貢曰。諾。吾將問之。子貢答冉有也、故先應諾言、吾將入問於孔子助輒不也、入曰。伯夷叔齊何人也。此子貢入問孔子之辭也、所以不問助輒不而問夷齊者、不欲

斥言衞君事、故以微理求之志也、伯夷叔齊兄弟讓國、而輒父子爭位、其事已反、故問夷齊何人、若孔子答以夷齊爲非、則知助輒、若以夷齊爲是、則知不助輒也、

子曰。古之賢人也。答子貢也、言夷齊是古賢人也、

曰。怨乎。怨恨也、子貢又問夷齊有怨恨不乎、所以問有恨不者、夷齊兄弟讓國隱首陽山下、賢人相讓而致飢、致飢應不恨也、

曰。求仁而得仁。又何怨乎。孔子答曰、不怨也、言兄弟相讓本求仁義、而萬代美其相讓之德、是求仁得仁也、求之而得、雖死有何怨、是君子殺身成仁、不安生害仁、

孔安國曰。伯夷叔齊讓國遠去。終於餓死。故問怨乎。以讓爲仁。豈怨乎。

出曰。夫子不爲也。子貢既聞孔子以夷齊之讓爲賢爲仁、故知輒父子爭國爲惡也、所以答冉有云夫子不爲衞君也、

鄭玄曰。父子爭國惡行也。孔

子以伯夷叔齊爲賢且仁。故知不助衛君明也。

子曰。飯蔬食飲水。此明孔子食無求飽也、飯猶食也、蔬食菜食也、言孔子食於菜食而飲水、無重肴方丈也、曲肱而枕之。樂亦在其中矣。此明孔子居無求安也、肘前曰臂、肘後曰肱、通亦曰臂、言孔子眠助肱而枕之、不錦衾角枕也、孔子麤食薄寢、而歡樂怡暢自在麤薄之中也、孔安國曰。蔬食菜食也。肱臂也。孔子以此爲樂也。

不義而富且貴。於我如浮雲。富與貴是人之所欲、不以其道得之不處也、不義而富貴、於我如天之浮雲也、所以然者、言浮雲自在天、與我何相關、如不義之富貴、與我亦不相關也、又浮雲倏聚欻散不可爲常、如不義富貴聚散俄頃如浮雲也、鄭玄曰。富貴

而不以義者。於我如浮雲。非已之有也。如前釋也、

子曰。加我數年。五十以學易。可以無大過矣。此孔子重易、故欲令學者加功於此書也、當孔子爾時年已四十五六、故云加我數年五十而學易也、所以必五十而學易者、人年五十、是知命之年也、易有大演之數五十、是窮理盡命之書、故五十而學易也、既學得其理則極照精微、故身無過失也、云無大過者小事易見、大事難明、故學照大理則得也、一不復大過、則小者故不失之、王弼曰、易以幾神爲敎、顏淵庶幾有過而改、然則窮神研幾可以無過、明易道深妙、戒過明訓、微言精粹、熟習然後存義也、

易窮理盡性。以至於命。易明乾元亨利貞、窮測陰陽之理、遍盡萬物之性、故云窮理盡性也、又識窮通、故云以至於命也、年五十而知天命。人年五十、應大演之數、與易數同、故知天命也、以知命之年。讀

至命之書。其數會同也、故可以無大過也。照樂窮理、故無失也、而王朗又爲一通云、鄙意以爲、易蓋先聖之精義、後聖無閒然者也、是以孔子即而因之、少而誦習、恒以爲務、稱五十而學者、明重易之至、欲令學者專精於此書、雖老不可以廢倦也、

子所雅言。子孔子也、雅正也、謂孔子平生讀書、皆正言之、不爲私所避諱也、

孔安國曰。雅言正言也。

詩書執禮。皆雅言也。此是所不諱之書也、詩及書禮皆正言之也、六籍皆正言、獨云詩書禮者、舉一隅餘三隅可反也、故顧歡曰、夫引綱尋綱、振裘提領、正言此三、則靡曲不統矣、

鄭玄曰。讀先王典法。必正言其音。然後義全。故不可有所諱也。若讀書避諱、則疑誤後生、故禮云、教學臨文不諱、詩書不諱、是也、禮

不誦。故言執也。釋不直云詩書禮而禮上長云執之義也、背文而讀曰誦、詩是詠歌、書是謨誥、故並須誦之、而禮但執文依事、而行、不須背文之誦、故曰執也、

葉公問孔子於子路。葉公楚臣也、食菜於葉、楚僭稱王、故臣稱公、自比諸侯也、問子路以論孔子之事也、但不知所問何事也、子路不對。所問之事、當乖孔子之德、故子路不對之也、故江熙曰、葉公見夫子數應聘而不遇、尚以其問近、故不答也、李充曰、凡觀諸問聖師於弟子者、諮道也、則稱而近之、誣德也、必揚而抑之、未有默然而不答者也、疑葉公問之、必將欲致之爲政、子路知夫子之不可屈、故未許其說耳、孔安國曰。葉公名諸梁。楚大夫。食菜於葉。僭稱公。不對者未知所以答也。

子曰。汝奚不曰其爲人也。發憤忘食。樂以忘憂。不知

老之將至也云爾。孔子聞子路不對、故以此言語子路也、奚何也、其其孔子也、謂孔子慨世道之不行、故發憤而忘於飡食也、又飲水曲肱樂在其中、忘於貧賤之憂也、又年雖耆朽而信天任命、不知老之將至也、言葉公問汝、汝何不曰我有如此之德、云爾以示之也、然此諸語當是斥於葉公也、李充曰、夫子乃抗論儒業、大明其志、使如此之徒絕望於覬覦、不亦弘而廣乎、江熙曰、葉公唯知執政之貴、不識天下復有勝遠、故欲令子路抗明素葉、無嫌於時、得以清波濯彼穢心也、

子曰。我非生而知之者。知之謂知事理也、孔子謙以同物、故曰我有所知、非生而自然知之者也、玉藻云、此蓋自同常教、以身率物者也、好古敏而以求之者也。我既不生知、而今有所知者、政由我所好古人之道、疾速以求知之也、敏疾速也、

鄭玄曰。言此者勉勸人於學也。

子不語怪力亂神。怪怪異也、謂妖孽之事也、力謂多力也、若烏獲舉千鈞之事也、亂謂臣子弒害君父之事也、神謂鬼神之事也、此四事言之無益於教訓、故孔子語不及之也、或問曰、易文言孔子所作、云臣殺君子殺父、並亂事、而云孔子不語之何也、答曰、發端曰言、答述曰語、此云不語、謂不誦答耳、非云不言也、

王肅曰。怪怪異也。舊云、如山啼鬼哭之類也、**力謂若奡盪舟。**奡多力、能陸地推舟也、盪推也、**烏獲舉千鈞之屬也。**烏獲古時健兒也、三十斤曰鈞、烏獲能舉三万斤重也、**亂謂臣弒君子弒父也。**惡逆爲亂甚者也、**神謂鬼神之事也。**子路問事鬼神、孔子曰、未能事人焉能事鬼、是不言也、**或無益教化也。**解不言怪力神三事也、**或所不忍言也。**解不言亂事也、或通云、怪力是一事、亂神是一事、都不言此二事也、故李充曰、力不由理、

斯怪力也、神不由正、斯亂神也、怪力亂神有興於邪、無益於教、故不言也、

子曰。我三人行。必得我師焉。擇其善者而從之。其不善者而改之。此明人生處世則宜更相進益、雖三人同行、必推勝而引劣、故必有師也、有勝人者則諮受自益、故云擇善而從之也、有劣者則以善引之、故云其不善者而改之、然從善之與不善、即就一人上爲語也、人不圓足、故取善改惡、亦更相師改之義也、故王朗曰、于時道消俗薄、鮮能宗賢尙勝、故託斯言以屬之、夫三人之行、猶或有師、況四海之內、何求而不應哉、縱能尙賢而或滯於一方者、又未盡善也、故曰、擇其善者而從之、其不善者而改之、

言我三人行本無賢愚。就注意亦是敵者也、既俱非圓德、則遽有優劣也、

擇善從之。不善改之。故無常師也。我師彼之長而改彼之短、彼亦

師我之長而改我之短、既更相師法、故云無常師也、或問曰、何不二人必云三人也、答曰、二人則彼
此自好各言我是、若有三人則恒一人見二人之有是非明也、

子曰。天生德於予。桓魋其如予何。予我也、桓魋宋司馬也、凶愚心恒欲
害孔子、孔子故明言論之、使其凶心止也、言天生聖德於我、我與天同休、桓魋雖無道、安能違天而害我
乎、故云如予何也、夫凶人亦宜不屢謝、而有時須以道折之、故江熙曰、小人爲惡、以理喩之則愈凶強、晏
然待之則更自處、亦猶匡人聞文王之德而兵解也、

苞氏曰。桓魋宋司馬黎也。天生德於予者。謂授我以聖性也。合德天地。吉而無不利。故曰其如予何也。

子曰。二三子。以我爲隱子乎。二三子、諸弟子也、孔子聖道深遠、諸弟子學所不及、而有怨者恒言、孔子於己有所隱惜、故孔子合呼而問之曰、汝等言我有所隱於汝乎也、吾無隱乎爾。爾汝也、先呼問之、此更語之云、吾無所隱於汝也、

苞氏曰。二三子謂諸弟子也。聖人智廣道深。弟子學之不能及。以爲有所隱匿。故解之也。

吾無所行而不與二三子者。是丘也。行猶爲也、丘孔子名也、孔子已向云無隱、故此更自稱名而說無隱之事、使之信也、言凡我所爲之事、無不與汝共之者、是丘之心如此、

苞氏曰。我所爲。無不與爾共之者。是丘之心也。

子以四教。文行忠信。孔子爲教恒用此四事爲首、故云、子以四教也、李充曰、其典籍

辭義謂之文、孝悌恭睦謂之行、爲人臣則忠、與朋友交則信、此四者教之所先也、故以文發其蒙、行以積其德、忠以立其節、信以全其終也、四者有形質。可舉以教也。

子曰。聖人吾不得而見之矣。得見君子者斯可矣。孔子歎世無賢聖也、言吾已不能見世有聖人、若得見有君子之行則亦可矣、言世亦無此也、然君子之稱、上通聖人、下至片善、今此上云不見聖、下云得見君子、則知此之君子賢人以下也、故王弼曰、此爲聖人與君子異也、然德足君物皆稱君子、亦有德者之通稱也、疾世無明君也。

子曰。善人吾不得而見之矣。善人之稱亦上通聖人、下通一分、而此所言指賢人以下也、吾世道流喪、吾復不得善人也、得見有恒者斯可矣。有恒謂雖不能作善、而守常不爲惡者也、言爾時非唯無作片善者、亦無直置不爲惡者、故亦不得見也、亡而爲

有。虛而爲盈。約而爲泰。難乎有恒矣。此目不恒之人也、亡無也、當時澆亂、人皆誇張、指無爲有、說虛作盈、家貧約而外詐奢泰、皆與恒反、故云難乎有恒矣、故江熙曰、言世人負情反實、逐波流遷、若影無持係索、此無恒難也、

孔安國曰。難可名之爲有常也。

子釣而不網。周孔之教、不得無殺、是欲因殺止殺、故同物有殺也、釣者一竿屬一鉤而取魚也、網者作大網、橫遮於廣水、而羅列多鉤著之、以取魚也、孔子用一竿而釣、則一々得魚、是所少也、若網橫流而取則得者多、則孔子所不爲也、故云子釣而不網也、弋不射宿。弋者繳射也、北人皆多繳射取鳥也、宿者夜栖宿之鳥也、孔子亦繳射、唯白日用事、而不及夜射栖宿之鳥也、所以然者、宿鳥夜聚有群、易得多、故不射之也、又恐驚動夜宿、仁心所不忍也、故孫綽曰、殺理不可頓去、故禁網而存宿

也、繆協曰、將令物生有路、人殺有節、所以易其生、而難其殺也、

孔安國曰。釣者一竿釣也。綱者爲大綱以橫絕流。以繳繫釣。羅屬著綱也。繳繩也、以小繩係釣、而羅列屬著大繩也、弋繳射也。解繳射者多家、一云、古人以細繩係丸而彈、謂爲繳射也、一云、取一杖長一二尺計、以長繩係此杖、而橫颺以取鳥、謂爲繳射也、鄭玄注周禮司弓矢云、結繳於矢、謂之矰、矰高也、詩云、弋鳧與鴈、司弓矢又云、田弋充籠箙矢、共矰矢、注云、籠竹箙也、矰矢不在箙者、爲其相繞亂、將用乃共之也、侃案鄭意、則繳射是細繩係箭、而射也、宿宿鳥也。或云、不取老宿之鳥也、宿鳥能生伏、故不取也、此通不及夜也、

子曰。蓋有不知而作之者。我無是也。不知而作謂妄作穿鑿爲異端

也、時蓋多有爲此者、故孔子曰、我無是不知而作之事也、

苞氏曰。時人多有穿鑿妄作篇籍者。故云然也。

多聞擇其善者而從之。因戒妄作之人也、言豈得妄爲穿鑿也、人居世間、若有耳多所聞、則擇善者從之者也、多見而識之。若因多所見、則識錄也、多見不云擇善者、與上互文亦從可知也、知之次也。若多聞擇善、多見錄善、此雖非生知、亦是生知之者次也、

孔安國曰。如此次於生知之者也。

互鄉難與言。互鄉鄉名也、此一鄉之人皆專愚、不可與之共言語也、童子見。童子十九以下未冠者也、見來見孔子也、此互鄉有一少兒、來見孔子也、琳公曰、此八字通爲一句、言此鄉有一童子難與言耳、非一鄉皆專惡也、門人惑。門人孔子弟子也、惑猶嫌怪也、言彼一鄉皆惡、兒復

少兒乎、孔子忽然見之、故弟子皆嫌惑之也、

鄭玄曰。互鄉鄉名也。其鄉人言語自專不達時宜。而有童子來見孔子。門人怪孔子見也。

子曰。與其進也。不與其退也。孔子爲門人釋惑也、言凡教化之道、唯進是與、唯退是抑、故無來而不納、豈不本其所本耶、故云與其進不與其退也、唯何甚。言教化與進、而汝等怪之、此亦一何太甚也、唯語助也、

孔安國曰。教誨之道。與其進。不與其退。怪我見此童子。惡惡何一甚也。言汝等爲惡其鄉、而憎其善童、所以是惡惡之甚也、

人潔己以進。更釋教誨所以與進之義也、言人有來進師門者、非潔則不進、進則必是潔己

者也、**與其潔也。不保其往也。**往謂已過之行、言是既潔己而猶進之、是與其潔也、而誰保其往日之所行耶、何須惡之也、顧歡曰、往謂前日之行也、夫人之爲行、未可一必、或有始無終、或先迷後得、故教誨之道、潔則與之、往日行非我所保也、

鄭玄曰。往猶去也。人虛己自潔而來。當與其進之。亦何能保其去後之行也。虛謂清其心也、然鄭注云、去後之行、亦謂今日之前、是已去之後也、

子曰。仁遠乎哉。我欲仁斯仁至矣。世人不肯行仁、故孔子引之也、問言仁道遠乎也、言其不遠也、但行之由我、我行即是、此非出自遠也、故云我欲仁而斯仁至也、斯此也、江熙曰、復禮一日天下歸仁、是仁至近也、

苞氏曰。仁道不遠。行之則是至也。

陳司敗問。昭公知禮乎。昭公魯君也、陳司敗見孔子、而問魯君知禮以不也、

孔安國曰。司敗官名也。陳大夫也。昭公魯昭公也。

陳有司敗之官也、

孔子對曰。知禮。答司敗曰、昭公知禮也、孔子退。答司敗竟而退去、揖巫馬期而進也。揖者古人欲相見前進、皆先揖之也、巫馬期孔子弟子也、司敗知昭公無禮、故問孔子、答曰知禮、而司敗心所不許、故孔子退而後、揖孔子弟子進之、欲與語也、曰。吾聞君子不黨。君子亦黨乎。相助匿非曰黨、昭公不知禮、而孔子云知禮、所以是黨也、故司敗語巫馬期曰、吾從來聞君子之人義與比、無所私相阿黨、孔子既是君子、而今匿君之惡、故云君子亦黨乎、君娶於吳。司敗此舉昭公不知禮事、昭公是周公後、吳是太伯後、太伯是周公伯祖、昭公

與吳同是姬姓、周禮百世婚姻不通、而昭公娶其吳之女、故云君娶吳也、爲同姓謂之吳孟子。禮稱、婦人皆稱國及姓、猶如齊姜秦嬴之屬也、魯之娶吳、當謂爲吳姬、而昭公爲吳是同姓、故諱不得言吳姬、而謂吳孟子也、君而知禮。孰不知禮。孰誰也、君娶同姓、君是知禮、則誰爲惡事者而謂爲不知禮乎、

孔安國曰。巫馬期弟子也。名施。相助匿非曰黨。魯吳俱姬姓也。禮同姓不婚。而君娶吳之。當稱吳姬。諱曰吳孟子也。

巫馬期以告。巫馬期得司敗之語還、則具述之以告孔子也、子曰。丘也幸。苟有過。人必知之。孔子得巫馬期之告、而自稱名云、是己幸、受以爲過者也、故云、苟有過、人必知之也、所以然者、昭公不知禮、而我答司敗云知禮者、若使司敗無譏、則千載之後、遂承信我言、用昭

公所行爲知禮、則禮亂之事、從我而始、今得司敗見非、而我受以爲過、則後人不謬、故我所以爲幸也、繆協曰、諱則非諱、斯誠然矣、若受以爲過、則所以諱者又以明矣、亦非諱也、向司敗之問則說言以爲諱、今巫馬師徒、將明其義、故向之言爲合禮、則不爲黨矣、今以不受爲過、則何禮之有乎、

孔安國曰。以司敗之言告也。諱國惡禮也。諱國之惡是禮之所許也、聖人智深道弘。故受以爲過也。涅而不緇、故受之也、

子與人歌而善。必使反之。而後和之。此明孔子重於正音也、反猶重也、孔子與人共歌若彼人歌善合於雅頌者、則孔子欲重聞其音曲、故必使重歌也、重歌既竟、欽之則無已、故孔子又自歌以答和之也、衞瓘曰、禮無不答、歌以和相答也、其善乃當和音不相及、故今更爲歌、然後和也、案衞之後句也、不及也、

樂其善。故使重歌。而後自和之也。如前釋也、

子曰。文莫吾猶人也。孔子謙也、文文章也、莫無也、無猶不也、孔子言、我之文章不勝於人、故曰吾猶人也、

莫無也。文無者猶俗言文不也。文不吾猶人者。言凡文皆不勝於人也。何云、俗云文不、當于時呼文不勝人爲文不也、

躬行君子。則吾未之有得也。又嫌也、躬身也、言我文既不勝人、故身自行君子之行者、則吾亦未得也、

孔安國曰。躬爲君子。己未能得之也。

子曰。若聖與仁。則吾豈敢。亦謙也、言聖及仁則吾不敢自許有、故云豈敢也、不

敢自名己有此二事也、

孔安國曰。孔子謙不敢自名仁聖也。

抑爲之不厭。誨人不倦。則可謂云爾已矣。孔子雖不受仁聖之目、而以此二事自許也、抑語助也、爲猶學也、爲之不厭、謂雖不敢云自有仁聖、而學仁聖之道不厭也、學而不厭、又教誨不倦、乃可自謂如此耳也、公西華曰。正唯弟子不能學也。公西華聞孔子自云學仁聖不厭又教人不倦、故己自稱弟子以往諮也、言正如夫子所自許之事、則弟子亦不能學爲此事也、

苞氏曰。正如所言。弟子猶不能學也。況仁聖乎也。

子疾病。疾甚曰病、孔子疾甚也、子路請禱。禱謂祈禱鬼神以求福也、孔子病甚、故子

路請於孔子、欲爲孔子祈求福也、苞氏曰。禱禱請於鬼神也。

子曰。有諸。諸之也、孔子言、死生有命、不欲有禱、故反問子路有此祈禱之事乎、心不許也、

周生烈曰。言有此禱請於鬼神之事乎也。

子路對曰。有之。誄曰。禱爾于上下神祇。子路不達孔子意、聞孔子之問、仍引得古舊禱天地之誄辭以答孔子也、故云有之誄曰也、天曰神、地曰祇也、

孔安國曰。子路失旨也。誄禱篇名也。誄者謂如今行狀也、誄之言累也、人生有德行、死而累列其行之迹爲謚也、

子曰。丘之禱之久矣。子路既不達孔子意、而引舊禱天地之誄、孔子不欲非之、故云我之禱已久、今則不復須也、實不禱而云久禱者、聖人德合神明、豈爲神明所禍、病而祈之乎、欒肇曰、案

說者徒謂、無過可謝、故止子路之請、不謂上下神祇非所宜禱也、在禮天子祭天地、諸侯祈山川、大夫奉宗廟、此禮祀典之常也、然則禱爾于上下神祇、乃天子禱天地之辭也、子路以聖人動應天命、欲假禮祈福上靈、孔子不許、直言絕之也、曰丘之禱久矣、豈此欲率舊之辭也、自知無過可謝、而云丘禱久矣、豈其辭乎、夫聖行無違、凡庸所知也、子路豈誣夫子於神明哉、以爲祈福自不主以謝過爲名也、若以行合神明無所禱請、是聖人無禱請之禮、夫知如是則禮典之言棄、金滕之義廢矣、侃謂若案何集、則子路自不達旨、引得舊禱天地之誄、是子路之失、亦復何傷、若如欒義則猶是使門人爲臣之意也、然無臣非君而子路欲此、亦不達之甚、乃得深於請禱之過耳、幸不須譏此而同彼、不如依何集爲是也、

孔安國曰。孔子素行合於神明。故曰丘禱之久矣。

子曰。奢則不遜。儉則固。不遜者僭濫不恭之謂也、固陋也、人若奢華則僭濫不恭、

若儉約則固陋不及禮也、與其不遜也寧固。二事乃俱爲失、若不遜陵物、物必害之、傾覆之期、俄頃可待、若止復固陋、誠爲不遜、而物所不侵、故云與其不遜寧爲固陋也、

孔安國曰。俱失之也。奢不如儉。奢則僭上。儉則不及禮耳。固陋也。

子曰。君子坦蕩蕩。坦蕩蕩心貌寬曠無所憂患也、君子內省不疾無故也、小人長戚戚。長戚戚恒憂懼也、小人好爲罪過、故恒懷憂懼也、江熙曰、君子坦爾夷任、蕩然無私、小人馳競於榮利、耿介於得失、故長爲愁府也、

鄭玄曰。坦蕩蕩寬廣貌也。長戚戚多憂懼貌也。

子溫而厲。威而不猛。恭而安。明孔子德也、亦有云子曰者、亦靡在也、溫和潤

也、厲嚴也、人溫和者好不能嚴厲、孔子溫而能厲也、又人作威者心事雄猛、孔子威能不猛也、又恭者好聳歛不安、孔子恭而能安也、故王弼曰、溫和不厲、厲不溫、威者心猛、不猛者不威、恭則不安、安者不恭、此對反之常名也、若夫溫而能厲、威而不猛、恭而能安、斯不可名之理全矣、故至和之調、五味不形、大成之樂、五聲不分、中和備質、五材無名也、

論語泰伯第八

何晏集解　凡廿一章

疏 泰伯者周太王長子、能推位讓國者也、所以次前者、物情見孔子栖遑、常謂實係心慮、今明太伯賢人尚能讓國、以證孔子大聖雖位非九五、豈以粃糠累眞、故泰伯次述而也〇九

子曰。泰伯其可謂至德也已矣。泰伯者周太王之長子也、太王者卽古公亶甫、有三子、大者太伯、次者仲雍、小者季曆、三子並賢、而太伯有讓德深遠、雖聖不能加、故云其可謂至德也已矣、其至德之事在下、范寧曰、太善大之稱也、伯長也、周太王之元子、故號太伯、其德弘遠、故曰至德也、三以天下讓。此至德之事也、其讓天下之位有三迹、故云三以天下讓也、所以有讓者、小弟季曆生子文王昌、昌有聖人德、太伯知昌必有天位、但升天位者、必須階漸、若從庶人而起則爲不有易、太王是諸侯、已是太王長子、長子後應傳國、今欲令昌取王位有漸、故讓國而去、令季曆傳之也、其有

三迹者、范寧曰、有二釋、一云、太伯少弟季歷生子文王昌、子有聖德、太伯知其必有天下、故欲令傳國於季歷以及文王、因太王病、託採藥於吳越不反、太王薨而季歷立、一讓也、季歷薨而文王立、二讓也、文王薨而武王立、於此遂有天下、是爲三讓也、又一云、太王病而託採藥、出、生不事之、以禮、一讓也、太王薨而不反、使季歷主喪、死不喪之以禮、二讓也、斷髮文身示不可用、使季歷主祭祀、不祭之以禮、三讓也、繆協曰、太伯三讓之所爲者、季歷文武三人而王道成、是三以讓天下也、

民無得而稱焉。德讓迹既隱、當時人民不覺、故無能稱其讓德者也、故范寧曰、詭道合權、隱而不彰、故民無得而稱、乃大德也、繆協曰、其讓之迹詭、當時莫能知、故無以稱焉、可謂至德也、或問曰、太伯若堪有天下、則不應讓人、若人有天下、則太伯復無天下可讓、今云三以天下讓、其事如何、或通云、太伯實應傳諸侯、今讓者諸侯位耳、而云讓天下者、是爲天下而讓、今卽之有階、故云天下也、然仲雍亦隨太伯而隱、不稱仲雍者、國位在太

伯、太伯讓是導仁軌也、仲雍隨是揚其波也、

王肅曰。泰伯周太王之太子也。次弟仲雍。少弟曰季曆。季曆賢又生聖子文王昌。昌必有天下。故太伯以天下三讓於王季。其讓隱。故民家無得而稱言之者。所以爲至德也。

子曰。恭而無禮則勞。此章明行事悉須禮以爲節也、夫行恭遜、必宜得禮、則若恭而無禮、則遜在床下、所以身爲自勞苦也、慎而無禮則葸。葸畏懼過甚也、若無禮、則畏懼之甚、於事不行也、葸畏懼之貌也。言慎而不以禮節之。則常畏懼也。

勇而無禮則亂。勇而有禮、內則擎跪於廟堂之上、外則捍難於壇場之所、若勇而無禮、則爲殺害之亂也、直而無禮則絞。絞則刺之也、直若有禮、則自行不邪曲、若不得禮、對面譏刺他人之非、必致怨恨也、馬融曰。絞絞刺也。

君子篤於親。則民興於仁。君子人君也、篤厚也、人君若自於親屬篤厚、則民下化之、皆競興起仁恩也、孝悌也者其仁之本與也、故舊不遺。則民不偷。故舊謂朋友也、偸薄也、人君富貴而不遺忘昔舊友朋、則下民效之不爲薄行也、

苞氏曰。興起也。君能厚於親屬。不遺忘其故舊。行之美者也。則民皆化之。起爲仁厚之行。不偷薄也。

曾子有病。召門弟子曰。啓予足。啓予手。啓開也、予我也、孔子昔授

孝經於曾子、曰、身體髮膚受之父母、不敢毀傷、曾子稟受至死不忘、故疾病臨終日、召己門徒弟子、令開衾視我手足毀傷與不、亦示父母全而生己、已亦全而歸之也、先足後手、手近足遠、示急從遠而視也、

鄭玄曰。啓開也。曾子以爲受身體於父母。不敢毀傷之。故使弟子開衾而視之也。

詩云。戰戰兢兢。如臨深淵。如履薄冰。既令開衾、又引詩證己平生敬慎畏懼有毀傷之心也、戰戰恐懼、兢兢戒慎也、如臨深淵恐墜也、如履薄冰恐陷也、夫人於高岩之頂、俯臨万丈之深淵、必恐懼寒心、恒畏墜落也、冰之厚者猶不可履、況跪行薄冰之上、孰不歛身戒慎恐陷乎、言我平生畏慎身體之心、如人之臨履深薄也、

孔安國曰。言此詩者。喻己常誡慎恐有所毀傷也。

而今而後。吾知免夫。引詩既竟、又語諸弟子也、而今今日也、而後即今日以後也、免免毀傷也、既臨終而得不毀傷、故知自今日以後、全歸泉壤、得免毀傷之事也、小子。小子諸弟子也、曾子言竟、而呼諸弟子語之、令識己言也、

周生烈曰。乃今日而後。我自知免於患難矣。小子弟子也。呼者欲使聽識其言也。

曾子有疾。孟敬子問之。敬子魯大夫也、來參問曾子之疾也、

馬融曰。孟敬子魯大夫仲孫捷也。

曾子言曰。鳥之將死。其鳴也哀。人之將死。其言也善。曾子得敬子之問疾、因而戒之也、將欲戒之、故先發此言欲明我所以相戒之意也、言鳥之臨死、唯知哀

鳴、而不知出善言、此則是鳥之常、人之將死、必宜云善言、此則是人之常也、若人臨死而無善言、則與鳥獸不異、今我將臨死、故欲出善言以誡汝也、故李充曰、人之所以貴於禽獸者、以其愼終始在困不撓也、禽獸之將死、不遑擇音、唯吐窘急之聲耳、人若將死、而不思令終之言、唯哀懼而已者、何以別於禽獸乎、是以君子之將終、必正存道、不忘格言、臨死易簀、困不違禮、辨論三德、大加明訓、斯可謂善也、

苞氏曰。欲戒敬子。言我且將死。言善可用也。此注亦明如向釋、又繆協曰、曾子謙不以遠理自喻、且敬子近人、故以常言語悟之、冀其必納也、然繆解亦得會苞注也、或問曰、不直云曾子曰而云言曰何也、答曰、欲重曾子臨終言善之可錄、故特云言也、又一通云、出己曰言、答述曰語、曾子臨終綿困、不堪答述也、示直出己之懷而已、

君子所貴乎道者三。此以下即曾子所述善言也、道猶禮也、言君子所貴禮者有三

事也、**動容貌。斯遠暴慢矣。**此所貴三之第一也、動容貌謂成儀容擧止也、君子坐則儼然、行則蹌蹌、如此則人望而畏之、不敢有暴慢之者、故云斯遠暴慢也、故顏延之云、動容則人敬其儀、故暴慢息也、**正顏色。斯近信矣。**此所貴三之第二也、就凡人相見、先觀容儀、容儀故先也、次見顏色、顏色故爲次也、人之顏色恒欲莊正、不數變動、則人不敢欺詐之、故云近信也、故顏延之云、正色則人達其誠、故信者立也、**出辭氣。斯遠鄙倍矣。**此所貴三之第三也、辭氣言語音聲也、既見顏色、次接言語也、出言有章、故人又敢鄙穢倍違之也、故顏延之云、出辭則人樂其文、故鄙倍絕也、侃謂、暴慢鄙信同是惡事、故云遠、而信是善事、故云近也、

鄭玄曰。此道謂禮也。動容貌能濟濟蹌蹌。則人不敢暴慢之也。正顏色能矜莊嚴栗。則人不敢欺誕

之也。誕猶詐妄也、出辭氣能順而說。則無惡戾之言入於耳也。惡鄙醜也、戾背也、禮記曰、言悖而出、亦悖而入、若出能不悖、故鄙戾不入於耳也、籩豆之事。則有司存。籩豆禮器也、竹曰籩、木曰豆、豆盛葅醢、籩盛菓實、並容四升、柄尺二寸、下有跗也、舊云、敬子不存大事、大事即斥前三禮也、而好修飾籩豆、籩豆比三事爲小事、故曾子先戒此三禮、若籩豆之事付於有司、不關汝也、有司謂典籩豆之官也、

苞氏曰。敬子忘大務小。故又戒之以此也。籩豆禮器也。苞此注亦得如舊說也、若欲又爲一通、亦得云敬子好務小事、而忽略籩豆、故曾子曰、汝不須務小、當使有司存於宗廟籩豆之禮也、而繆協別通曰、籩豆禮器、可以致敬於宗廟者、言人能如上三貴、則祝史陳信無愧辭、故有司所存籩豆而已、

曾子曰。以能問於不能。此明顏淵德也、能才能也、時多誇競、無而爲有、虛而爲盈、唯顏淵謙而反之也、顏淵實有才能、而恒如己不能、故見雖不能者猶諮問衷求也、以多問於寡。多謂識性之多也、己識雖多、常不敢自言識己多、故每問於寡識者也、有若無。實若虛。又處人間、未曾以己之才德爲有爲實、恒謙退如虛無也、犯而不校。校報也、人有惡加犯己者、己不報之也、殷仲堪曰、能問不能、多問於寡、或疑其負實德之迹、似乎爲教、而然余以爲外假謙虛黃中之道、沖而用之、每事必然、夫推情在於忘賢、故自處若不足、處物以賢善、故期善於不能、因斯而言、乃虛中之素懷、處物之誠心、何言於爲教哉、犯而不校者、其亦不居物以非乎、推誠之理然也、非不爭也、應物之迹異矣、其爲沖虛一也、

苞氏曰。校報也。言見侵犯而不校之也。

昔者吾友嘗從事斯矣。友謂顏淵也、曾子言、唯昔吾友能爲上諸行也、江熙曰、稱吾友、言己所未能也、馬融曰。友謂顏淵也。

曾子曰。可以託六尺之孤。託謂憑託也、六尺之孤謂童子無父而爲國君者也、年齒幼少、未能自立、故憑託大臣、如成王託周公者也、

孔安國曰。六尺之孤謂幼少之君也。

可以寄百里之命。百里謂國也、言百里舉全數也、命者謂國之教令也、幼君既未能行命政、故寄冢宰攝之也、如周公攝政也、然幼孤云託、教令云寄者、有以故也、託是長憑無反之言、寄是暫寄有反之目也、君身尊重、故云託、示長憑於阿衡者也、教命待君年長而還、君自裁斷、是有反也、

孔安國曰。攝君之政令也。

臨大節而不可奪也。國有大難、臣能死之、是臨大節不可奪也、

大節安國家定社稷也。奪者不可傾奪也。

君子人與。君子人也。言爲臣能受託幼寄命、又臨大節不回、此是君子人與也、再言君子、美之深也、而繆協曰、夫能託六尺於其臣、寄顧命於其下、而我無貳心、彼無二節、授任而不失人、受任而不可奪、故必同乎君子之道、審契而要終者也、非君子之人與君子者、孰能要其終而均其致乎、

曾子曰。士不可以不弘毅。士通謂丈夫也、弘大也、毅謂能強果斷也、言弘丈夫居世、必使德行弘大、而能果斷也、任重而道遠。釋所以宜弘毅義也、即所任者重、所行者遠、故宜德大而能斷也、

苞氏曰。弘大也。毅強而能決斷也。

士弘毅。然後能負重任致遠路也。

仁以爲己任。不亦重乎。此解任重也、士既以仁爲平生之任、此任豈得不謂爲重乎、死而後已。不亦遠乎。此釋道遠也、已止也、言知行仁、不可小時而止、必至死乃後而止耳、至死乃止、此道豈不遠乎、

孔安國曰。以仁爲己任。重莫重焉。死而後已。遠莫遠焉也。

子曰。興於詩。此章明人學須次第也、興起也、言人學先從詩起、後乃次諸典也、所以然者、詩有夫婦之法、人倫之本、近之事父、遠之事君故也、又江熙曰、覽古人之志、可起發其志也、

苞氏曰。興起也。言修身當先學詩也。

立於禮。學詩已明、次又學禮也、所以然者、人無禮則死、有禮則生、故學禮以自立身也、

苞氏曰。禮者所以立身也。

成於樂。學禮若畢、次宜學樂也、所以然者、禮之用和爲貴、行禮必須學樂、以和成己性也、

孔安國曰。樂所以成性也。王弼曰、言爲政之次序也、夫喜懼哀樂、民之自然、應感而動、則發乎聲歌、所以陳詩採謠以知民志、風既見其風、則損益基焉、故因俗立制以達其禮也、矯俗檢刑、民心未化、故又感以聲樂以和神也、若不採民詩、則無以觀風、風乖俗異、則禮無所立、禮若不設、則樂無所樂、樂非禮則功無所濟、故三體相扶、而用有先後也、侃案輔嗣之言可思也、且案內則明學次第、十三舞勺、十五舞象、二十始學禮、惇行孝悌、是先學樂後乃學禮也、若欲申此注、則當云先學舞勺舞象、皆是舞詩耳、至二十學禮、後備聽八音之樂、和之以終身成性、故後云樂也、

子曰。民可使由之。不可使知之。此明天道深遠、非人道所知也、由用也、元

亨日新之道、百姓日用而生、故云可使由之也、但雖日用而不知、其所以、故云不可知之也、張憑曰、爲政以德則各得其性、天下日用而不知、故曰可使由之、若爲政以刑、則防民之爲姧、民知有防而爲姧彌巧、故曰不可使知之、言爲政當以德、民由之而已、不可用刑、民知其術也、

由用也。

可使用而不可使知者。百姓能日用而不能知也。

子曰。好勇疾貧亂也。好勇之人、若能樂道自居、此乃爲可耳、若不能樂道、而憎疾己之貧賤、則此人必可亂也、故繆協曰、好勇則剛武、疾貧則多怨、以多怨之人習於武事、是使之爲亂也、

苞氏曰。好勇之人而患疾己貧賤者。必將爲亂也。

人而不仁。疾之已甚。亂也。夫不仁之人、當以理將養、冀其感悟、若憎疾之太甚、則此不仁者近無所在、必爲逆亂也、故鄭康成曰、不仁人疾之太甚、是使之爲亂也、

孔安國曰。疾惡太甚。亦使其爲亂也。

子曰。如有周公之才之美。設使驕且悋。其餘不足觀已矣。其餘謂周公之才伎也、言人假令有才能如周公旦之美、而用行驕悋、則所餘如周公之才伎者、亦不足復可觀者、以驕沒才也、故王弼曰、人之才美、如周公、設使驕悋、其餘無可觀者、言才美以驕悋棄也、況驕悋者必無周公才美乎、假無設有以其驕悋之鄙也、

孔安國曰。周公者周公旦也。

子曰。三年學不至於穀。不易得也已。勸人學也、穀善也、言學三年者必至於善道也、若三年學而不至善道者、必無此理也、故云不易得已也、孫綽曰、穀祿也、云三年學足以通業、可以得祿、雖時不得祿、得祿之道也、不易得已者、猶云不易已得也、此教勸中人已下也

孔安國曰。穀善也。言人三歲學不至於善。不可得。言必無及也。所以勸人於學也。

子曰。篤信好學。此章教人立身法也、令篤厚於誠信、而好學先王之道也、守死善道。寧爲善而死、不爲惡而生、故云守死善道也、危邦不入。謂初仕時也、見彼國將危則不須入仕也、亂邦不居。謂我國已亂、則宜避之不居住也、然亂時不居、則始危時猶居也、危者不入、則亂故宜不入也、天下有道則見。天下謂天子也、見謂出仕也、若世王有道、則宜出仕也、無道則隱。若時王無道則隱、枕石嗽流也、陳文子棄馬十乘而去、是亂邦不居也、

苞氏曰。言行當常然也。危邦不入。謂始欲往也。亂邦不居。今欲去也。臣弑君。子弑父。亂也。危者將亂

論語義疏第四

之兆也。

邦有道。貧且賤焉。耻也。國君有道、則宜運我才智佐時出仕、宜始得富貴、而已獨貧賤、則是才德淺薄、不會明時、故爲可耻也、邦無道。富且貴焉。耻也。國君無道、而已出仕、招致富貴、則是已亦無道、得會惡逆之君、故亦爲可耻也、江熙曰、不枉道而事人、何以致無道寵、寵所以耻也、夫山林之士、咲朝廷之人束帶立朝不獲逍遙也、在朝者、亦誚山林之士褊厄、各是其所是、而非其所非、是以夫子兼知出處之義、明屈申之貴於當時也、子曰。不在其位。不謀其政也。

孔安國曰。欲各專一於其職也。

子曰。師摯之始關雎之亂。洋洋乎盈耳哉。師魯太師也、摯太師名也、始首也、關雎詩篇也、洋洋聲盛也、于時禮樂崩壞、正聲散逸、唯魯太師猶識關雎之聲、而首理調定、

使聲盛盈於耳聽也、

鄭玄曰。師摯魯大師之名也。始猶首也。周道既衰微。鄭衛之音作。正樂廢而失節。魯大師摯識關雎之聲。而首理其亂者。洋洋乎盈耳哉。聽而美也。侃謂、即前篇孔子語其樂曰、樂其可知、始作翕如之屬、而其受孔子言而理之得正也、

子曰。狂而不直。此章歎時世與古反也、狂者用行宜其直趣無廻、不俟於善惡、而當時狂者不復直也、故下卷則云、古之狂也肆、今之狂也蕩、

孔安國曰。狂者進取。宜直也。

侗而不愿。侗謂籠侗、未成器之人也、愿謹愿也、人幼未成人者、情性宜謹愿、而當時幼者亦不

謹愿也、

孔安國曰。侗未成器之人也。宜謹愿也。

謹愿無情愿貌也、

悾悾而不信。悾悾謂野愨也、野愨之人宜可信、而于時野愨者皆詐詭、不復宜可信也、

苞氏曰。悾悾愨愨也。宜可信也。

吾不知之矣。既與古時反、故孔子曰、非復我能知測也、王弼曰、夫推誠訓俗、則民僞自化、求其情僞則儉心茲應、是以聖人務使民皆歸厚、不以探幽爲明、務使姦僞不興、不以先覺爲賢、故雖明並日月猶曰不知也、

孔安國曰。言皆與常度反。故我不知也。

子曰。學如不及。猶恐失之。言學之爲法、急務取得、恒如追前人欲取必及、故云

如不及也、又學若有所得、則戰戰持之、猶如人執物恒恐去失、當錄之爲意也、

學自外入至。熟乃可長久。如不及。猶恐失之耳也。

如注意則云、如若也、言人學宜熟、若學而不及於熟、雖得猶恐失之也、李充曰、學有交勢而無交利、自非天然好樂者、則易爲懈矣、故如懼不及猶恐失之、況可怠乎、繆協稱中正曰、學自外來、非夫內足、恒不懈惰乃得其用、如不及者已及也、猶恐失者、未失也、言能恐失之、則不失、如不及則能及也、

子曰。巍巍乎舜禹之有天下也。而不與焉。

此美舜禹也、舜禹亦古聖天子也、巍巍高大之稱也、言舜禹逢時遇世、高大可美也、舜受堯禪而有天下、禹受舜禪而有天下、此二聖得時有天下、並非身所預求、而君自禪之也、一云、孔子歎已不預見舜禹之時也、若逢其時、則已宜道當用也、故王弼曰、逢時遇世、莫如舜禹也、江熙曰、舜禹受禪有天下之極、故樂盡其善、歎不與並時、

蓋感道契在昔而理屈當今也、美舜禹已不與求天下而得之也。巍巍者高大之稱也。

子曰。大哉堯之爲君也。此美堯也、爲禪讓之始、故孔子歎其爲君之法大也、巍巍乎唯天爲大。唯堯則之。則法也、言唯天德巍巍、既高既大、而唯堯能法而行之也、所以有則天之德者、夫天道無私、唯德是與、而堯有天位禪舜、亦唯德是與、功遂身退、則法天而行化也、孔安國曰。則法也。美堯能法天而行化也。

蕩蕩乎民無能名焉。蕩蕩廣遠之稱也、言堯布德廣遠、功用遍匝、故民無能識而名之者也、苞氏曰。蕩蕩廣遠之稱也。言其布德廣遠。民無能識名焉。王弼曰、聖人有則天之德、所以稱唯堯則之者、唯堯於時全則

天之道也、蕩蕩無形無名之稱也、夫名所名者、生於善有所章而惠有所存、善惡相傾、而名分形焉、若夫大愛無私、惠將安在、至美無偏、名將何生、故則天成化、道同自然、不私其子、而君其臣、凶者自罸、善者自功、功成而不立其譽、罰加而不任其刑、百姓日用而不知所以然、夫又何可名也、

巍巍乎其有成功也。 功成化隆。高大巍巍也。

煥乎其有文章也。 煥明也。其立文垂制。復著明也。

舜有臣五人而天下治。 記者又美舜德也、五人者禹一、稷二、契三、皋陶四、伯益五也、言舜有此五臣、共治天下、故治也、**孔安國曰。禹稷契皋陶伯益也。**

武王曰。予有亂臣十人。武王周發也、予我也、亂理也、武王曰、我有共理天下者有十人也、

馬融曰。亂理也。理官者十人也。謂周公旦。第一也、周公名旦、是武王弟也、召公奭。第二也、亦武王弟也、太公望。第三也、謂呂望也、呂望本姓姜、氏呂、名尚、釣於磻溪、文王出獵、遙見而呼之曰、望公七年矣、今乃見光景於斯、於是接之上車、文王自御而還、因名爲望、爲周大師、故云太公也、畢公。第四也、榮公。第五也、大顛。第六也、閎夭。第七也、散宜生。第八也、南宮适。第九也、其餘一人謂文母也。文母文王之妻也、是有辛氏之女太姒也、十人有九丈夫一婦人也、

孔子曰。才難。不其然乎。記者先列虞周二國之臣數、而後書孔子之言於下也、孔

子歎曰、良才之難得、不其如此乎、言如此、**唐虞之際於斯爲盛。有婦人焉。九人而已。**此是才難之證也、唐虞堯舜有天下之號也、際者謂堯舜交代之間也、斯此也、此謂周也、言唐虞二代交際共有此五臣、若比於此周、周最爲盛、雖爲盛尙不滿十人、十人之中有文母、一婦人爲十人之數、所以是才難也、季彪難曰、舜之五臣一聖四賢、八元八凱十有六人、據左氏明文、或稱齊聖、或云明哲、雖非聖人、抑亦其次也、周公一人、可與禹爲對、太公召公、是當稷契、自畢公以下恐不及元凱、就復強相舉繼而數交少、何故唐虞人士反不如周朝之盛也耶、彪以爲斯此也、蓋周也、今云唐虞之際於此爲盛、言唐虞之朝盛於周室、周室雖隆不及唐虞、由來尙矣、故曰巍巍蕩蕩莫之能名、今更謂唐虞人士不如周室、反易舊義、更生殊說、無乃攻乎異端、有害於正訓乎、侃案師說曰、季氏之意極自允會春秋、合當堯舜、但既多才勝周、而孔子唯云兩代有五人者、別有以也、欲盛美周德隆於唐虞、賢才多乎

堯舜、而猶事殷紂、故特云唐虞五而周代十也、又明言有婦人者、明周代之盛、匪唯丈夫之才、抑婦人之能匡弼於政化也、孔安國曰。唐者堯號也。虞者舜號也。際者堯舜交會之間也。斯此也。此斯於周也。言堯舜交會之間。此於此周最盛多賢才。然尚有一婦人。其餘九人而已。大才難得。豈不然乎。

參分天下有其二。以服事殷。參三也、天下有九州、文王爲雍州西伯、六州化屬文王、故云三分天下有二、猶服事於殷也、周德其可謂至德也已矣。雖聖德之盛、猶服事惡逆之君、故可謂爲德之至極者也、苞氏曰。殷紂淫亂。文王爲西伯。而有至德。天下之

歸周者三分有其二。而猶以服事殷。故謂之至德也。殷家州牧曰伯、文王爲雍州伯、雍州在紂西、故曰西伯也、

子曰。禹吾無間然矣。此美禹也、間猶非閒也、孔子美禹之德美盛、而我不知何以厝於非閒矣、郭象曰、堯舜禹相承、雖三聖故一堯耳、天下化成則功美漸去、其所因修常事而已、故史籍無所稱、仲尼不能間、故曰禹吾無間然矣、李充曰、夫聖德純粹、無法不備、故堯有則天之號、舜稱無爲而治、又曰巍巍乎舜禹之有天下而弗與焉、斯則美聖之極名、窮理之高詠矣、至於此章、方復以事迹歎禹者、而豈徒哉、蓋以季世僻王、肆情縱欲、窮奢極侈、麗厚珍膳而簡僞乎享祀、盛纖靡而闕慢乎祭服、崇臺榭而不恤乎農政、是以亡國喪身、莫不由乎此矣、於有國有家者、觀夫禹之所以興也、覽三季之所以亡、可不愼與也、

孔安國曰。孔子推禹功之盛。言己不

能復閒厠其閒也。

菲飲食。而致孝乎鬼神。此已下皆是禹不可間之事也、其有三事、一是飲食、飲食爲急、故最先也、二是衣服、衣服緩於飲食、故爲次也、三是居室、居室緩於衣服、故最後也、菲薄也、禹自所飲食甚自麤薄、而祭祀牲牢極乎豐厚、故云菲飲食而致孝乎鬼神也、

馬融曰。菲薄也。致孝乎鬼神。祭祀豐潔也。

惡衣服。而致美乎黻冕。禹又常衣服甚自麤惡、而祭祀之服大華美也、食飲供鬼神、故云孝、祭服供自已、故云美也、然去黻冕、冕是首服、爲尊、黻是十二章最下、爲卑、卑尊俱居中、可知也、一云、黻非服章、政是韠黻之服也、舉此則正服可知也、

孔安國曰。損其常服。以盛祭服也。

卑宮室。而盡力乎溝洫。溝洫田土通水之用也、禹自所居、土階三尺、茅茨不剪、是卑宮室也、而通達畎畝以利田農、是盡力溝洫也、

苞氏曰。方里爲井。井間有溝。溝廣深四尺。十里爲城。城間有洫。洫廣深八尺也。

禹吾無間然矣。美禹既深、故重云無間然也、

論語義疏第四　經一千五百十四字　注二千三百七十七字

論語義疏第四

旹文明九年丁酉八月十一日映朔鴈聲書寫畢

論語義疏卷第五 子罕 鄉黨　梁國子助教吳郡皇侃撰

論語子罕第九　何晏集解 凡卅一章 皇卅章

疏 子孔子也，罕希也，此篇明時感者既少，故聖應亦希也，所以次前者，外遠富貴既爲粃糠，故還反凝寂，所以希言，故子罕次太伯也。○

子罕言利與命與仁。 子孔子也，罕者希也，言者說也，利者天道也，元亨利万物者也，與者言語許與之也，命天命窮通夭壽之目也，仁者惻隱濟衆行之盛者也，弟子記孔子爲教化所希言及所希許與人者也，所以然者，利是元亨利貞之道也，百姓日用而不知，其理玄絕，故孔子希言也，命是人稟天而生，其道難測，又好惡不同，若逆向人說，則傷動人情，故孔子希說與人也，仁是行盛，非中人所能，故亦希說許與人也，然希者非都絕之稱，亦有時而言與人也，周易文言是說利之時也，謂伯牛亡之命

矣夫、及云若由也不得其死然、是說與人命也、又孟武伯問子路冉求之屬仁乎、子曰不知、及云楚令尹陳文子焉得仁、並是不與人仁也、而云顏回三月不違仁、及云管仲如其仁、則是說與人仁時也、故云子罕言利與命與仁也、

罕者希也。利者義之和也。卽引文言也、義者宜也、和者無害也、凡人世之利、利彼則害此、非義和也、若天道之利、利而無害、故萬物得宜而和、故曰義之和也、**命者天之命也。**人稟天而生、故云天命也、中庸曰、天命之謂性、是也、**仁者行之盛也。**仁義禮智信五者、並是人之行、而仁居五者之首、主生、故曰行之盛也、**寡能及之。**天道微妙、天命深遠、仁道盛大、非人所能知及、故云寡能及之也、**故希言也。**爲世人寡及、故孔子亦希言也、

達巷黨人曰。大哉孔子。博學而無所成名。五百家爲黨、黨各有

名、此黨名達巷、達巷黨中人美孔子道大、故曰大哉也、博廣也、言大哉孔子、廣學道藝周遍、不可一一而稱、故云無所成名也、猶如堯德蕩蕩民無能名也、故王弼曰、譬猶和樂出乎八音、然八音非其名也、江熙曰、言其彌貫六流、不可以一藝取名焉、故曰大也、

鄭玄曰。達巷者黨名也。五百家爲黨。此黨之人。美孔子博學道藝不成一名而已。

子聞之謂門弟子曰。吾何執。孔子聞達巷人美己、故呼弟子而語之也、彼既美我博學、而我於道藝何所持執乎、欲自謙也、執御乎。執射乎。既欲謙己之不多、故陳六藝之下者以自許也、言吾所執、執於御及射乎、御御車者也、吾執御矣。向欲合以射御自許、又嫌太多、故又減射而云吾執御者也、鄭玄曰。聞人美之。承

以謙也。吾執御者。欲名六藝之卑也。六藝、一曰五禮、二曰六樂、三曰五射、四曰五馭、五曰六書、六曰九數也、今云執御、御比禮樂射爲卑也、

子曰。麻冕禮也。禮謂周禮也、周禮有六冕、以平板爲主、而用三十升麻布衣板、上玄下纁、故云麻冕禮也、今純儉也。今謂周末孔子時也、純絲也、周末不復用卅升布、但織絲爲之、故云今也、三十升布、用功巨多難得、難得則爲奢華、而織絲易成、易成則爲儉約、故云儉也、吾從衆。衆謂周末時人也、時既人人從易用絲、故孔子曰、吾亦從衆也、所以從之者、周末每事奢華、孔子寧欲抑奢就儉、今幸得衆共用儉、故孔子從之也、

孔安國曰。冕緇布冠也。冠冕通名也、且周家委貌冠、亦用卅升緇布也、古者績麻三十升布以爲之。純絲也。絲易成。故從儉也。

拜下禮也。下謂堂下也、禮君與臣燕、臣得君賜酒、皆下堂而再拜、故云拜下禮也、今拜乎上泰也。今謂周末孔子時也、上謂堂上也、泰驕泰也、當于時周末君臣飲燕、臣得君賜酒、不復下堂、但於堂上而拜、故云今拜乎上泰也、拜不下堂、是由臣驕泰、故云泰也、雖違衆。吾從下。當時皆違禮而拜上者衆、孔子不從拜上、故云雖違衆也、違衆而從舊禮拜於下、故云吾從下也、

王肅曰。臣之與君行禮者。下拜。然後升成禮。燕義曰、君舉旅於賓、及君所賜爵、皆降再拜稽首、升成拜、明臣禮也、案燕義之賓皆是臣也、臣得君旅及賜爵、降下堂再拜、再拜竟、更升堂又再拜、謂爲成拜、成拜者向在堂下之拜、若禮未成然、故更升堂以成之也、時臣驕泰。故於上拜也。周末時如此也、今從下。禮之恭也。孔子欲從下之禮、是爲恭也、

子絕四。絕者無也、明孔子聖人無此下四事、故云絕四也、不云無而云絕者、據世人似言之也、四絕事世人未能絕、而孔子絕之、故云絕也、故顏延之曰、謂絕人四者也、

毋意。一也、此謂聖人心也、凡人有滯、故動靜委曲自任用其意、聖人無心、泛若不係舟、豁寂同道、故無意也、

以道爲度。故不任意也。

毋必。二也、此謂聖人行化時也、物求則趣應、無所抑必、故互鄉進而與之是也、無所抑必、由無意、故能爲化無必也、

用之則行。捨之則藏。故無自專必也。

毋固。三也、此聖人已應物行化故也、固謂執守堅固也、聖雖已應物、物若不能得行、則聖亦不追固執之、不反三隅則不復是也、亦由無意、故能無固也、

無可無不可。故無固行也。

毋我。四也、此聖人行教功德成身退之迹也、聖人晦迹、功遂身退、恒不自異、故無我也、亦由無意、故能無我也、

述古而不自作。處群萃而不自異。唯道是從。故不自有其身也。萃聚也、或問曰、孔子或拒孺悲、或天生德於予、何得云無我乎、答曰、聖人作教應機、不可一準、今爲其迹涉茲地、爲物所嫌、恐心實如此、故正明絕此四以見本地也、

子畏於匡。心服曰畏、匡宋地名也、于時匡人誤以兵圍孔子、故孔子同物畏之也、孫綽曰、畏匡兵之人說皆衆家之言、而不釋畏名、解書之理爲漫、夫體神知幾、玄定安危者、雖兵圍百重、安若太山、豈有畏哉、雖然兵事阻險、常情所畏、聖人無心、故即以物畏爲畏也、

苞氏曰。匡人誤圍夫子。以爲陽虎也。陽虎嘗暴於匡。夫子弟子

顏尅時又與陽虎俱往。後尅爲夫子御。至於匡。匡人相與共識尅。又夫子容貌與虎相似。故匡人以兵圍之也。釋誤圍之由者也、

曰。文王既沒。文不在茲乎。孔子得圍而自說己德、欲使匡人知己也、茲此也、孔子自此己也、言昔文王聖德有文章、以教化天下也、文王今既已沒、則文章宜須人傳、傳文章者非我而誰、故曰文王既沒、文不在茲乎、言此我當傳之也、

孔安國曰。茲此也。言文王雖已沒。其文見在此。此自此其身也。其身夫子身也、

天之將喪斯文也。後死者不得與於斯文也。既云傳文在我、

故更說我不可殺之意也、斯文即文王之文章也、後死孔子自謂也、夫生必有死、文王既沒、已亦當終、但文王已沒於前、則已方死於後、故自謂爲後死也、言天若將欲喪棄文王之文章、則不應今使我已得預知識之也、

孔安國曰。文王既沒。故孔子自謂後死也。言天將喪此文者。本不當使我知之。今使我知之。未欲喪之。

天之未喪斯文也。匡人其如予何。天今使我知之、是未欲喪此文也、既未欲喪此文、使已傳之、則匡人豈能違天而害我乎、故曰、如予何也、衞瓘曰、若孔子自明非陽虎、必謂之詐、晏然而言若是、匡人是知非陽虎、而懼害賢、所以免也、

馬融曰。如予何者。猶言奈我何也。天之未喪此文。

論語義疏第五

則我當傳之。匡人欲奈我何也。言不能違天而害己也。江熙云、言文王之道爲後代之軌、己未得述上天之明、必不使沒也、

太宰問於子貢曰。夫子聖者與。何其多能也。太宰聞孔子聖、又聞孔子多能、而其心疑聖人務大不應細碎多能、故問子貢言、孔子既聖、其那復多能乎、

孔安國曰。大宰大夫官名也。卿大夫職有冢宰、或云大宰、故云是大夫官也、或吳。或宋。未可分也。既唯云大宰、不論名氏、故不知何人、而吳有大宰嚭、宋有大宰華督、故云未可分也、然此應是吳臣、何以知之、魯哀公七年、公會吳于鄫、吳人徵百牢、使子貢辭於大宰嚭、十二年、公會吳師于橐皐、吳子使大宰嚭請莅盟、公不欲、使子貢對、將恐此時大宰嚭問子貢也、且宋大宰督去孔子世遠、或其至後世所不論耳、

疑孔子多能於

小藝也。

子貢曰。固天縱之將聖。又多能也。子貢答曰、孔子大聖、是天所固縱、又使多能也、固故也、將大也、

孔安國曰。言天固縱之大聖之德。又使多能也。

子聞之曰。大宰知我者乎。孔子聞大宰之疑而云知我、則許疑我非聖是也、繆協曰、我信多能、故曰知我、江熙曰、大宰嫌多能非聖、故云知我、謙之意也、吾少也賤。故多能鄙事。又說我非聖、而所以多能之由也、言我少小貧賤、故多能爲麤鄙之事也、君子多乎哉。不多也。更云、若聖人君子、豈多能鄙事乎、則不多能也、繆協曰、君子從物應務、道達則務簡、務簡則不多能也、江熙曰、言君子所存遠者大者、不應多能也、

苞氏曰。我少小貧賤。常自執事。故多能爲鄙人之事。君子固不當多能也。欒肇曰、周禮百工之事、皆聖人之作也、明聖人兼材修藝過人也、是以大宰見其多能、固疑夫子之聖也、子貢曰、固天縱之將聖又多能、故承以謙也、且抑排務言不以多能爲君子也、謂君子不當多能也、明兼才者自然多能、多能者非所學、所以先道德後伎藝耳、非謂多能必不聖也、據孔子聖人而多能、斯伐柯之不近鑒也、

牢曰。子曰。吾不試。故藝。試用也、子牢述孔子言、緣我不被時用、故得多學伎藝也、繆協曰、此蓋所以不多能之義也、言我若見用、將不崇本息末、歸純反素、兼愛以忘仁、遊藝以去藝、豈唯不多能鄙事而已、

鄭玄曰。牢弟子子牢也。試用也。言孔子自言。我不見用。故多能伎藝也。

子曰。吾有知乎哉。無知也。知謂有私意於其間之知也、聖人體道爲度、無有用意之知、故先問弟子曰、吾有知乎哉也、又無知也、明己不有知知之意也、即是無意也、

知者知意之知也。知意謂故用知爲知也、聖人忘知、故無知知意也、言知者言未必盡也。若用知者則用意有偏、故其知言未必盡也、今我誠盡也。我以不知知、故於言誠無不盡也、

有鄙夫來問於我。空空如也。此舉無知而誠盡之事也、鄙夫鄙劣之夫也、空空無識也、言有鄙夫來問我、而心抱空虛如也、我叩其兩端而竭焉。兩端事之終始也、言雖復鄙夫、而又虛空來問於我、我亦無隱、不以用知處之、故即爲其發事終始、竭盡我誠也、即是不無必也、故李充曰、日月照臨、不爲愚智易光、聖人善誘、不爲賢鄙異教、雖復鄙夫寡識、而率其疑誠、諮於聖、

必示之以善惡之兩端、竭己心以誨之也、

孔安國曰。有鄙夫來問於我。其意空空然。我則發事之終始兩端以語之也。而竭盡所知不爲有所愛也。繆協曰、夫名由迹生、故知從事顯、無爲寂然、何知之有、唯其無也、故能無所不應、雖鄙夫誠問必爲盡其本末也、

子曰。鳳鳥不至。河不出圖。吾已矣夫。夫時人皆願孔子有人主之事、故孔子釋己不得以塞之也、言昔之聖人應王者、必有鳳鳥河圖之瑞、今天無此瑞、故云吾已矣夫、已止也、言吾已止無此事也、故繆協曰、夫聖人達命、不復俟此乃知也、方遺知任事、故理至乃言、所以言者、將釋來庶之望也、

孔安國曰。有聖人受命。則鳳鳥至。麟鳳

五靈王者之嘉瑞也、河出圖。今天無此瑞。吾已矣夫者不得見也。聖人王則有龍馬及神龜、負應王之圖書、從河而出、爲瑞也、如龍圖授伏羲、龜書畀姒也、河圖八卦是也。八卦則易乾坤等八方之卦也、龍負之出授伏羲也、又孫綽曰、孔子所以及發此言者、以體大聖之德、弟子皆稟絕異之質、壘落殊才英偉命世之才、蓋王德光于上、將相備乎下、當世之君、咸有忌難之心、故稱此以徵己之不王、絕不達者之疑望也、

子見齊衰者此記孔子哀人有喪者也、齊衰五服之第二者也、言齊則有斬從可知、而大功不預也、冕衣裳者記孔子尊敬在位者也、冕衣裳者、周禮大夫以上之服也、大夫以上尊、則士不在列也、與瞽者。記孔子愍不成人也、瞽盲者也、言與者盲者卑、故加與字以別之也、言瞽者則聾者不預也、聾疾輕於盲也、苞氏曰。冕者冕冠也。大夫之

服也。瞽者盲者也。

見之。雖少者必作。言孔子見此三種人、雖復年少、孔子改坐而見之、必爲之起也、過

之必趨。趨疾行也、又明孔子若行過此三種人、必爲之疾速、不取自修容也、范寗曰、趨就之也、

苞氏曰。作起也。趨疾行也。此夫子哀有喪。尊在位。

恤不成人之也。恤憂也、

顏淵喟然歎曰。孔子至聖、顏生上賢、賢聖道絕、故顏致歎也、

喟然歎聲也。

仰之彌高。鑽之彌堅。此所歎之事也、夫物雖高者、若仰瞻則可覩也、物雖堅者、若鑽雖則可入也、顏於孔子道、愈瞻愈高、彌鑽彌堅、非己厝力之能得也、故孫綽曰、夫有限之高、雖嵩岱可陵、

有形之堅、雖金石可鑽、若乃彌高彌堅、鑽仰所不逮、故知絶域之高堅、未可以力至也、

言不可窮盡也。

瞻之在前。忽焉在後。向明瞻仰上下之絶域、此明四方之無窮也、若四方而瞻後爲邈遠、故恍惚非己所定、所以或前或後也、

言忽怳不可爲形像也。

亦如向說、又一通曰、愈瞻愈遠、故云瞻之在前也、愈顧愈後、故云忽焉在後也、故孫綽曰、馳而不及、待而不至、不行不動、孰能測其妙所哉、江熙云、慕聖之道、其殆庶幾、是以欲齊其高、而仰之愈邈、思等其深、而鑽鑿愈堅、尚並其前、而俛仰塵絶、此其所以喟然者也、

夫子循循然善誘人。又歎聖道雖懸、而令人企慕也、循循次序也、誘進也、言孔子以聖道勸進人、而有次序、故曰善誘人也、

循循次序貌也。誘進也。

言夫子正以此道勸進人有次序也。

博我以文。約我以禮。此說善誘之事也、博廣也、文文章也、言孔子廣以文章誘引於我、故云博我以文章也、又以禮教約束我、故云約我以禮也、欲罷不能。文博禮束、故我雖欲罷止而不能止也、既竭吾才。竭盡也、才才力也、我不能罷、故盡竭我之才力學之也、故孫綽曰、既以文章博我視聽、又以禮節約我以中、俯仰動止、莫不景行、才力已竭、猶不能已、罷猶罷息也、如有所立卓爾。此明絕地不可得以言之處也、卓高遠貌也、言雖自竭才力以學博文約禮、而孔子更有所言述創立、則卓爾高絕也、雖欲從之末由也已。末無也、言其好妙高絕、雖己欲從之、而無由可及也、故孫綽曰、常事皆脩而行之、若有所興立、卓然出乎視聽之表、猶天之不可階而升、從之將何由也、此顏孔所絕處也、孔安國曰。言夫子既以

文章開博我。又以禮節節約我。使我欲罷而不能已。竭我才矣。其有所立。則又卓然不可及。言已雖蒙夫子之善誘。猶不能及夫子之所立也。

子疾病。孔子病甚也、苞氏曰。疾甚曰病也。

子路使門人爲臣。子路以孔子聖人、宜爲人君、且嘗爲大夫、大夫亦有家臣、今疾病、恐忽終亡、故使弟子行臣禮也、故江熙曰、子路以聖人君道足、宜有臣、猶禱上下神祇也、鄭玄曰。孔子嘗爲大夫。故子路欲使弟子行其臣之禮也。

病間。曰。久矣哉。由之行詐也。孔子病少差也、小差曰間、謂小差爲間者、若病

不差、則病病相續無間斷也、若小差、則病勢斷絕有間隙也、當孔子病困時、不覺子路爲立臣、至於小差、乃覺而歎子路行詐也、言子路有此行詐之心、非復一日、故曰久矣哉、**無臣而爲有臣。**無臣而爲有、所以是行詐也、**吾誰欺。欺天乎。**我實無臣、今汝詐立之、持此詐欲欺誰乎、天下人皆知我無臣、則人不可欺、今日立之、此政是遠欲欺天、故云欺天乎、

孔安國曰。病小差曰間也。言子路久有是心。非唯今日也。夫立臣事大、非卒可定、汝今立之、是知有其心已久、故也、

且予與其死於臣之手也。無寧死於二三子之手乎。又以理喩之、言在三事同、若以親密而言、則臣不及弟子也、予我也、二三子諸弟子也、無寧寧也、言設使與我死於臣手、則我寧死弟子手也、臣禮就養有方、有方則隔、弟子無方、無方則親也、

馬融曰。無寧寧也。二三子門人也。就使我有臣而死其手。我寧死弟子手乎也。

且予縱不得大葬。又明在三同也、大葬臣禮葬君也、君臣葬禮大、故曰大葬也、

孔安國曰。君臣禮葬也。

予死於道路乎。君縱不得君臣禮葬、有二三子在、我豈復被棄擲於道路乎、言亦必得葬也、

馬融曰。就使我不得以君臣之禮葬。有二三子在。我寧當憂棄於道路乎。

子貢曰。有美玉於斯。子貢欲觀孔子聖德藏用何如、故託事以諮臧否也、美玉譬孔

子聖道也、言孔子有聖道可重、如世間有美玉而在此也、韞匵而藏諸。求善賈而沽諸。諸之也、韞裹之也、匵謂匣櫃之也、善賈貴價也、沽賣也、言孔子聖道如美玉在此、爲當韞匣而藏之、爲當得貴價而賣之不乎、假有人請求聖道、爲當與之不耶、

馬融曰。韞藏也。匵匵也。藏諸匵中也。沽賣也。得善賈寧肯賣之耶也。

子曰。沽之哉。沽之哉。答云、我不衒賣之者也、故重云沽之哉、明不衒賣之深也、我待賈者也。又言我雖不衒賣、然我亦待貴賈耳、有求者則與之也、

苞氏曰。沽之哉。不衒賣之辭也。我居而待賈者也。王弼曰、重言沽之哉、賣之不疑也、故孔子乃聘諸侯以急行其道也、

子欲居九夷。孔子聖道不行於中國、故託欲東往居於九夷也、亦如欲乘桴浮海也、

馬融曰。九夷東方之夷。有九種也。四方東有九夷、一玄菟、二樂浪、三高麗、四滿飾、五鳧臾、六索家、七東屠、八倭人、九天鄙、南有八蠻、一天竺、二吹首、三焦堯、四跂踵、五穿胷、六儋耳、七狗邦、八虎春、西有六戎、一羌夷、二依貊、三織皮、四耆羌、五鼻息、六天岡、北有五狄、一月支、二濊貊、三匈奴、四單于、五白屋也、

或曰。陋如之何。或人不達孔子意、謂之實可居、故云陋如之何、言夷狄鄙陋不可居也、子曰。君子居之。何陋之有。孔子答曰、君子所居即化、豈以鄙陋爲疑乎、不復遠申己意也、孫綽曰、九夷所以爲陋者以無禮義也、君子所居者化、則陋有泰也、

馬融曰。君子所居者。皆德化也。聖人所在則化、九夷變中夏也、

子曰。吾自衛反於魯。然後樂正。雅頌各得其所。孔子去魯、後而魯禮樂崩壞、孔子以魯哀公十一年從衛還魯、而刪詩書、定禮樂、故樂音得正、樂音得正所以雅頌之詩各得其本所也、鄭玄曰。反魯。魯哀公十一年冬也。是時道衰樂廢。孔子來還。乃正之也。故曰。雅頌各得其所也。雅頌是詩義之美者、美者既正、則餘者正亦可知也、

子曰。出則事公卿。公君也、卿長也、人子之禮移事父孝以事於君、則忠、移事兄悌以事於長、則從也、故出仕朝廷、必事公卿也、入則事父兄。孝以事父、悌以事兄、還入閨門、宜盡其禮也、先言朝廷、後云閨門者、勗己仕者也、猶仕而優則學也、喪事不敢不勉。勉強也、父兄天性、續莫大焉、公卿義合、厚莫重焉、若有喪事、則不敢不勉強也、不爲酒困。雖唯酒無量不

及亂、時多沈酗、故戒之也、衞瓘曰、三事爲酒興也、侃按如衞意、言朝廷閫門及有喪者、並不爲酒所困、故云三事爲酒興也、

何有於我哉。言我何能行此三事、故云何有於我哉、又一云、人若能如此、則何復須我、故云何有於我哉也、緣人不能、故有我應世耳、

馬融曰。困亂也。

子在川上曰。逝者如斯夫。不舍晝夜。逝往去之辭也、孔子在川水之上、見川流迅邁、未嘗停止、故嘆人年往去亦復如此、向我非今我、故云逝者如斯夫也、斯此也、夫語助也、日月不居、有如流水、故云不舍晝夜也、江熙云、言人非南山、立德立功、俛仰時過、臨流興懷、能不慨然乎、聖人以百姓心爲心也、孫綽云、川流不舍、年逝不停、時已晏矣、而道猶不興、所以憂嘆也、

鄭玄曰。逝往也。言凡往者如川之流也。

子曰。吾未見好德如好色者也。時人多好色而無好德、孔子患之、故云未見、以厲之也、疾時人薄於德而厚於色也。故以發此言也。本註云、責其心也、

子曰。譬如爲山。未成一簣。止吾止也。此戒人爲善垂成而止者也、簣土籠也、言人作善垂足而止、則善事不成、如爲山垂足唯少一籠土而止、則山不成、此是建功不篤、與不作無異、則吾亦不以其前功多爲善、如爲善不成、吾亦不美其前功多也、故云吾止也、苞氏曰。簣土籠也。此勸人進於道德也。爲山者其功雖已多。未成一籠而中道止者。我不以其前功多而善之也。見其志不遂。故不與也。

譬如平地。雖覆一簣。進吾往也。此弊人始爲善而不住者也、譬於平地作山、山乃須多土、而始覆一籠、一籠雖少、交是其有欲進之心可嘉、如人始爲善、善乃未多、交求進之志可重、吾不以其功少而不善之、善之有勝於垂成而止者、故云吾往也、

馬融曰。平地者將進加功。雖始覆一簣。我不以其見功少而薄之也。據其欲進而與之也。

子曰。語之而不惰者。其回也與。情疲懈也、餘人不能盡解、故聞孔子語而有疲懈、唯顏回體之、故聞語即解、所以曰語之而不惰者其回也與、

顏淵解。故語之不惰。餘人不解。故有惰語之時也。

子謂顏淵曰。惜乎。吾見其進也。未見其止也。顏淵死後、孔子

有此歎也、云見進未見止、惜其神識猶不長也、然顏淵分已滿、至於屢空、而此云未見其止者、勗引之言也、故殷仲堪曰、夫賢之所假一悟而盡、豈有彌進之實乎、蓋其軌物之行日見於迹、夫子從而咨嗟以盛德之業也、

苞氏曰。孔子謂顏淵進益未止。故痛惜之甚也。

子曰。苗而不秀者有矣夫。秀而不實者有矣夫。又爲歎顏淵爲譬也、萬物草木有苗稼蔚茂、不經秀穗、遭風霜而死者、又亦有物雖能秀穗、而值沴焊氣、不能有粒實者、故並云有是矣夫也、物既有然、故人亦如此、所以顏淵摧芳蘭於早年也、

孔安國曰。言萬物有生而不育成者。喻人亦然也。

子曰。後生可畏也。後生謂年少在己後生者也、可畏謂有才學可心服者也、焉知

來者之不如今也。焉安也、來者未來之事也、今謂我今師徒也、後生既可畏、亦安知未來之人、師徒教化不如我之今日乎、曰不可誣也、後生謂年少也。

四十五十而無聞焉。斯亦不足畏也已矣。又言後生雖可畏、若年四十五十而無聲譽聞達於世者、則此人亦不足可畏也、孫綽曰、年在知命、蔑然無聞、不足畏也、子曰。法語之言。能無從乎。改之爲貴。言彼人有過失、若我以法則語之、彼人聞法、當時無不口從而云止、當不敢復爲者、故云能無從乎、但若口雖從而身爲失不止者、則此口從不足爲貴也、我所貴者在於口從而行亦改者耳、故云改之爲貴也、孔安國曰。人有過。以正道告之。口無所不順從之。能必改乃爲貴也。

巽與之言。能無說乎。繹之爲貴。巽恭遜也、繹尋繹也、言有彼人不遜而我謙遜與彼恭言、故云遜與之言也、彼不遜者得我遜言遜彼、彼必亦特遜爲悅、故云能無悅乎、然雖悅人遜己、而己不能尋繹行此遜事、是雖悅不足爲貴也、我所貴者在尋繹行遜耳、故云繹之爲貴也、

馬融曰。巽恭也。謂恭巽謹敬之言。聞之無不悅者也。能尋繹行之。乃爲貴也。

悅而不繹。從而不改。吾末如之何也已矣。不繹不改、聖所不教、故孔子曰、末如之何也、末無也、孫綽曰、疾夫形服心不化也、

子曰。主忠信。無友不如己者。過則勿憚改。此事再出也、所以然者、范寧曰、聖人應於物作教、一事時或再言、弟子重師之訓、故又書而存焉、

愼其所主所友。有過務改。皆所以爲益也。

子曰。三軍可奪帥也。匹夫不可奪志也。此明人能守志、雖獨夫亦不可奪、若其心不堅、雖衆必傾、故三軍可奪、匹夫無回也、謂爲匹夫者、言其賤但夫婦相配匹而已也、又云、古人質、衣服短狹、二人衣裳唯共用一匹、故曰匹夫匹婦也、

孔安國曰。三軍雖衆。人心非一。則其將帥可奪之而取。匹夫雖微。苟守其志。不可得而奪也。

子曰。衣弊縕袍。與衣狐貉者立而不耻者。其由也與。衣猶着也、弊敗也、縕枲着也、狐貉輕裘也、由子路也、當時人尚奢華、皆以惡衣爲耻、唯子路能果敢率素、雖服敗麻枲着袍裘、與服狐貉輕裘者並立、而不爲羞耻、故云其由也與、

孔安國曰。縕枲着也。枲麻也、以碎麻着裘也、碎麻曰縕、故絮亦曰縕、玉藻曰縕爲袍是也、顏延之曰、狐貉縕袍誠不足以榮耻、然自非勇於見義者、或以心戰不能素泰也、

不忮不求。何用不臧。孔子更引疾貪惡之詩、證子路德美也、忮害也、求貪也、臧善也、言子路之人身不害物、不貪求、德行如此、何用不謂之爲善乎、言其善也、

馬融曰。忮害也。臧善也。言不忮害。不貪求。何用爲不善。疾貪惡忮害之詩也。

子路終身誦之。子路得孔子美己才以爲美、故終身長誦不忮不求何用不臧之言也、

子曰。是道也何足以爲臧。孔子見子路誦之不止、故抑之也、言此不忮不求乃可是道、亦何足過爲善、而汝誦之不止乎、言尙復有勝於此者也、顏延之曰、懼其伐善也、

馬融曰。臧善也。尙復有美於是者。何足以爲善也。

子曰。歲寒然後知松柏之後彫。此欲明君子德性與小人異也、故以松柏四於君子、衆木偶乎小人矣、言君子小人若同居聖世、君子性本自善、小人服從敎化、是君子小人並不爲惡、故堯舜之民、比屋可封、如松柏與衆木同處春夏、松柏有心、故木蓊鬱、衆木從時、亦盡其茂美者也、若至無道之主、君子秉性無過、故不爲惡、而小人無復忌憚、卽隨世變改、故桀紂之民、比屋可誅、譬如松柏衆木同在秋冬、松柏不改柯易葉、衆木枯零先盡、而此云歲寒然後知松柏後彫者、就如平叔之注意、若如平歲之寒、衆木猶有不死、不足致別、如平世之小人、亦有修飾而不變者、唯大寒歲則衆木皆死、大亂則小人悉惡、故云歲寒也、又云然後知松柏後彫者、後非俱時之目、彫非枯死之名、言大寒之後、松柏形小彫衰、而心性猶存、如君子之人、遭値積惡、外逼闇世、不得不遜迹隨時、是小彫矣、而性猶不變、如松

柏也、而琳公曰、夫歲寒別木、遭困別士、寒麗霜降、知松柏之後彫、謂異凡木也、遭亂世、小人自變、君子不改其操也、

大寒之歲。衆木皆死。然後知松柏小彫傷也。平歲則衆木亦有不死者。故須歲寒而後別之。喻凡人處治世。亦能自修整與君子同。在濁世。然後知君子之正不苟容也。

子曰。智者不惑。此章談人性分不同也、智以照了爲用、故於事無疑惑也、故孫綽曰、智能辨物、故不惑也、

苞氏曰。不惑亂也。

仁者不憂。憂患也、仁人常救濟爲務、不嘗侵物、故不憂物之見侵患也、孫綽曰、安於仁不改其

樂、無憂也、孔安國曰。無憂患也。內省不疚、故無憂患也、

勇者不懼。勇以多力爲用、故無怯懼於前敵也、繆協曰、見義而不爲畏強禦、故不懼也、

子曰。可與共學。未可與適道。此章明權道之難也、夫正道易行、權事難達、既欲明權、故先從正起也、道謂所學之道也、言凡人乃可與同處師門共學而已、既未得彼性、則未可便與爲友共適所志之道也、適之也。雖學或得異端。未必能之道也。異端非正典也、人各自有性、彼或不能寧學正道、而唯能讀史子、故未可便與之共之於正道也、

可與適道。未可與立。立謂謀議之立事也、亦人性各異、或能學問而未必能建立世中正事者、故可與共適所學之道、而未便可與共立事也、

雖能之道。未必能以有所成立也。

可與立。未可與權。權者反常而合於道者也、自非通變達理、則所不能、故雖可共立於正事、而未可便與之爲權也、故王弼曰、權者道之變、變無常體、神而明之存乎其人、不可豫設、最至難者也、

雖能有所立。未必能權量其輕重之極也。能權量輕重、卽是曉權也、張憑云、此言學者漸進、階級之次耳、始志於學、求發其蒙、而未審所適也、既向道矣、而信道未篤、則所立未固也、又既固、又未達變通之權也、明知反而合道者、則日勸之業、亹亹之功、其幾乎此矣、

唐棣之華。偏其反而。引明權之逸詩以證權也、康棣逸詩也、華花也、夫樹木之花皆先合而後開、唐棣之花則先開而後合、譬如正道則行之有次、而權之爲用先反後至於大順、故云偏其

反而也、言偏者明唯其道偏與常反也、豈不爾思。室是遠而。言凡思其人而不得見者、其居室遼遠故也、人豈不思權、權道或玄邈、如其室奧遠故也、

逸詩也。唐棣移也。華反而後合。賦此詩以言權道反而後至大順也。初逆而後從也、思其人而不得見者。其室遠也。以言思權道而不得見者。其道遠也。如前釋、

子曰。未之思也。夫何遠之有哉。又引孔子言證權可思也、言權道易思、但未有思之者耳、若反道而思之、則必可得、故云夫何遠之有也、夫思者當思其反。反是不思。所以爲遠也。能思其反。何遠之有。言權可知。唯不知思耳。思之有次序。斯可知之耳。

論語義疏第五

論語鄉黨第十　　何晏集解　凡一章

疏 鄉黨者明孔子教訓在於鄉黨之時也、所以次前者、既朝廷感希、故退還應於鄉黨也、故鄉黨次於子罕也、〇

孔子於鄉黨。 此一篇至末並記孔子平生德行也、於鄉黨謂孔子還家教化於鄉黨中時也、天子郊內有鄉黨、郊外有遂鄙、孔子居魯、魯是諸侯、今云鄉黨、當知諸侯亦郊內爲鄉、郊外爲遂也、孔子家當在魯郊內、故云於鄉黨也、**恂恂如也。** 恂恂溫恭貌、既還鄉黨、鄉黨宜須和恭、以相接、故恂恂如也、**似不能言者。** 既其溫恭、則言語寡少、故一往觀之、如似不能言者也、

王肅曰。恂恂溫恭之貌也。

其在宗廟朝廷。便便言。唯謹爾。 謂孔子助君祭、在宗廟及朝廷也、既在君

朝應須酬答、及入大廟每事須問、並不得不言也、言須流[口便]、故云便便言也、言雖流[口便]而必謹敬、故云唯謹爾也、

鄭玄曰。便便辨貌也。雖辨而謹敬也。

朝與下大夫言。侃侃如也。侃侃和樂貌也、下大夫賤、孔子與之言、宜用將接、故和樂如也、

孔安國曰。侃侃和樂之貌也。

與上大夫言。誾誾如也。上大夫卿也、誾誾中正貌也、卿貴、不敢和樂接之、宜以謹正相對、故誾誾如也、

孔安國曰。誾誾中正之貌也。

君在踧踖如也。君在謂君出視朝時也、踧踖恭敬貌也、禮君每日旦諸臣列在路門外、以朝君、君至日出而視之、視之則一一揖卿大夫、而都一揖士、當此君視朝之時、則臣皆起恭敬之貌、故孔子踧踖如也、

與與如也。雖須踧踖、又不得急速、所以形容舉動每須與與如也、與與猶徐徐

也、所以恭而安也、馬融曰。君在者君視朝也。踧踖恭敬之貌也。與與威儀中適貌也。

君召使擯。擯者爲君接賓也、謂有賓來、君召己迎接之也、鄭玄曰。君召使擯者。有賓客使迎之也。聘禮曰、卿爲上擯、大夫爲承擯、士爲紹擯、是也、

色勃如也。既召已接擯、故己宜變色起敬、故勃然如也、孔安國曰。必變色也。

足躩如也。躩盤辟貌也、既被召不敢自容、故速行而足盤辟也、故江熙曰、不暇閑步、躩速貌也、苞氏曰。盤辟之貌也。盤辟即是足轉速也、

揖所與立。左右其手。衣前後。襜如也。此謂君出迎賓、己爲君副列擯、時也、賓副曰命介、主人副曰擯副、且作敵國而言、若公詣公法也、賓至主人大門外西邊而向北、去門九十步而下車、面向北而倚、賓則九副在賓北而東向、邐迤而西北、在四十五步之中、主人出門東邊、南向、而倚、主人是公則五擯、主人是侯伯則四擯、主人是子男則三擯、不隨命數、主人謙、故並用強半數也、公陳擯、在公之南而西向、邐迤而東南、亦在四十五步中、使主人下擯與賓下介相對、而中間相去三丈六尺、列賓主介擯既竟、主人語上擯、使就賓請辭問所以來之意、於是上擯相傳以至於下擯、下擯進前揖賓之下介、而傳語問之、下介傳問、而以次上至賓、賓答語、使上介傳以次而下至下介、下介亦進揖下賓、下擯而上以至主人、凡相傳雖在列位、當授受言語之時、皆半轉身戾手相揖、既並立而相揖、故曰揖所與立也、若揖左人則移其手向左、若揖右人則移其手向右、故云左右其手也、既半廻身左右廻手、當

使身上所著之衣、必襜襜如有容儀也、故江熙云、揖兩手、衣裳襜如動也、

鄭玄曰。揖左人左其手。揖右人右其手。一俛一仰。故衣前後則襜如也。

趨進翼如也。謂擯迎賓進在庭行時也、翼如謂端正也、徐趨衣裳端正、如鳥欲翔舒翼時也、

孔安國曰。言端正也。

賓退。必復命曰。賓不顧矣。謂君使己送賓時也、復命反命也、反命謂初受君命以送賓、賓退、故反還君命、以白君道賓已去、云不顧者、舊云、主人若禮送賓、未足則賓猶廻顧、若禮足不送、則賓直去不復廻顧、此明則送賓禮足、故云不顧也、

鄭玄曰。復命白君賓已去也。言反白君道賓已去也、然云賓已去亦是不復來見顧也、

入公門鞠躬如也。如不容。公君也、謂孔子入君門時也、鞠曲斂也、躬身也、臣入君門、自曲斂身也、君門雖大而已恒曲斂、如君門之狹不見容受爲也、

孔安國曰。斂身也。

立不中門。謂在君門倚立時也、中門謂棖闑之中也、門中央有闑、闑以硋門兩扉之交處也、門左右兩槿邊各豎一木、名之爲棖、棖以禦車過、恐觸門也、闑東是君行之道、闑西是賓行之道也、而臣行君道、示係屬於君也、臣若倚門立時則不得當君所行、棖闑之中央、當中是不敬、故云不中門也、

行不履閾。履踐也、閾限也、若出入時、則不得踐君之門限也、所以然者、其義有二、一則忽上升限似自高矜、二則人行跨限、已若履之則汚限、汚限則汚跨者之衣也、

孔安國曰。閾門限也。

過位。色勃如也。足躩如也。謂臣入朝君時也、位君常所在外之位也、謂在宁屏之門揖賓之處也、君雖不在此位、此位可尊、故臣行入、從君位邊過、而色勃然、足躩爲敬也、

苞氏曰。過君之空位也。如前釋也、

其言似不足者。既入過位、漸以近君、故言語細下不得多言、如言不足之狀也、不足少若不能也、

攝齊升堂。鞠躬如也。至君堂也、攝摳也、齊衣裳下縫也、既至君堂、當升之未升之前、而摳提裳前、使齊下去地一尺、故云攝齊升堂也、升堂將近君、故又自斂鞠躬如也、必攝齊者爲妨履躡行故也、

屏氣似不息者。屏疊除貌也、息亦氣也、已至君前、當疊除藏其氣、如似無氣息者也、不得咆嘫棖君也、

孔安國曰。皆重愼也。衣下曰齊。攝齊者摳衣也。曲禮云、兩手摳衣去齊尺、是也、

出降一等。逞顏色。怡怡如也。降下也、逞申也、出降一等、謂見君已竟、而下堂至階第一級時也、初對君既屏氣、故出降一等而申氣、氣申則顏色亦申、故顏容怡悅也、

孔安國曰。先屏氣。下階舒氣。故怡怡如也。

沒階趨進。翼如也。沒猶盡也、盡階謂下階級盡而至平地時也、既去君遠、故又徐趨而翼如也、

孔安國曰。沒盡也。下盡階也。

復其位。踧踖如也。位謂初入時所過君之空位也、今出至此位、而更踧踖爲敬也、

孔安國曰。來時所過位也。

執圭。鞠躬如也。如不勝。謂君出使聘問鄰國時也、圭瑞玉也、周禮五等諸侯各受王者之玉、以爲瑞信、公桓圭九寸、侯信圭七寸、伯躬圭七寸、子穀璧五寸、男蒲璧五寸、五等若自執、朝

王、則各如其寸數、若使其臣出聘鄰國、乃各執其君之玉、而減其君一寸也、今云執圭、魯是侯、侯執信圭、則孔子所執、執君之信圭也、初在國及至他國、執圭皆爲敬愼、圭雖輕而己執之、恒如圭重、似己不能勝、故曲身如不勝也、

苞氏曰。爲君使以聘問鄰國。執持君之圭。鞠躬者。敬愼之至也。

上如揖。謂欲授受圭時容儀也、上如揖謂就下取玉上授與人時也、俯身也、爲敬、故如揖時也、**下如授。**謂奠玉置地時也、雖奠置地亦徐徐俯僂、如授與之時也、**勃如戰色。**通謂執授時之顏色也、臨陣鬭戰、則色必懼怖、受行及故今重君之玉、使己顏色恒如戰時也、**足蹜蹜。如有循也。**謂舉玉行時容也、蹜蹜猶蹴蹴也、循猶緣循也、言舉玉行時、不敢廣步速進、恒如足前有所蹴、有所緣循也、

鄭玄曰。上如揖。授玉宜敬也。下如授。

不敢忘禮也。戰色敬也。足蹜蹜如有循。舉前曳踵行也。解蹜蹜有循之事也、舉足前恒使不至地、而踵曳成不離地、如車輪也、

享禮有容色。享者聘後之禮也、夫諸侯朝天子、及五等更相朝聘禮、初至皆先單執玉行禮、禮王謂之爲朝、使臣禮主國之君、謂之爲聘、聘問也、政言久不相見、使臣來問於安否也、既是初至、其禮質敬、故無他物、唯有瑞玉、表至誠而已、行朝聘既竟、次行享禮、享者獻物也、亦各有玉、玉不與聘玉同也、又皆有物將之、或用皮馬、或用綿綉、又獻土地所生、羅列滿庭、謂之庭實、其中差異、不復曲論、但既是次後行禮、以多爲貴、則質敬之事猶稍輕、故有容貌采章、及裼以行事、故云有容色也、

鄭玄曰。享獻也。聘禮既聘而享。享用圭璧。有庭實也。亦有圭璧、所執不同聘時也、

私覿。愉愉如也。私非公也、覿見也、愉愉顏色和也、謂行聘享、公禮已竟、別日使臣私齎己物以見於主君、故謂爲私覿也、既私見非公、故容儀轉以自若、故顏色容貌有和悅之色、無復勃戰之容也、

鄭玄曰。覿見也。既享。乃以私禮見。愉愉顏色之和也。私禮謂束帛乘馬之屬也、

君子不以紺緅飾。君子有自士以上也、士以上衣服有法、不可雜色也、紺緅者孔意言、紺是玄色也、緅是淺絳色也、飾者衣之領袖緣也、所以不用紺緅爲衣領袖飾者、玄是齋服、若用紺爲衣飾、是似衣齋服、故不用也、又三年之喪、練而受淺絳爲緣也、若用緅爲衣飾、是似衣喪服、故不敢用也、故云君子不以紺緅飾也、

孔安國曰。一入曰緅。飾者不以爲領袖緣也。紺者

齋服盛色。以爲飾。似衣齋服也。緅者三年練以緅飾衣。爲其似衣喪服。故皆不以飾衣也。然案孔以紺爲齋服盛色、或可言紺深於玄、爲似齋服、故不用也、而禮家三年練、以緅爲深衣領緣、不云用緅、且檢孝工記三入爲纁、五入爲緅、七入爲緇、則緅非復淺絳明矣、故解者相承皆云、孔此注誤也、

紅紫不以爲褻服。紅紫非正色也、褻服私褻之服、非正衣也、褻尚不衣、則正服故宜不用也、所以言此者、爲時多重紅紫棄正色、故孔子不衣之也、故後卷云惡紫之奪朱也、

王肅曰。褻服私居非公會之服。皆不正。褻尚不衣。正服無所施也。鄭玄注論語云、紺緅紫玄之類也、紅纁之類也、玄纁所以爲祭服、尊其類也、紺緅石染、不可爲衣飾、紅紫草染、不可爲褻服而已、飾謂純緣也、侃案、五方正色、青赤白黑

黃、五方間色、綠爲青之間、紅爲赤之間、碧爲白之間、紫爲黑之間、緇爲黃之間也、故不用紅、紫、言是間色也、所以爲間者、潁子嚴云、東方木、木色青、木尅於土、土色黃、以青加黃、故爲綠、綠爲東方之間也、又南方火、火色赤、火尅金、金色白、以赤加白、故爲紅、紅爲南方間也、又西方金、金色白、金尅木、木色青、以白加青、故爲碧、碧爲西方間也、又北方水、水色黑、水尅火、火色赤、以黑加赤、故爲紫、紫爲北方間也、又中央土、土色黃、土尅水、水色黑、以黃加黑、故爲緇黃、緇黃爲中央間也、緇黃、黃黑之色也、又一注云、東甲乙木、南丙丁火、中央戊已土、西庚辛金、北壬癸水、以木尅土、戊以妹已嫁於木甲、是黃入於青、故爲綠也、又火尅金、庚以妹辛嫁於丙、是白入於赤、故爲紅也、又金尅木、甲以妹乙嫁於庚、是青入於白、故爲碧也、又水尅火、丙以妹丁嫁於壬、是赤入於黑、故爲紫也、又土尅水、壬以妹癸嫁於戊、是黑入黃、故爲緇黃者也、

當暑。縝絺綌。必表而出。暑熱也、縝單也、絺細練葛也、綌大練葛也、表謂加上衣也、古人冬則衣裘、夏則衣葛也、若在家則裘葛之上、亦無別加衣、若出行接賓皆加上衣、當暑雖熱絺綌可單、若出不可單、則必加上衣、故云必表而出也、然裘上出亦必加衣、而獨云當暑絺綌者、嫌暑熱不加、故特明之也、然又衣裏之裘、必隨上衣之色、使衣裘相稱、則葛之爲衣、亦未必隨上服之色也、

孔安國曰。當暑則單服。絺綌葛也。必表而出。加上衣也。

緇衣羔裘。裘色既隨衣、故此仍明裘上之衣也、緇染黑七入者也、玄則六入色也、羔者烏羊也、裘與上衣相稱、則緇衣之內、故曰羔裘也、緇衣服者玄冠十五升緇布衣素積裳也、素積者用素爲之襞、積攝之無數、故云素積也、此是諸侯日視朝服也、諸侯視朝與群臣同服、孔子是魯臣、故亦服此服以日

朝也、君**素衣麑裘**。素衣謂衣裳並用素也、麑鹿子也、鹿子色近白、與素微相稱也、謂國有凶荒、君素服、則群臣從之、故孔子魯臣、亦服之也、喪服則大鹿爲裘也、故檀弓云、鹿裘横長袪、是也、此凶荒之服既輕、故裳用鹿子、鹿子文勝於大鹿也、或云、大蜡之祭百物之神、皮弁素服也、故鄭玄注郊特牲云、皮弁素服而祭、以送終也、注云、素服者衣裳皆素也、**黃衣狐裘**。此服謂蜡祭宗廟五祀也、歲終大蜡報功、象物色黃落、故着黃衣黃冠也、而狐貉亦黃、故特爲裘以相稱也、孔子爲臣助蜡祭、亦隨君着黃衣也、故禮運云、昔者仲尼預於蜡賓、是也、鄭玄注郊特牲云、黃衣黃冠而祭、注云、祭謂既蜡而臘先祖五祀也、又云、論語云、黃衣狐裘、案鄭以論語黃衣是郊特牲蜡臘祭廟服也、**褻裘長。短右袂**。褻裘謂家中常着之裘也、上無加衣、故不云衣也、家居主溫暖、故長爲之也、而右臂是有事之用、故短爲右袂、使作事便也、袂謂衣袪屬身者也、手間屬袂者則名袪、亦曰袖也、**孔安國**

曰。服皆中外之色相稱也。私家裘長主溫也。短右袂者便作事也。

必有寢衣。長一身有半。寢衣謂被也、被宜長、故長一身有半也、

孔安國曰。今之被也。

狐貉之厚以居。此謂在家接賓客之裘也、家居主溫、故厚爲之也、既接賓客、則其上亦應有衣也、

鄭玄曰。在家以接賓客也。然前褻裘亦應是狐貉之厚也、

去喪無所不佩。去喪謂三年喪畢喪服已除也、無所不佩謂佩已今吉、所宜得佩者悉佩之也、嫌既經喪親、恐除服後猶宜有異、故特明之也、

孔安國曰。去除也。

非喪則備佩所宜佩也。備佩所宜佩者若爲大夫而玄冕、公侯袞鷩之屬及佩玉佩之飾也、

非帷裳必殺之。帷裳謂帷幔之屬也、殺謂縫之也、若非帷幔裳則必縫殺之、以殺縫之面置裏、不殺之面在外、而帷裳但刺連之、如今服帊不有裏外殺縫之異也、所以然者帷幔內外並爲人所見、必須飾、故刺連之而已也、所以喪服云、凡裳內削幅、裳外不削幅、鄭注云、削猶殺也、而鄭此云、帷裳謂朝祭之服、其制正幅如帷也、非者謂餘衣也、殺之者削其幅、使縫齎倍腰也、

王肅曰。衣必有殺縫。唯帷裳無殺也。

羔裘玄冠不以弔。弔弔喪也、喪凶主素、故羔玄不用弔也、

孔安國曰。喪主素。吉主玄。吉凶異服。故不相弔也。

吉月必朝服而朝。吉月者月朔也、朝服者凡言朝服唯是玄冠緇布衣素積裳、今此言服朝服謂皮弁十五升白布衣素積裳也、所以亦謂爲朝服者、天子用之以日視朝、今云朝服、是從天子受名也、諸侯用之以視朔、孔子魯臣、亦得與君同服、故月朔必服之也、然魯自文公不視朔、故子貢欲去告朔之餼羊、而孔子是哀公之臣、應無隨君視朔之事、而云必服之者、當是君雖不見朔、而孔子月朔必服而以朝、是我受其禮也、

孔安國曰。吉月月朔也。朝服皮弁服也。皮弁以鹿皮爲弁、弁形如今祭酒道士扶容冠、而無邊葉也、身著十五升白布衣素積裳、而頭著皮弁也、天子皮弁服、內則著素錦衣狐白裘、諸侯皮弁服、內著狐黃裘、黃錦衣也、卿大夫不得衣錦而皮弁服、內當着麑裘青豻褎、絞衣以裼之者也、

齋必有明衣布也。謂齋浴時所着之衣也、浴竟身未燥、未堪着好衣、又不可露肉、故用

布爲衣如衫而長身也、着之以待身燥、故玉藻云、君衣布晞身、是也、

孔安國曰。以布爲沐浴之衣也。然浴時乃用布使乎待肉燥、江熙曰沐者當是沐浴時、亦衣此服置上以辟身濕也、

齊必變食。方應接神欲自潔淨、故變其常食也、孔安國曰。改常食也。

居必遷坐。亦不坐恒居之座也、故於祭前先散齋於路寢門外七月、又致齋於路寢中三日也、故范寧曰、齋以敬潔爲主、以期神明之享、故改常之食、遷居齋室者也、

孔安國曰。易常處也。

食不厭精。此兼明平常禮也、食若麤則誤人生病、故調和不厭精潔也、膾不厭細。

細切魚及肉、皆曰膾也、既腥食之、故不厭細也、**食饐而餲。**饐謂飲食經久而腐臭也、餲謂經久而味惡也、如乾魚乾肉久而味惡也、

孔安國曰。饐餲臭味變也。饐臭變也、餲味變也、爾雅曰、食饐謂之餲、李充注曰、皆飲食壞敗之名也、

魚餒而肉敗。不食。餒謂肉臭壞也、魚敗而餒餒然也、爾雅云、肉謂之敗、魚謂之餒、李巡曰、肉敗久則臭、魚腇肉爛也、不食者自食饐而餲以下並不可食也、

孔安國曰。魚敗曰餒也。

色惡不食。食失常色、是爲色惡、色惡則不可食也、**臭惡不食。**臭惡謂饌臭不宜食、故不食也、**失飪不食。**飪謂失生熟節也、羹食或未熟、或已過熟、並不食也、

孔安國曰。失飪失生熟之節也。

不時不食。不時非朝夕日中時也、非其時則不宜食、故不食也、江熙曰、不時謂生非其時、若冬梅李實也、鄭玄曰。不時非朝夕日中時也。

割不正不食。一云、古人割肉必方正、若不方正割之、則不食也、江熙曰、殺不以道爲不正也、

不得其醬不食。食味各有所宜、蠃醢菰食魚膾芥醬、並相宜也、故若食不得所宜醬則不食也、馬融曰。魚膾非芥醬不食也。古者醬齊菹三者通名也、芥醬即芥薺也、

肉雖多不使勝食氣。勝猶多也、食謂他饌也、食氣多而肉少則肉美、若肉多他食少則肉不美、故不使肉勝食氣也、亦因殺止多殺也、

唯酒無量。不及亂。一云、酒雖多無有限量、而人宜隨已能而飲、不得及至於醉亂、一云、不格人爲量、而隨人所能而莫亂也、沽酒市

脯不食。酒不自作則未必清淨、脯不自作則不知何物之肉、故沽市所得、並所不食也、或問曰、沽酒不飲、則詩那云無酒沽我乎、答曰、論所明是祭神不用、詩所明是人得用也、不撤薑食。撤除也、齋禁薰物、薑辛而不薰、嫌亦禁之、故明食時不除薑也、

孔安國曰。撤者去也。齋禁薰物。薑辛不臭。故不去也。

不多食。多則傷廉、故不多也、孔安國曰。不過飽也。江熙曰、少所啖也、

祭於公。不宿肉。祭於公謂孔子仕時助君祭也、助祭必得賜俎、得賜俎還即分賦食之、不得留置經宿、經宿是慢鬼神餘也、

周生烈曰：助祭於君所得牲體，歸則以班賜，不留神惠也。謂之牲體、隨臣貴賤以牲骨體爲俎賜之、祭統云、貴者得貴骨、賤者得賤骨、是也、

祭肉不出三日。出三日不食之矣。謂家自祭也、自祭肉多、故許經宿、但不得出三日、出三日是褻慢鬼神之餘、故人不得後食之也、

鄭玄曰：自其家祭肉也。過三日不食也。是褻鬼神之餘也。

食不語。寢不言。言是宜出己、語是答述也、食須加益、故許言而不許語、語則口可惜、亦不敬也、寢是眠臥、眠臥須靜、若言則驚鬧於人、故不言之也、（寢子鴆切）

雖疏食菜羹苽祭。必齊如也。蔬食麤食也、菜羹苽祭謂用麤食菜羹及苽、持此三物供祭也、三物雖薄而必宜盡齊敬之理、鬼神饗德不饗味故也、

孔安國曰。齊嚴敬之貌也。三物雖薄。祭之必敬也。

席不正不坐。舊說云、鋪之不周正、則不坐之也、故范寧曰、正席所以恭敬也、或云、如禮所言諸侯之席三重、大夫再重、是各有其正也、

鄉人飲酒。杖者出。斯出矣。鄉人飲酒謂鄉飲酒之禮也、杖者老人也、禮五十杖於家、六十杖於鄉、故呼老人爲杖者也、鄉人飲酒者貴齒崇年、故出入以老者爲節也、若飲酒禮畢、杖者先出、則同飲之人乃從之而出、故云杖者出斯出矣也、

孔安國曰。杖者老人也。鄉人飲酒之禮主於老者。老者禮畢出。孔子從而後出也。

鄉人儺。儺者逐疫鬼也、爲陰陽之氣不卽時退、厲鬼隨而爲人作禍、故天子使方相氏黃金四目蒙熊皮、執戈揚楯、玄衣朱裳、口作儺儺之聲、以驅疫鬼也、一年三過爲之、三月八月十二月也、故月令季

春云、命國儺、鄭玄曰、此儺、儺陰氣也、陰氣至此不止、害將及人、厲鬼隨之而出行、至仲秋、又云、天子乃儺、鄭玄曰、此儺儺陽氣也、陽暑至此不衰、害亦將及人、厲鬼亦隨人而出行、至季冬、又云、命有司大儺、鄭玄曰、此儺儺陰氣也、至此不止、害將及人、厲鬼將隨強陰出害人也、侃案、三儺、二是儺陰、一是儺陽、陰陽乃異、俱是天子所命、春是一年之始、彌畏災害、故命國民家家悉儺、八月儺陽、陽是君法、臣民不可儺君、故稱天子乃儺也、十二月儺、雖是陰、既非一年之急、故民亦不得同儺也、今云鄉人儺、是三月也、

朝服而立於阼階。阼階、東階、主人之階也、孔子聞鄉人逐鬼、恐見驚動宗廟、故着朝服而立阼階、以侍先祖、爲孝之心也、朝服者玄冠緇布衣素積裳、是卿大夫自祭之服也、禮唯孤卿爵弁自祭、若卿大夫以下悉玄冠以自齋祭、齋祭不異冠服也、

孔安國曰。儺驅逐疫鬼也。恐驚先祖。故朝服立於廟之阼階也。

問人於他邦。再拜而送之。問者謂更相聘問也、他邦謂鄰國之君也、謂孔子與鄰國交遊而遣使往彼聘問時也、既敬彼君、故遣使者去、則再拜送之也、爲人臣禮乃無外交、而孔子聖人應聘東西無疑也、

孔安國曰。拜送使者敬之也。

康子饋藥。拜而受之。饋餉也、魯季康子餉孔子藥也、孔子得彼餉而拜受、是禮也、

苞氏曰。遺孔子藥也。

曰。丘未達。不敢嘗之。達猶曉解也、孔子雖拜受而不遂飲、故稱名曰、丘未曉此藥治何病、故不敢飲嘗之也、

孔安國曰。未知其故。故不嘗。禮也。

廐焚。廐養馬處也、焚燒也、孔子家養馬處被燒也、子退朝。孔子早上朝、朝竟而退還家也、

少儀云、朝廷曰退也、曰。傷人乎。不問馬。從朝還退、見廐遭火、廐是養馬處、而孔子不問傷馬、唯問人之乎、是重人賤馬、故云不問馬也、王弼曰、孔子時爲魯司寇、自公朝退而之火處、不問馬者矯時重馬者也、

鄭玄曰。重人賤畜也。退朝者自魯之君之朝來歸也。

君賜食。必正席先嘗之。席猶坐也、君賜孔子食、孔子雖不嗜食、必正坐先嘗之、敬君之惠也、孔安國曰。敬君之惠也。既嘗之。乃以班賜之也。

君賜腥。必孰而薦之。謂君賜孔子腥肉也、薦薦宗廟也、孔子受之、烹熟而薦宗廟、重

榮君賜也、賜熟食不薦者、熟爲褻也、孔安國曰。薦薦先祖也。

君賜生。必畜之。生謂活物也、得所賜活物、當養畜之、待至祭祀時充牲用也、侍食於君。謂孔子侍君共食時也、君祭先飯。祭謂祭食之物也、夫禮、食必先取食、種種出片子置俎豆邊地、名爲祭、祭者報昔初造此食者也、君子得惠不忘報、故將食而先出報也、當君政祭食之時、而臣先取飯食之、故云先飯、飯食也、所以然者、示爲君先嘗食、先知調和之是非也、

鄭玄曰。於君祭則先飯矣。若爲君先嘗食然也。

疾。君視之。疾謂孔子疾病時也、孔子病而魯君來視之也、此君是哀公也、東首病者欲生、東是生陽之氣、故眠首東也、故玉藻云君子之居恒當戶、寢恒東首者、是也、加朝服拖紳。加覆也、朝服謂健時從君日視朝之服也、拖猶牽也、紳大帶也、孔子既病不能復着之、而見君不宜私服、

故加朝服覆於體上、而牽引大帶於心下至足、如健時着衣之爲也、

苞氏曰。夫子疾。處南牖之下。病本當戶在北壁下東首、君既來而不宜北面、故移處南窗之下、令君入戶而西轉面得南向也、故欒肇曰、南窗下欲令南面視之也、

東首加其朝服拖紳。紳大帶。不敢不衣朝服見君也。

君命召。不俟駕行矣。謂君有命召見孔子時也、君尊命重、故得召不俟駕車而即徒趨以往也、故玉藻曰、君命召以三節、一節以趨、二節以走、在官不俟屨、在家不俟車、是也、

鄭玄曰。急趨君命也。行出而車既駕從之也。大夫不可徒行、故後人駕車而隨之使乘之也、

入大廟每事問。或云、此句煩重、舊通云、前是記孔子對或人之時、此是錄平生常行之事、

故兩出也、鄭玄曰。爲君助祭也。大廟周公廟也。

朋友死無所歸。曰於我殯。殯謂停喪於寢以待葬也、時孔子有朋友、既在孔子之家死、而此朋友無親情來奔喪者、故云無所歸也、既未有所歸、故曰於我殯也、

孔安國曰。重朋友之恩也。無所歸無親昵也。

朋友之饋。雖車馬。非祭肉不拜。謂朋友有物見餉也、車馬家財之大者也、朋友有通財之義、故雖復見餉車馬、而我不拜謝也、所可拜者、若朋友見餉其家之祭肉、雖小亦拜受之、敬祭也、故云雖車馬非祭肉不拜也、

孔安國曰。不拜有通財之義也。

寢不尸。寢眠也、尸謂死尸也、眠當小欹、不得直脚申布似死人也、

苞氏曰。不偃臥四體布展手足似死人也。偃却眠也、展舒也、曲禮云、寢無伏、此云不偃臥四體展舒手足似死人、則不得覆却、唯當歛而小屈也、

居不容。謂家中常居也、家主和怡、燕居貌溫溫、故不爲容自處也、

孔安國曰。爲家室之敬難久也。

子見齊衰者。雖狎必變。狎謂素相親狎也、衰有喪故必變、必變謂必作必趨也、

孔安國曰。狎素相親狎也。

見冕者與瞽者。雖褻必以貌。褻謂無親而卑數者也、尊在位、恤不成人、故必以貌、以貌變色對之也、變重貌輕、親狎重故言變、卑褻輕故以貌也、

周生烈曰。褻謂數相見也。必當以貌禮也。然前篇必作必趨、謂見疎者也、

凶服者必式之。凶服送死人之衣物也、孔子見他人送死之衣物、必爲敬而式之也、式者古人乘露車、如今龍旂車、皆於車中倚立、倚立難久、故於車箱上安一橫木、以手隱憑之、謂之爲較、詩曰、倚重較兮、是也、又於較之下未至車床半許、安一橫木、名爲式、若在車上應爲敬時、則落手憑軾、憑軾則身俯僂、故云式之、式軾也、式負板者。負謂擔揭也、板謂邦國圖籍也、古未有紙、凡所書畫皆於板、故云板也、孔子見人擔揭國之圖板者、皆式敬之也、

孔安國曰。凶服者送死之衣物。此釋式凶服也、負板者持邦國之圖籍者也。鄭司農注宗伯職云、板名籍也、以板爲之、今時鄉戶籍、謂之戶板、鄭康成注內宰云、版謂宮中閽寺之屬、及其子第、錄籍也、圖王及后世子之宮宮中史官形象也、

有盛饌必變色而作。作起也、孔子見主人食饌有盛平常、故變色而起也、所以然者

主人自親饋、故客起敬也、

孔安國曰。作起也。敬主人之親饋也。親饋謂主人自執食設之也、

迅雷風烈必變。迅疾也、風雨雷疾急名爲烈也、風疾而雷、此是陰陽氣激爲天之怒、故孔子必自整變顏容以敬之也、故玉藻云、若有疾風迅雷甚雨則必變、雖夜必興、衣服冠而坐、是也、

鄭玄曰。敬天之怒。風疾雷爲烈也。

升車。必正立執綏。謂孔子升車禮也、綏牽以上車之繩也、若升車時則正立而執綏以上、所以爲安也、

周生烈曰。必正立執綏。所以爲安也。

車中不內顧。內猶後也、顧回頭也、升在車上、不回頭後顧也、所以然者、後人從己有、不能常

正、若轉顧見之、則不掩人之私不備、非大德之所爲、故不爲也、衛瓘曰、不掩人之不備也、

苞氏曰。輿中不內顧者。前視不過衡梔也。車床名輿、故云輿中也、衡梔轅端也、若前視不得遠、故曲禮云、立視五巂、五巂九丈九尺地也、式視馬尾、馬尾近在車床欄間也、並是不過衡梔之類也、傍視不過輢轂也。旁謂兩邊也、輢竪在車箱兩邊、三分居前之一承較者也、轂在箱外、當人兩邊、故云旁視不過輢轂也、

不疾言。疾高急也、在車上言易高、故不疾言爲驚人也、故繆協曰、車行則言傷疾也、不親指。車上既高、亦不得乎有所親指點、爲惑下人也、色斯舉矣。謂孔子在處觀人顏色而舉動也、

馬融曰。見顏色。不善則去之也。繆協曰、自親指以上、鄉黨恂恂之禮、

應事適用之迹詳矣、有其禮而無其時、蓋天運之極也、將有遠感高興、故色斯舉矣、

翔而後集。 謂孔子所至之處也、必迴翔審觀之後乃下集也、

周生烈曰。迴翔審觀而後下止也。

曰。山梁雌雉。時哉時哉。 此記者記孔子因所見而有嘆也、山梁者以木架水上、可踐渡水之處也、孔子從山梁間見有此雌雉也、時哉者言雌雉逍遙得時也、所以有嘆者、言人遭亂世、翔集不得其所、是失時矣、而不如梁間之雉十步一啄百步一飲是得其時、故嘆之也、獨云雌者、因所見而言矣、

子路供之。 子路不達孔子時哉時哉之嘆、而謂嘆雌雉是時月之味、故馳逐駈拍、遂得雌雉、羹熟而進以供養孔子、故曰子路供之也、

三嗅而作。 臭謂歆翕其氣也、作起也、子路不達孔子意、而供此熟雉、乖孔子本心、孔子若直爾不食者、則恐子路生怨、若遂而食之、則又乖我本心、故先

論語義疏第五

三歎氣而後乃起、亦如得食不食之間也、

言山梁雌雉得其時。而人不得時。故歎之。子路雖以其時物。故供具之。非其本意。不苟食。故三嗅而起也。顧歡曰、夫栖遲一丘、雉之適也、不以剛武傷性雉之德也、故遲於翔集之下、繼以斯嘆、而仲由之獻、偶與嘆有諧、若即饗之、則事與情反、若棄而弗御、則似由之有失、故三嗅而起、則心事双合、虞氏贊曰、色斯舉矣、翔而後集、此以人事喻於雉也、雉之爲物、精儆難狎、譬人在亂世、去危就安、當如雉也、曰山梁雌雉時哉、以此解上義也、時者是也、供猶設也、言子路見雉在山梁、因設食物以張之、雉性明儆、知其非常、三嗅而作、不食其供也、正言雌者、記子路所見也、

論語義疏第五

經一千四百六十二字
注二千二百九十七字

論語義疏卷第六 先進 顏淵　梁國子助教吳郡皇侃撰

論語先進第十一　何晏集解　凡二十三章

疏先進者此篇明弟子進受業者先後也、所以次前者、既還教鄉黨、則進受業者、宜有先後、故先進次鄉黨也、○

子曰。先進於禮樂野人也。後進於禮樂君子也。此孔子將欲還淳反素重古賤今、故禮樂有君子野人之異也、先進後進者謂先後輩人也、先輩謂五帝以上也、後輩謂三王以還也、進於禮樂者、謂其時輩人進行於禮樂者也、野人質朴之稱也、君子會時之目也、孔子於言、以今人文觀古、古質而今文、文則能隨時之中、此故爲當世之人君子也、質則朴素而違俗、此故爲當世之人野人也、

先進後進謂士先後輩也。禮樂因世損益。時淳則禮樂損、時澆則禮樂益、若以益觀損、損則爲野人、若以損行益、益則爲君子也、後進與禮樂俱得時之中。斯君子矣。此謂以益行益、俱得時中、故謂爲君子也、先進有古風。斯野人也。以今觀昔時、則有古風、以古比今、故爲野人也、如用之則吾從先進。如猶若也、若比方先後二時而用爲教、則我從先進者也、所以然者、古爲純素、故可從式也、

苞氏曰。將移風易俗。歸之純素。先進猶近古風。故從之。先進比三王乃爲古、比結繩則爲今、故云近古也、

子曰。從我於陳蔡者。皆不及門者也。孔子言時世亂離、非唯我道不

行、只我門徒經從我在陳蔡者亦失于時、不復及仕、進門也、張憑云、道之不行命也、唯聖人安時而處從、故不期於通塞、然從我於陳蔡者、何能不以窮達爲心耶、故感於天地將閉君子道消、而恨二三子不及開泰之門也、

鄭玄曰。言弟子之從我而厄於陳蔡者。皆不及仕進之門而失其所也。

德行顏淵閔子騫冉伯牛仲弓。此章初無子曰者、是記者所書、並從孔子印可而錄在論之中也、孔子門徒三千、而唯有此以下十人名爲四科、四科者德行也、言語也、政事也、文學也、德行爲人生之本、故爲第一以冠初也、而顏閔及二冉合其名矣、王弼云、此四科者各舉其才長也、顏淵德行之俊尤兼之矣、范寧云、德行謂百行之美也、四子俱雖在德行之目、而顏子爲其冠也、

言語宰我子貢。第二科也、宰我及端木二人合其目也、范寧云、言語謂賓主相對之辭也、

政事冉有季路。第三科也、冉仲二人合其目也、范寧云、政事謂治國之政也、文學子游子夏。第四科也、言及卜商二人合其目也、范寧云、文學謂善先王典文、王弼云、弟子才不徒俱十、蓋舉其美者以表業分名、其餘則各以所長從四科之品也、侃案、四科次第立德行爲首、乃爲可解、而言語爲次者、言語君子樞機、爲德行之急、故次德行也、而政事是人事、則比言語爲緩、故次言語也、文學指是博學古文、故比三事爲泰、故最後也、

子曰。回也非助我者也。於吾言無所不悅。聖人爲教、須賢啓發、於參之徒、聞言輒問、是助益於我以增曉道、顏淵默識、聞言悅解、不嘗口諮於我、教化無益、故云非助我者、於吾言無所不悅也、孔安國曰。助猶益也。言回聞言卽解。無可發起增益於己也。孫綽云、所以每悅吾言、理自玄同耳、非爲助我也、言此欲以曉衆且明理也、

子曰。孝哉閔子騫。人不間於其父母昆弟之言。間猶非也、昆兄也、謂兄爲昆、昆明也、尊而言之也、言子騫至孝、事父母兄弟盡於美善、故凡人物論無有非間之言於子騫者也、故顏延之云、言之無間謂盡美也、

陳群曰。言閔子騫爲人上事父母。下順兄弟。動靜盡善。故人不得有非間之言也。

南容三復白圭。復猶反也、詩云、白圭之玷、尚可磨也、斯言之玷、不可爲也、是白圭有所玷缺、尚可磨治、令其全好、若人言忽有瑕玷、則駟馬不及、故云不可爲也、南容愼言語、讀詩至白圭之句、乃三過反覆、修翫無已之意也、

孔安國曰。詩云。白圭之玷。尚可磨也。斯言之玷。不

可爲也。南容讀詩至此。三反覆之。是其心慎言也。

孔子以其兄之子妻之。重明南容蒙孔子之姻、其善非一、故更記之也、苞述云、南容深味白圭、擬志無玷、豈與縲紲非罪同其流致、猶夫子之情實深天屬、崇義弘教、必自親始、觀二女攸歸、見夫子之讓心也、侃已有釋、在公冶長篇中也、

季康子問弟子孰爲好學。

孔子對曰。有顏回者。好學。不幸短命死矣。今也則亡。未聞好學者也。孫綽云、不應生而生爲幸、不應死而死曰不幸、侃謂此與哀公問同而答異者、舊有三通、一云、緣哀公有遷怒貳過之事、故孔子因答以箴之也、康子無此事、故不煩言也、又一云、哀公是君之尊、故須具答、而康子是臣爲卑、故略以相酬也、故江熙云、此與哀公問同、哀公雖無以賞、要以極對、至於康子則可量其所及而答也、

顏淵死。顏路請子之車以爲之槨。顏路顏淵父也、淵家貧、死無槨、故其父就孔子請車、賣以營槨也、

孔安國曰。顏路顏淵之父也。家貧。故欲請孔子之車賣以營槨。繆協曰、顏路之家貧、無以備禮、而顏淵之德美稱於聖師、喪予之感、痛之愈深、二三子之徒將厚其禮、路率情而行、恐有未允、而未審制義之輕重、故託請車以求聖教也、

子曰。才不才。亦各言其子也。孔子將不以車與之、故先說此以拒之、才謂顏淵也、不才謂鯉也、言才與不才誠當有異、若各本天屬、於其父則同是其子也、鯉死有棺而無槨。既天屬各深、昔我子死、我自有車、尚不賣之營槨、今汝子死、寧欲請我之車耶、繆協云、子雖才不可貧求備、雖不才而豐儉亦各有禮、制之由父、故鯉死也無槨也、吾不可徒行以爲

之槨。又解所以不爲鯉作槨之由也、徒猶步也、言我不賣車而步行爲子作槨也、以吾從大夫之後。吾以不可徒行。又解不步行之意也、言大夫位爵已尊、不可步行故也、然實爲大夫、而云從大夫後者、孔子謙也、猶今人爲府國官、而云在府末國末也、

孔安國曰。鯉孔子之子伯魚也。孔子時爲大夫。故言吾從大夫之後不可以徒行。是謙之辭也。江熙云、不可徒行、距之辭也、可則與、故仍脫左驂贈於舊館、不可則距、故不許路請也、鯉也無槨、將以悟之且塞厚葬也、

顏淵死。子曰。噫。噫痛傷之聲也、淵死、遺使報孔子、孔子傷痛之、故云噫也、

苞氏曰。噫。痛傷之聲也。

天喪予。天喪予。喪猶亡也、予我也、夫聖人出世也、必須賢輔、如天將降雨、必先山澤出雲、淵未死、則孔道猶可冀、縱不爲君、則亦得共爲教化、今淵既死、是孔道亦亡、故云天喪我也、劉歆云、顏是亞聖人之偶、然則顏孔自然之對物、一氣之別形、亞妙所以藏寄、道旨所由讚明、叙顏淵死則夫子體缺、故曰、天喪予噫、諒率實之情、非過痛之辭、將求聖賢之域、宜自此覺之也、繆播曰、夫投竿測深、安知江海之有懸也、何者俱不究其極也、是以西河之人疑子夏爲夫子、武叔賢子貢於仲尼、斯非其類耶、顏回盡形、形外者神、故知孔子理在回、知淵亦唯孔子也、

天喪予者若喪己也。再言之則痛惜之甚也。

顏淵死。子哭之慟。謂顏淵死、孔子往顏家哭之也、慟謂哀甚也、既如喪己、所以慟也、郭象云、人哭亦哭、人慟亦慟、蓋無情者與物化也、繆協曰、聖人體無哀樂、而能以哀樂爲體、不失過也、

馬融曰。慟哀過也。

從者曰。子慟矣。子曰。有慟乎。從者謂諸弟子也、隨孔子往顏淵家者、見孔子哀甚、故云子慟矣、

孔安國曰。不自知己之悲哀過也。

非夫人之爲慟。而誰爲慟。初既不自知、又向諸弟子明所以慟意也、夫人指顏淵也、言若不爲顏淵哀慟、而應爲誰耶、言慟淵也、

顏淵死。門人欲厚葬之。顏淵之門徒也、見師貧而已欲厚葬之也、一云、是孔子門人欲厚葬朋友、子曰。不可。孔子止門人之厚葬、故云不可也、王弼云、有財死則有禮、無財則已止焉、無而備禮則近厚葬矣、故云孔子不聽也、

禮貧富各有宜。顏淵家貧。而門人欲厚葬之。故不

聽也。

門人厚葬之。不從孔子言也、范寧云、厚葬非禮、故不許也、門人欲厚葬何也、緣回父有厚葬之意、故欲遂門人之深情也、子曰。回也視予猶父也。予不得視猶子也。回事我在三如一、故云視予猶父也、我葬鯉無槨、而不能止回無槨、是視回不得猶子也、非我也。夫二三子也。言此貧而過禮厚葬、非是我意也、政是夫二三子意也、二三子則顏路亦在其中也、范寧云、言回雖以父事我、我不得以子遇回、雖曰師徒、義輕天屬、今父欲厚葬、豈得制止、言厚葬非我之教、出乎門人之意耳、此以抑門人而救世弊也、

馬融曰。言回自有父。父意欲聽門人厚葬之。我不得制止也。非其厚葬。故云爾也。非猶鄙薄、

季路問事鬼神。外教無三世之義、見乎此句也、周孔之教唯說現在、不明過去未來、而子路此問事鬼神、政言鬼神在幽冥之中、其法云何也、此是問過去也、子曰。未能事人。焉能事鬼。孔子言人事易、汝尚未能、則何敢問幽冥之中乎、故云焉能事鬼也、曰。敢問事死。此又問當來之事也、言問今日以後死事復云何也、曰。未知生。焉知死。亦不答之也、言汝尚未知即見生之事難明、焉能豫問知死後也、

陳群曰。鬼神及死事難明。語之無益。故不答也。顧歡曰、夫從生可以善死、盡人可以應神、雖幽顯路殊、而誠恒一、苟未能此、問之無益、何處問彼耶、

閔子騫侍側。誾誾如也。卑者在尊者之側曰侍、此明子騫侍於孔子座側也、誾誾中正也、子騫性中正也、子路行行如也。亦侍孔子座側也、行行剛强貌也、子路性剛强

也、冉有子貢侃侃如也。此二人亦侍側也、侃侃和樂也、二子並和樂也、子樂。孔子見四子之各極其性無所隱情、故我亦懽樂也、

鄭玄曰。樂各盡其性也。行行剛強之貌也。

曰。若由也不待其死然。孔子見子路獨剛強、故發此言也、由子路名也、不得其死然、謂必不得壽終也、後果死衞亂也、

孔安國曰。不得以壽終也。袁氏曰、道直時邪、自然速禍也、

魯人爲長府。魯人魯君臣爲政者、爲作也、長府藏名也、魯人爲政、更造作長府也、閔子騫曰。仍舊貫如之何。何必改作。子騫譏魯人也、仍因也、貫事也、言爲政之道因舊事自足、如之何何必須更有所改作耶、如之何猶奈何也、

鄭玄曰。長府藏名也。藏貨曰府。貨錢帛也、藏錢帛曰府、藏兵甲曰庫也、仍因也。貫事也。因舊事則可。何乃復更改作也。

子曰。夫人不言。言必有中。夫人指子騫也、言子騫性少言語、言語必中於事理也、

王肅曰。言必有中。善其不欲勞民更改作也。

子曰。由之鼓瑟。奚爲於丘之門。子路性剛、其鼓琴瑟、亦有壯氣、孔子知其必不得以壽終、故每抑之、言汝鼓瑟何得在於我門、我門文雅非用武之所也、故自稱名以抑之、奚何也、侃謂、此門非謂孔子之所住之門、正是聖德深奧之門也、故子貢答武叔云、得其門者或寡也、

馬融曰。子路鼓瑟。不合雅頌也。

門人不敬子路。門人見孔子譏瑟、便不復敬子路也、子曰。由也升堂矣。未入於室也。孔子見門人不敬子路、故又爲解之也、古人當屋棟下隔斷窓戶、窓戶之外曰堂、窓戶之內曰室、孔子言、子路爲弟子、才德已大、雖未親入我室、亦已登升我堂、未易可輕慢也、若近而言之、即以屋之堂室爲喩、若推而廣之、亦謂聖人妙處爲室、蠡處爲堂、故子路得堂、顏子入室、故下章說善人云亦不入於室是也、所以此前言入於門、而門人不敬、爲其不敬故引之於堂也、

馬融曰。升我堂矣。未入室耳。門人不解。謂孔子言爲賤子路。故復解之也。孔子譏瑟、本非謂子路可輕、政在於行行耳、而門人不達斯意、承而慢之、故孔子解說之也、

子貢問曰。師與商也。孰賢乎。師子張、商子夏也、孰誰也、子貢問孔子欲辨師

商誰爲賢勝也、子曰。師也過。過謂子張性繁冗、爲事好在僻過而不止也、商也不及。言子夏性踈濶、行事好不及而止也、

孔安國曰。言俱不得中也。

曰。然則師愈與。愈勝也、子貢又問、若師爲事好過、好過則爲勝耶、子曰。過猶不及也。答言既俱不得中、則過與不及無異也、故云過猶不及也、江熙云、聖人動爲物軌、人之勝否未易輕言、兩既俱未得中、是不明其優劣、以貽於來者也、愈猶勝也。

季氏富於周公。季氏魯臣也、周公天子臣、食菜於周、爵爲公、故請爲周公也、蓋是公旦之後也、天子之臣、地廣祿大、故周公宜富、諸侯之臣、地狹祿小、季氏宜貧、而今僭濫遂勝天子臣、故云季氏富於周公也、

孔安國曰。周公天子之宰。卿士也。天子

之宰即謂冢宰也、冢宰是有事之職、故云卿士、士事也、

而求爲之聚歛而附益也。求冉求也、季氏已富、而求時仕季氏、爲季氏邑宰、又助歛聚急賦稅、以附益季氏之富也、

孔安國曰。冉求爲季氏宰。

爲之急賦稅也。急賦稅謂歛民下財帛也、

子曰。非吾徒也。徒門徒也、孔子言冉求昔雖是我門徒、而我門徒皆尙仁義、今冉求遂爲季氏急聚歛、則非復吾門徒也、故禮云、孟獻子曰、百乘之家不畜聚歛之臣、與其畜聚歛之臣、寧有盜臣、言盜臣乃傷財、而聚歛之臣則傷仁義、傷財不如傷仁義、

小子鳴鼓而攻之可也。小子門徒諸弟子也、攻治也、求旣爲季氏聚歛、故孔子先云、非復我門徒、又使諸弟子鳴鼓治之也、所以鳴鼓者、若直爾而治不言其過、則聞之者局、故鳴鼓而且言之、則聞者衆也、繆協云、季氏不能納諫、故求

也莫得匡救、匡救不存、其義屈、故曰非吾徒也、致譏於求、所以深疾季氏、子然之問明其義也、

鄭玄曰。小子門人也。鳴鼓聲其罪以責也。

柴也愚。此以下評數子各有累也、柴弟子也、其累在於愚也、王弼云、愚好仁過也、

弟子高柴也。字子羔。愚愚直之愚也。

參也魯。參曾參也、魯遲鈍也、言曾子性遲鈍也、王弼云、魯文勝質也、

孔安國曰。魯鈍也。曾子遲鈍也。

師也僻。師子張也、子張好文其過、故云僻也、王弼云、僻飾過差也、

馬融曰。子張才過人。失在邪僻文過。

由也喭。由子路也、子路性剛、失昄喭也、王弼云、喭剛猛也、

鄭玄曰。子路之行。失於畔喭也。

子曰。回也其庶乎屢空。記者上列四子病重於先、自此以下引孔子曰、更舉顏子精能於後、解此義者凡有二通、一云庶庶幾也、屢每也、空窮匱也、顏子庶慕於幾、故匱忽財利、所以家每空貧而簞瓢陋巷也、故王弼云、庶幾慕聖、忽忘財業、而屢空匱也、又一通云、空猶虛也、言聖人體寂、而心恒虛無累、故幾動即見、而賢人不能體無、故不見幾、但庶幾慕聖、而心或時而虛、故曰屢空、其虛非一、故屢名生焉、故顏特進云、空非回所體、故庶而數得、故顧歡云、夫無欲於無欲者、聖人之常也、有欲於無欲者、賢人之分也、二欲同無、故全空以目聖、一有一無、故每虛以稱賢、賢人自有觀之、則無欲於有欲、自無觀之、則有欲於無欲、虛而未盡、非屢如何、大史叔明申之云、顏子上賢、體具而敬則精也、故無進退之事、就義上以立屢名、按其遺仁義忘禮樂、隳支體黜聰明、坐忘大通、此亡有之義也、忘有頓盡、非空如何、若

以聖人驗之、聖人忘忘、大賢不能忘忘、不能忘忘、心復爲未盡、一未一空、故屢名生也焉、

賜不受命而貨殖焉。

此孔子又評子貢累也、亦有二通、一云不受命者、謂子貢性動、不能信天任命、是不受命也、而貨殖者、財物曰貨、種藝曰殖、子貢家富不能清素、所以爲惡也、又一通云、殷仲堪云、不受驕君命、江熙云、賜不榮濁世之祿、亦幾庶道者也、雖然有貨殖之業、恬愉不足、所以不敢望回耳、亦曰不受命者、謂子貢不受孔子教命、故云不受命也、

億則屢中。

此亦有二通、一云億謂心憶度事宜也、言子貢性好憶度是非、而屢幸中、亦是失也、故君子不憶不信也、又一通云、雖不虛心如顏、而憶度事理必亦能每中也、故左傳邾隱公朝魯、執玉高、其容仰、魯定公受玉卑、其容俯、子貢曰、以禮觀之、二君皆有死亡、君爲主、其先亡乎、是歲定公卒、仲尼曰、賜不幸而言中、是賜多言也、此億中之類也、王弼云、命爵命也、億億度也、子貢雖不受爵命而能富、雖不窮理而幸中、蓋不逮顏之庶幾、輕四子所病、故稱子曰以

異之也、

言回庶幾聖道。雖數空匱。而樂在其中矣。賜不受

教命。唯財貨是殖。億度是非。是蓋美回所以勵賜

也。此注與前通並會、一曰。屢猶每也。空猶虛中也。此以下並是後

解也、中猶心也、謂虛心也、禮曰虛中以治之、以聖人之善道。謂孔子也、教數

子之庶幾。柴參之屬也、並被孔子教於庶幾之事也、猶不至於知道者。

各內有此害也。道謂庶幾之道也、緣其各有愚魯僻喭之害、故不能至知庶幾之道、

其於庶幾每能虛中者。唯回懷道深遠。唯回一人能懷道深

遠、故庶幾虛心、不虛心。不能知道。更明所以須虛心之義也、庶幾之道既深遠也、

論語義疏第六

欲知庶幾者、虛心乃知其道也、子貢無數子病。無愚魯僻喭之病也、然亦不知道者。既無病、不應能庶幾、何亦不能乎、雖不窮理而幸中。說其不知之由也、中先解憶則屢中也、言子貢不能虛心、心好憶度、雖不能窮理如顏、而有時幸中、幸中故不能知大道也、雖非天命而偶富。此釋不受命而貨殖焉也、雖非天命者、謂雖非受當時天子之命也、偶富者、謂家自偶富、非祿位所得也、然雖非時祿而富之、亦非清虛之士、故亦不知大道、亦所以不虛心也。憶事幸中、及家富榮心、所以並不虛心也、

子張問善人之道。此問善人、非聖人也、其道云何而可謂爲善人也、子曰。不踐迹。亦善人之法也、踐循也、迹舊迹也、言善人之道亦當別宜創建善事、不得唯依循前人舊迹而已、亦不入於室。又雖有創立、而未必使能入聖人奧室也、能入室者顏子而已、

孔安國曰。踐循也。言善人不但循追舊迹而已。亦多少能創業。然亦不能入於聖人之奧室也。創業謂創仁義之業也、聖人之奧室、即前云子路升堂矣未入於室、是也、

子曰。論篤是與。君子者與。色莊者乎。此亦答善人之道也、當是異時之問、故更稱子曰、俱是答善、故共在一章也、篤厚也、言善人有所論說、必出篤厚謹敬之辭也、故云論篤是與也、又能行君子之行、故云君子者乎、又須顏色莊嚴、故云色莊者乎、

論篤者謂口無擇言。擇者除麤取好之謂也、論篤是言語並善、故復無可擇之言也、君子者謂身無鄙行也。所行皆善、故無鄙惡也、然此注亦與上互也、色莊者不惡而嚴以遠小人者也。威而不猛是也、言此三

者皆可以爲善人道也。三者言行色也、云必備三皆可爲善人、明若能有一則亦可爲善人、不必備三也、殷仲堪云、夫善者淳穆之性、體之自然、雖不擬步往迹、不能入閫奥室、論篤質正有君子之一致焉、

子路問。聞斯行諸。斯此也、此此於振窮救乏之事也、諸之也、子路問孔子、若聞有周窮救乏事、便得行之不乎、

苞氏曰。賑窮救乏之事也。

子曰。有父兄在。人子無私假與、故若有事、必先啓告父兄也、如之何。其聞斯行之也。既由父兄、故已如何聞而行乎、言不可也、

孔安國曰。當白父兄。不可得自專也。

冉有問。聞斯行諸。與子路問同也、子曰。聞斯行之。此答異也、言聞而卽行之也、公西華曰。由也問聞斯行諸。子曰。有父兄在。公西華疑二人問同而答異、故領二人之問答也、此領子路問答也、求也問聞斯行諸。子曰。聞斯行之。此領冉有之問答也、求冉有名也、赤也惑。惑疑也、二人問同而孔子答異、故已生疑惑、故云惑、赤公西華名也、敢問。敢果敢也、既惑其深、故果敢而問之、

孔安國曰。惑其問同而答異也。

子曰。求也退。故進之。答所以答異義也、言冉求謙退、故引之令進、所以不云先白父兄也、由也兼人。故退之。言子路性行兼人、好在率爾、故抑退之、必令白父兄也、

鄭玄曰。言冉有性謙退。子路務在勝尚人。各因其

人之失而正之也。或問曰、禮若必諮父兄、則子路非抑、若必不諮、則冉求非引、今夫子云進退、請問其旨、或答曰、夫賑施之理事有大小、大者車馬、小或一飡、若其大者必諮、小可專行、而由施無大小、悉並不諮、求大小悉諮、今故抑由之不諮、欲令其並諮、引冉之必諮、令其並不諮也、但子路性進、雖抑而不患其退、冉求性退、雖引不嫌其過也、

子畏於匡。猶是前被匡人誤圍、顏淵後。時顏淵與孔子俱爲匡圍、孔子先得出還至家、而顏淵後乃得出還至也、

孔安國曰。言與孔子相失。故在後也。於匡中相失也、

子曰。吾以汝爲死矣。淵後至、而孔子云、汝不還、我言汝當死於匡難中、曰。子在。回何敢死。顏淵之答、其有以也、夫聖賢影響、如天降時雨、山澤必先爲出雲、孔子既在世、

則顏回理不得死、死則孔道便絕、故淵死而孔云天喪予也、庾翼云、顏子未能盡窮理之妙、妙有不盡、則不可以涉險津、理有未窮、則不可冒屯路、故賢不遭聖、運否則必隱、聖不值賢、微言不顯、是以夫子因畏匡而發問、顏子體其致而仰酬、稱入室爲指南、啓門徒以出處、豈非聖賢之誠言互相稱與爲起予者也、

苞氏曰。言夫子在。己無所敢死也。李充云、聖無虛慮之悔、賢無失理之患、而斯言何興乎、將以世道交喪利義相蒙、或殉名以輕死、或昧利以苟生、苟生非存理、輕死非明節、故發顏子之死、對以定死生之命也、

季子然問。仲由冉求可謂大臣與。季子然季氏家之子弟也、時仲由冉求仕季氏家、子然自誇己家能得此二賢爲臣、故問孔子、以謂此二人可謂大臣不也、

孔安國曰。季子然季氏之子弟也。自多得臣此二

子。故問之也。自多猶言已有豪勢能得臣此二人爲多也、

子曰。吾以子爲異之問。此因答而拒之也、子指子然也、言子今所尚是異事也、所以是異事之問者、由求非大臣、而汝云可謂大臣、故謂汝爲異事之問也、曾由與求之問。此是舉異問也、曾猶則也、言汝問所以是異者、則問由與求、是異問也、

孔安國曰。謂子問異事耳。謂汝所問爲異事之問也、則此二人之問安足爲大臣乎。如前釋也、(問去聲、言則問此由求二人、安足爲汝家大臣乎也)

所謂大臣者。以道事君。不可則止。此明大臣之事也、以道事君、謂君有惡名必諫也、不可則止、謂三諫不從則越境而去者也、今由與求也。可謂具臣

矣。言今由求二人亦不諫、諫若不從則亦不去、不可名此爲大臣、則乃可名爲備具之臣而已也、繆協稱中正曰、所以假言二子之不能盡諫者、以譏季氏雖知貴其人而不能敬其言也、

孔安國曰。言備臣數而已也。

曰。然則從之者與。子然聞孔子云二人不爲大臣、故更問云、既不以道及不可則止、若如此者、其君有惡事則二人皆從君爲之不乎、

孔安國曰。問爲臣皆當從君所欲耶。

子曰。殺父與君。亦不從也。答言雖不諫不止、若君有殺上之事、則二人亦所不從也、

孔安國曰。二子雖從其主。亦不與爲大逆也。孫綽云、二子者皆政事之良也、而不出具臣之流、所免者唯殺之事、其罪亦豈少哉、夫抑揚之

敎不由乎理、將以深激子然以重季氏之責也、

子路使子羔爲費宰。費季氏采邑也、季氏邑宰叛、而子路欲使子羔爲季氏邑宰也、

子曰。賊夫之人子。賊猶害也、夫人之子指子羔也、孔子言子羔習學未習熟、若使其爲政、則爲必乖僻、乖僻則爲罪累所及、故云賊夫人之子也、

苞氏曰。子羔學未熟習。而使爲政。所以賊害人之也。張憑云、季氏不臣、由不能正、而使子羔爲其邑宰、直道而事人、焉往不致弊、枉道而事人、不亦賊夫人之子乎、

子路曰。有民人焉。有社稷焉。何必讀書然後爲學。子路云、既邑有民人社稷、今爲其宰、則是習治民事神、此卽是學、亦何必在於讀書、然後方謂爲學乎、

孔安國曰。言治民事神。於是而習。亦學也。

子曰。是故惡夫佞者。孔子以此語罵子路也、佞口才也、我言子羔學未習熟、所以不欲使之爲政、而汝仍云有民神、亦是學、何必讀書、此是佞辯之辭、故古人所以惡之也、

孔安國曰。疾其以口給應。遂己非而不知窮者也。繆協云、子路以子羔爲學藝可仕矣、而孔子猶曰不可者、欲令愈精愈究也、而于時有以佞才惑世、竊位要名、交不以道、仕不由學、以之宰牧、徒有民人社稷、比之子羔則長短相形、子路之舉茲以對者、所以深疾當時、非美之也、夫子善其來旨、故曰是故惡夫佞者、此乃斥時、豈識由乎也、

子路曾晳

孔安國曰。曾晳曾參父也。名點。

冉有公西華侍坐。此四弟子侍孔子坐也、子曰。以吾一日長乎

爾。無吾以也。孔子將欲令四子言志、故先說此言以勸引之也、爾汝也、言吾今一日年齒長大於汝耳、汝等無以言吾年長而不敢言己志也、

孔安國曰。言我問汝。汝無以我長故難對也。

居則曰。不吾知也。居謂弟子常居時也、吾弟子自指也、言汝等常居之日、則皆自云無知吾者也、

孔安國曰。汝常居云。人不知己也。

如或知爾。則何以哉。言如或有人欲知用汝等、汝等則志各欲何爲治哉、

孔安國曰。如有用汝者。則何以爲治乎也。

子路卒爾而對曰。禮侍坐於君子、君子問更端則起而對、及宜顧望而對、而子路不起、又不顧望、故云卒爾對也、卒爾謂無禮儀也、

卒爾先三人對也。

千乘之國攝乎大國之間。此子路言志也、千乘大國也、攝迫也、大國又大於千乘者也、言己願得治於大國、而此大國又有迫近他大國間、所謂他大國挾己國於中也、加之以師旅。因之以飢饉。乏穀爲飢、乏菜爲饉、言己國既被四方大國兵陵、又自國中因大荒餓也、苞氏曰。攝攝迫乎大國之間也。由也爲之。爲猶治也、言己國以爲他兵所加、又荒飢日久、而由願得此國治之、比及三年。可使有勇且知方也。比至也、言由治此國、至於三年、而使民人皆勇健、又皆知識義方也、方義方也。夫子哂之。哂笑也、孔子聞子路之言而笑之也、馬融曰。哂笑也。齒本曰哂、大笑口開則哂見、故謂哂爲笑者也、

求。爾何如。哂由既竟、而餘三人無言、故孔子又問冉求汝志何如也、對曰。方六七十。求答曰、言志也、言願得國地方六七十里者、而己願治之也、如五六十。意又自嫌向所言方六七十爲大、故又退言如方五六十里者也、

求性謙退。言欲得方六七十如五六十里小國治之而已也。一云、願六七十者如五六十大者、己欲得其小也、

求也爲之。比及三年。可使足民也。言己願治此小國、若至三年、則能使民人足也、如其禮樂。以俟君子。又謙也、言己乃能使足民而已、若教民之禮樂、則己所不能、故請俟君子爲之也、

孔安國曰。求自云能足民而已。謂衣食足也。若禮

樂之化。當以待君子。謙之辭也。

赤。爾何如。求答已竟、故更問公西華也、對曰。非曰能之。願學焉。赤答也、非曰猶非謂也、答曰、己非謂自能、願從此而後學爲之也、宗廟之事如會同。此以下並言願所學之事也、宗廟之事謂人君祭祀之事、如會同謂諸侯有會同之事時也、端章甫願爲小相焉。端玄端之服也、章甫謂章甫之冠也、言願君有祭祀及會同之事、而己玄端服章甫之冠也、爲小相相君之禮也、

鄭玄曰。我非自言能也。願學爲之。宗廟之事謂祭祀也。四時及禘祫皆是也、諸侯時見曰會。殷見曰同。周禮六服隨服而來、是正朝有數也、而時見各曰會、此無常期、諸侯有有不庭服者、王將有征討之事、則因朝竟、王命爲壇於國外、合諸侯、而發禁亦隨其方、若東方不服、

則命與東方諸侯共征之、此是時見曰會也、又王十二年一巡狩、若侯王有事故、則六服諸侯並來京師、朝王受法、此是殷見曰同也、而鄭玄注云殷覜曰同者、周禮又有時聘曰問、殷覜曰視、並是諸侯遣臣來京師也、王有事故、諸侯不得自來、而遣臣來聘王、此亦無定時、是問聘曰問也、又元年六服唯侯服獨來朝、京師人少、故諸侯並遣臣來京師覜王、是殷覜曰視也、鄭玄殷覜曰同者、廣覜來見之言通也、**端玄端也。衣玄端冠章甫。**章甫殷冠也、**諸侯日視朝之服也。**然周家諸侯日視朝之服、服緇布衣素積裳、冠委貌、此云玄端日視朝者、容是周末禮亂者也、**小相謂相君禮者。**宗廟及會同、皆是君事、而己願相之耳、

點。爾何如。赤答既竟、又問曾晳也、**鼓瑟希。**鼓猶彈也、希疏也、點政彈瑟、既得孔子之問、將思所以對之言、故彈瑟手遲而聲希也、

孔安國曰。思所以對。故其音希也。

鏗爾舍瑟而作。鏗投瑟聲也、捨投也、作起也、點思所以對之辭、將欲仰答、故投瑟而起對所也、起對者禮也、點獨云起、則求赤起可知也、

對曰。異乎三子者之撰。撰具也、點起而對云、己所志者異於路求赤三子之志所具、所具卽千乘之國等是也、

孔安國曰。置瑟起對也。撰具也。爲政之具也。鏗爾者投瑟之聲也。

子曰。何傷乎。亦各言其志也。孔子聞點志異、故云人生所志各異、亦何傷乎、汝但當言之、

孔安國曰。各言己志。於義無傷也。

曰。暮春者春服既成。此點言志也、暮春謂建辰夏之三月也、年有四時、時有三月、初

月爲孟、次者爲仲、後者爲季、季春是三月也、不云季春而云暮春者、近月末也、月末其時已暖也、春服成者、天時暖而衣服單袷者成也、**得冠者五六人**已加冠、成人者也、五六者趣舉其數也、

童子六七人。童子、未冠之稱也、又有未冠者六七人也、或云、冠者五六、冠者三十人也、童子六七、六七四十二人也、四十二就三十合爲七十二人也、孔子升堂者七十二人也、**浴乎沂。**沂水名也、暮春者既暖、故與諸朋友相隨往沂水而浴也、**風乎舞雩。**風、風凉也、舞雩請雨之壇處也、請雨祭、謂之雩、雩吁也、民不得雨、故吁嗟也、祭而巫舞、故謂爲舞雩也、沂水之上有請雨之壇、壇上有樹木、故入沂浴、出登壇、庇於樹下、逐風凉也、故王弼云、沂水近孔子宅、舞雩壇在其上、壇有樹木、遊者託焉也、**詠而歸。**浴竟凉罷、日光既稍晚、於是朋友詠歌先王之道、歸還孔子之門也、

苞氏曰。暮春者季春三月也。春服既成者。衣單袷

之時也。我欲得冠者五六人童子六七人。浴於沂水之上。風凉於舞雩之下。歌詠先王之道。歸夫子之門也。

夫子喟然歎曰。吾與點也。孔子聞點之願、是以喟然而歎也、既歎而云、吾與點也、言我志與點同也、所以與同者、當時道消世亂、馳競者衆、故諸弟子皆以仕進爲心、唯點獨識時變、故與之也、故李充云、善其能樂道知時、逍遙遊詠之至也、夫人各有能、性各有尚、鮮能舍其所長而爲其所短、彼三子者之云誠可各言其志矣、然此諸賢既已漸染風流、喰服道化、親仰聖師誨之無倦、先王之門豈執政之所先乎、嗚呼、遽不能一忘鄙願、而暫同于雅好哉、諒知情從中來、不可假已、唯曾生起然獨對揚德音、起予風儀、其辭精而遠、其指高而適、亹亹乎、固盛德之所同也、三子之談於茲陋矣、

周生烈曰。善點之獨知時之。

三子者出。子路求赤三人見孔子與點、故已並先出去也、曾晳後。在後未去、曾晳曰。夫三子者之言如何。晳既留後、故問孔子也、言向者三子所言者、其理如何也、子曰。亦各言其志也已矣。孔子答言、三子之言雖各不同、然亦各是其心所志各也、曰。吾子何哂由也。點呼孔子爲吾子也、點又云、若各親是言志、則孔子何獨笑子路乎、故云何也、子曰。爲國以禮。其言不讓。是故哂之。答笑子路之所由也、言我笑子路、非笑其志也、政是笑其卒爾不讓故耳、夫爲國者必應須禮讓、而子路既願治國、而卒爾其言、無所謙讓、故笑之耳、苞氏曰。爲國以禮。禮道貴讓。子路言不讓。故笑之也。

唯求則非邦也與。安見方六七十如五六十而非邦也者。孔子更證我笑非笑子路之志也、若笑子路有爲國之志、則冉求亦是志於爲國、吾何獨不笑耶也、既不笑求、豈獨笑子路乎、故云唯求非邦也與、言是邦也、安見方六七十如五六十非邦也者、亦云是邦也、唯赤則非邦也與。宗廟之事如會同。非諸侯如之何。又引赤證我不笑子路志也、赤云宗廟會同、宗廟會同卽是諸侯之事、豈曰非邦、而我何獨不笑乎、又明笑非笑志也、孔安國曰。明皆諸侯之事。與子路同徒。徒猶黨輩也、言求等所言、皆是諸侯事、與子路猶是一黨輩耳、笑子路不讓也。本是笑其不讓也、

赤之爲之小相。孰能爲之大相。又因不許赤謙也、言赤之才德之自願爲

小相，若以亦爲小，誰堪大者乎。赤又是有明己不笑之，故因美之也。

孔安國曰：赤謙言小相耳，孰能爲大相者也。

論語顏淵第十二　何晏集解　凡二十四章

疏顏淵孔子弟子也、又爲門徒之冠者也、所以次前者、進業之冠、莫過顏淵、故顏淵次先進也、○

顏淵問仁。問孔子爲仁之道也、**子曰。尅己復禮爲仁。**尅猶約也、復猶反也、言若能自約儉己身、還反於禮中、則爲仁也、于時爲奢泰過禮、故云禮也、一云、身能使禮返反身中、則爲仁也、范寧云、尅責也、復禮謂責尅己失禮也、非仁者則不能責己復禮、故能自責己復禮則爲仁矣、

馬融曰。尅己約身也。孔安國曰。復反也。身能反禮則爲仁矣。

一日尅己復禮。天下歸仁焉。更解尅己復禮所以爲仁之義也、言人君若能一日尅己復禮、則天下之民咸歸於仁君也、范寧云、亂世之主不能一日尅己、故言一日也、

馬融曰。一日猶見歸。況終身乎。

爲仁由己。而由人乎哉。行仁一日、而民見歸、所以是由己不由他人也、

孔安國曰。行善在己。不在人者也。范寧云、言爲仁在我、豈俟彼爲仁耶、

顏淵曰。請問其目。淵又請求尅己復禮之條目也、

苞氏曰。知其必有條目。故請問之也。

子曰。非禮勿視。非禮勿聽。非禮勿言。非禮勿動。此舉復禮之目也、既每事用禮、所以是復禮也、

鄭玄曰。此四者尅己復禮之目也。

顏淵曰。回雖不敏。請事斯語矣。回聞條目而敬受之也、敏達也、斯此也、言回雖不達仁禮之理、而請敬事此語、

王肅曰。敬事此語。必行之。

仲弓問仁。亦諮仁也、子曰。出門如見大賓。使民如承大祭。亦答仁道也、言若行出門、恒起恭敬如見大賓、見大賓必起敬也、又若使民力役、亦恒用心敬之、如承事大祭、大祭祭郊廟也、然范寧云、大賓君臣嘉會也、大祭國祀也、仁者舉動使民事如此也、傳稱、臼季出門如賓、承事如祭、仁之則也、

孔安國曰。爲仁之道。莫尚乎敬也。

己所不欲。勿施於人。恕己及物、則爲仁也、先二事明敬、後一事明恕、恕敬二事乃爲仁也、在邦無怨。在家無怨。在邦爲諸侯也、在家爲卿大夫也、既出門、使民皆敬、又恕己及物、三事並足、故爲民人所懷、無復相怨者也、

苞氏曰。在邦爲諸侯也。在家爲卿太夫也。

仲弓曰。雍雖不敏。請事斯語矣。事用也、司馬牛問仁。司馬牛是桓魋弟也、亦問仁也、子曰。仁者其言也訒。答之也、訒難也、古者言之不出、恐行之不逮、故仁者必不易出言、故云其言也訒、一云、仁道既深、不可輕說、故言於人仁事、必爲難也、王弼云、情發於言、志淺則言躁、思深則言訒也、

孔安國曰。訒難也。牛宋人。弟子司馬犁也。名牛也、

曰。其言也訒。斯可謂之仁已矣乎。牛又疑云、言語之難、便可謂此爲仁乎、一云、不輕易言於仁事、此便可謂爲仁乎、子曰。爲之難。言之得無訒乎。又答也、爲猶行也、凡行事不易、則言語豈得妄出而不難乎、又一云、行仁既難、言仁豈得易、故江熙云、禮

記云、仁之爲器重、其爲道遠、舉者莫能勝、行者莫能致也、勉於仁者不亦難乎、夫易言仁者不行之者也、行仁然後知勉仁爲難、故不敢輕言也、

孔安國曰。行仁難。言仁亦不得不難矣。

司馬牛問君子。問行君子之道也、子曰。君子不憂不懼。答也、君子坦蕩、故不憂懼也、

孔安國曰。牛兄桓魋將爲亂。牛自宋來學。常憂懼。故孔子解之。言牛常愁其兄之罪過及己、故孔子釋云、君子不應憂懼者也、

曰。不憂不懼。斯可謂君子已乎。牛嫌君子之行不啻不憂懼而已、故又諮之、

子曰。內省不疚。夫何憂何懼。內省謂反自視己心也、疚病也、言人生若

外無罪惡、內忖視己心、無有愆病、則何所憂懼乎、

苞氏曰。疾病也。內省無罪惡。無可憂懼也。

司馬牛憂。爲其兄桓魋有罪、故己不恒憂也、所以孔子前答云君子不憂也、曰。人皆有兄弟。我獨亡。此所憂之事也、亡無也、牛兄行惡、必致殘滅、不旦則夕、即今雖暫在、與無何異、故云我獨亡也、

鄭玄曰。牛兄桓魋行惡。死喪無日。我獨爲無兄弟也。無日猶無後餘一日也、

子夏曰。商聞之矣。商子夏名也、聞牛之言、故自稱名而爲牛解之也、不敢言出己、故稱云聞之、死生有命。富貴在天。此是我所聞、爲說不須憂之事也、言死生富貴皆稟天所得、應至不可逆憂、亦不至不可逆求、故云有命在天也、然同是天命、而死生云命、富貴云天者、亦互之而

不可逃也、死生於事爲切、故云命、富貴比死生者爲泰、故云天、天比命則天爲緩也、繆播云、死生者所稟之性分、富貴者所遇之通塞、人能命養之以福、不能令所稟易分、分不可易、命也、能修道以待賈、不能遭時必泰、泰不可必、天也、天之爲言自然之勢運、不可爲主人之貴賤也、**君子敬而無失。**死生富貴既理不易、故當委之天命、此處無憂、而此句以下、自可人事易爲修理也、敬而無失、是廣愛衆也、君子自敬己身、則與物無失者也、**與人恭而有禮。**此謂恭而親仁也、人猶仁也、若彼有仁者、當恭而禮之也、**四海之內。皆爲兄弟也。**踈惡者無失、善者恭敬、故四海九州皆可親禮如兄弟也、**君子何患乎無兄弟。**既遠近可親、故不須憂患於無兄弟也、

苞氏曰。君子踈惡而友賢。九州之人皆可以禮親也。踈惡解敬而無失、友賢釋與人恭而有禮也、

論語義疏卷六

子張問明。問人行何事而可謂之明乎、子曰。浸潤之譖。答也、浸潤猶漸漬也、譖讒謗也、夫拙爲讒者則人易覺、巧爲讒者日日漸漬、細進譖、當時使人受而不覺、如水之浸潤漸漬久久必濕也、故謂能讒者爲浸潤之譖也、膚受之愬。膚者人肉皮上之薄縐也、愬者相訴訟讒也、拙相訴者亦易覺也、若巧相訴害者、亦日日積漸稍進、如人皮膚之受塵垢、當時不覺、久久方覩不淨、故謂能訴害人者爲膚受之愬也、不行焉。可謂明也已矣。言人若覺彼浸譖膚訴害、使二事不行、則可謂爲有明也、

鄭玄曰。譖人之言。如水之浸潤以漸成人之禍也。此巧譖者、馬融曰。膚受之愬皮膚外語。非其內實也。巧愬者也、如馬意、則謂內實之訴可受、若皮膚外語虛妄、則謂爲膚受也、然馬此注與鄭不類也、若曲曰

使相類、則當云皮膚外語非內實者、即是膚愬積漸入於皮膚、非內實也、

浸潤之譖。膚受之愬。不行焉。可謂遠也已矣。又廣答也、言若使二事不行、非唯是明、亦是高遠之德也、孫綽云、問明而及遠者、其有高旨乎、夫賴明察以勝讒、猶火發滅之以水、雖消災有方、亦已殆矣、若遠而絕之、則佞根玄拔、鑒巧無迹、而遠體默全、故知二辭雖同、而後喻彌深、微顯之義其在茲乎、顏延之云、譖潤不行、雖由於明、明見之深、乃出於體遠、體遠不對於情僞、故功歸於明見、斥言其功故曰明、極言其本故曰遠也、

馬融曰。無此二者。非但爲明。其德行高遠。人莫能及之也。

子貢問政。問爲政之法也、子曰。足食。足兵。令民信之矣。答之也、食

爲民本、故先須足食也、時澆後須防衛、故次足兵也、雖有食有兵、若君無信、則民衆離背、故必使民信之也、也、

子貢曰。必不得已而去於斯三者。何先。已止也、子貢又諮云、已奉知治國可須食兵信三事、若假令被逼必使除三事之一、而辭不得止、則三事先去何者耶、**曰。去兵。**答也、兵比二者爲劣、若事不獲已、則先可去兵也、**曰。必不得已而去於斯二者。何先。**又子貢又問、雖餘食信二事、若假令又被逼使去二事一、則先去何者也、**曰。去食。**孔子又答云、若復被逼、去二中之一、則先去食、**自古皆有死。民不信不立。**孔子既答云去食、又恐子貢致嫌、故更此爲解之也、言人若不食、乃必致死、雖然自古迄今、雖復皆食、亦未有一人不死者、是食與不食、俱是有死也、而自古迄今、未有一國無信而國安立者、今推其二事、有死、自古而有、無信國立、自古而無、今寧從其有者、故我云去食也、故李充云、朝聞道夕死、孔子之所貴、

捨生取義、孟軻之所尙、自古有不亡之道、而無有不死之人、故有殺身非喪己、苟存非不亡己也、

孔安國曰。死者古今常道也。人皆有之。治邦不可失信也。

棘子城曰。君子質而已矣。何以文爲。棘子城云、君子所行但須質樸而足、何必用於文華乎、

鄭玄曰。舊說云。棘子城衞大夫也。

子貢曰。惜乎夫子之說君子也。子貢聞子城之言而譏之也、夫子謂呼子城爲夫子也、言汝所說君子用質不用文、爲過失之甚、故云惜乎夫子說君子、駟不及舌。此所惜之事也、駟四馬也、古用四馬共牽一車、故呼四馬爲駟也、人生過言一出口、則雖四馬駿足追之、亦所

不及、故駟不及舌、鄭玄曰。惜乎夫子之說君子也。過言一出。駟馬追之。不及舌也。

文猶質也。質猶文也。更爲子城解汝所說君子用質不用文、所以可惜之理也、將欲解之、故此先述其意也、言汝意云、文猶質、質猶文、故曰何用文爲者耳、虎豹之鞹。猶犬羊之鞹也。述子城意竟、故此又譬之不可也、鞹者皮去毛之稱也、虎豹所以貴於犬羊者、政以毛文炳蔚爲異耳、今若取虎豹及犬羊皮、俱滅其毛、唯餘皮在、則誰復識其貴賤、別於虎豹與犬羊乎、譬於君子所以貴者、以文華爲別、今若遂使質而不文、則何以別於君子與衆人乎、

孔安國曰。皮去毛曰鞹。虎豹與犬羊別者。正以毛文異耳。今使文質同者。何以別虎豹與犬羊耶。

哀公問於有若曰。年饑用不足。如之何。魯哀公愚暗、政苛賦重、故民廢其業、所以積年饑荒、國用不足、公苦此惡、故問有若求不飢而用足之法也、有若對曰。盍徹乎。盍何不也、徹謂十而稅一也、魯起宣公而十稅二、至于哀公亦猶十二、賦稅既重、民飢國乏由於十二也、故有若答云、今依舊十一、故云何不徹也、鄭玄曰。盍者何不也。周法十一而稅。謂之徹。徹通也。爲天下通法也。徹字訓通、故漢武名徹、而改天下宜言徹者、一切云通也、今依王制云、古者公田藉而不稅、鄭玄曰、藉之言借也、借民力作公田、美惡取於是、不稅民之所自治也、孟子曰、夏后氏五十而貢、殷人七十而助、周人百畝而徹、則所云古者謂殷時也、其實皆十一也、侃案、如記注、夏家民人盛多、則一夫受田五十畝、殷承夏末、民人稍少、故一夫受田七十畝、周承於紂、

人民凋盡、故一夫受田百畝、三代雖異、同十分徹一、故徹一爲通法也、夏云貢者、是分田與民作之、所獲隨豐儉、十分貢一、以上於王也、夏民猶淳、少於欺詐、故云貢也、殷人漸澆、不復所可信、故分田與民、十分取一、爲君借民力以耕作、於一年豐儉、隨其所得還君、不復稅民私作者也、至周大文、而王畿內用夏之貢法、所以然者、爲去王近、爲王視聽所知、兼鄕遂公邑之吏、旦夕從民事、爲其役之以公、使不得恤其私也、若王畿外邦國諸侯、悉用殷之助法、所以然者、爲諸侯專一國之政、貪暴稅民無法故也、故詩有雨我公田、遂及我私、又宣公十五年初稅畝、傳曰、非禮也、穀出不過藉、以豐財也、按此二文說、旣有公私稅、又云不過藉、則知諸侯助法也、又以周禮載師篇論之、則畿內用夏之貢法也、其中有輕重、輕重不同、自各有意、此不復具言也、

曰。二吾猶不足。如之何其徹也。公聞有若使爲十一、故拒之也、言稅十取

二、吾國家之用猶尚不足、今若爲令我十取一乎、故云如之何其徹也、

孔安國曰。二謂十二而稅也。

對曰。百姓足。君孰與不足。有若答君所以合十一之理也、言君若輕稅、則民下百姓得寬、各從其業、業從人寬、則家家豐足、民既豐足、則豈有事君而不足耶、故云、百姓足君孰與不足也、孰誰也、**百姓不足。君孰與足。**又云、君既重稅、一則民從公失豐、二則貧無糧粮、故家家食空竭、人人不足、既人人不足、故君豈得足、故云、君誰與足也、故江熙云、爲人家者與一家俱足、乃可謂足、豈可足已而謂之足也、夫儉以足用、寬以愛民、日計之可不足、而歲計則有餘、十二而行、日計可有餘、歲計則不足、行十二而不足、不思損而益、是揚湯止沸、疾行遁影、有子之所以發德音者也、

孔安國曰。孰誰也。

子張問崇德辨惑。問求崇重有德辨別疑惑之法也、

苞氏曰。辨別也。

子曰。主忠信從義崇德也。此答崇德義也、言若能以忠信爲主、又若見有義之事則從意從之、此二條是崇德之法也、

苞氏曰。從義。見義則從意從之也。

愛之欲其生也。此答辨惑也、中人之情不能忘於愛惡、若有人從己、己則愛之、當愛此人時、必願其生活於世也、惡之欲其死也。既欲其生也。又欲其死。是惑也。猶是前所愛者而彼違己、己便憎惡、憎惡之既深、便願其死也、猶是一人、而愛憎生死起於我心、我心不定、故爲惑矣、

苞氏曰。愛惡當有常。一欲生

之。一欲死之。是心惑也。

誠不以富。亦祇以異。引詩證爲惑人也、言生死不定之人、誠不足以致富、而只以爲異事之行耳也、鄭玄曰。此詩小雅也。祇適也。言此行誠不可以致富。適以足爲異耳。取此詩之異義以非之也。

齊景公問政於孔子。于時齊弱、爲其臣陳恒所制、景公患之、故問爲政方法於孔子也、

孔子對曰。君君。臣臣。父父。子子。孔子隨其政惡而言之也、言爲風政之法、當使君行君德、故云君君也、君德謂惠也、臣當行臣禮、故云臣臣也、臣禮謂忠也、父爲父法、故云父父也、父法謂慈也、子爲子道、故云子子也、子道謂孝也、

孔安國曰。當此時陳恒制齊。君不君。臣不臣。父不父。子不子。故以此對也。

公曰。善哉。信如君不君。臣不臣。父不父。子不子。公聞孔子言而服之也、言我國信有此四事也、雖有粟。吾豈得而食諸。諸之也、公又言國既方亂、我雖有粟米俸祿、我豈得長食之乎、

孔安國曰。言將危也。陳氏果滅齊也。後陳恒殺齊君是也、江熙云、景公喻旨、故復遠述四弊不食粟之憂、善其誠言也、

子曰。片言可以折獄者。其由也與。片猶偏也、折謂判辨獄訟之事也、由子路也、夫判辨獄訟、必須二家對辭、子路既能果斷、故偏聽一辭、而能折獄也、一云、子路性直情無所

隱者、若聽子路之辭、亦則一辭亦足也、故孫綽云、謂子路心高而言信、未嘗文過以自衛、聽訟者便宜以子路單辭爲正、不待對驗而後分明也、非謂子路聞人片言而便能斷獄也、

孔安國曰。片猶偏也。聽訟必須兩辭以定是非。偏信一言以折獄者。唯子路可也。就此注意、亦得兩通也、

子路無宿諾。宿猶逆也、諾猶許也、子路性篤信、恐臨時多故、曉有言不得行、故不逆言許人、

宿猶豫也。子路篤信。恐臨時多故。故不豫諾也。

子曰。聽訟吾猶人也。孔子言、若有訟而使我聽出決之、則我與人不異、故云吾猶人、

苞氏曰。言與人等也。

必也使無訟乎。言我所以異於人者、當訟未起而化之使不訟耳、故孫綽云、夫訟之所生、

先明其契而後訟不起耳、若訟至後察、則不異於凡人也、此言防其本也、

王肅曰。化之在前也。

子張問政。問爲政方法也、子曰。居之無倦。行之以忠。答云、言身居政事、則莫懈倦、又凡所行用於民者、必盡忠心也、

王肅曰。言爲政之道。居之於身無得懈倦。行之於民必以忠信之也矣。

子曰。君子博學於文。約之以禮。能以禮約束也、亦可以弗畔矣夫。畔違背也、言人廣學文章而又以禮自約束、則亦得不違背正理也、

弗畔。不違道也。

子曰。君子成人之美。不成人之惡。美與己同、故成之也、惡與己異、故不成之也、小人反是。惡與己同、故成之也、美與己背異、故不成之也、故與君子反、季康子問政於孔子。亦問爲政之法於孔子也、孔子對曰。政者正也。解字訓以答之也、言所以謂治官爲政者、政訓中正之正也、子帥而正。孰敢不正。又解政所以訓正之義也、言民之從上、如影隨身表、若君上自率己身爲正之事、則民下誰敢不正者耶、鄭玄曰。季康子魯上卿。諸臣之帥也。帥猶先也、既爲上卿、故爲同朝諸臣之先也、李充云、我好靜而民自正也、

季康子患盜問於孔子。患國內多偸盜、故問孔子、問於孔子求除盜之法也、孔子對曰。苟子不欲。雖賞之不竊。孔子答多盜之由也、子指季康子也、竊猶

盜也、言民所以爲盜者、由汝貪欲不厭、故民從汝而爲盜耳、若汝心苟無欲、假令重賞於民、令民爲盜、則民亦不爲也、是從汝故也、

孔安國曰。欲多情欲也。言民化於上。不從其所令。從其所好也。雖賞不竊、是不從其所令也、康子患之、而民爲之不止、是從其所好也、李充云、我無欲而民自朴者也、

季康子問政於孔子曰。如殺無道以就有道。何如。就成也、康子問孔子而言、爲政欲幷殺無道之人而成就爵祿有道者、其事好不、故云何如也、

孔安國曰。就成也。欲多殺以止姧也。

孔子對曰。子爲政焉用殺。孔子不許其殺也、言汝自爲政、爲政由汝、焉用多殺乎、子欲善而民善矣。民有道無道、終由於汝、汝若善則民自善、自善豈復無道乎、令

之無道、由汝無道之故也、君子之德風也。小人之德草也。更爲民從上之譬也、君子人君、小人民下也、言人君所行其德如風也、民下所行其事如草、草尚之風必偃。尚猶加也、偃臥也、言君如風、民如草、草上加風、則草必臥、東西隨風、如民從君也、

孔安國曰。亦欲令康子先自正也。偃仆也。仆亦踣臥也、

加草以風。無不仆者。猶民之化於上也。

子張問。士何如斯可謂之達。士通謂大夫也、達謂身名通達也、子張問爲士之法、何若爲德行、而得謂爲達士耶也、子曰。何哉爾所謂者達矣。孔子知子張意非、故反質問之也、言汝意謂若爲事是達而問之也、故云何哉爾所謂達者也、子張對曰。在邦必聞。在家必聞。在邦謂仕諸侯也、在家謂仕卿大夫也、子張答云、己所謂達者、

言若仕爲諸侯及卿大夫者、必並使有聲譽遠聞者、是爲達也、

鄭玄曰。言士之所在。皆能有名譽也。

子曰。是聞也。非達也。孔子曰、汝所言者則聞耳、非是達也、繆協云、聞者達之名、達者聞之實、而殉爲名者衆、體實者寡、故利名者飾僞、敎實者歸眞、是以名分於聞、而道隔於達也、夫達者質直而好義。既謂子張之達是聞、故此更爲其說達也、言夫達者、質性正直而所好者義也、察言而觀色。達者入能察人言語、觀人容色者也、慮以下人。既察於言色、又須懷於謙退、思以下人也、

馬融曰。常有謙退之志。察言語見顏色。知其所欲。其念慮常欲以下人也。

在邦必達。有家必達。此人所在必有此諸行、以達於人、故云必達也、

馬融曰。謙尊而光。卑而不可踰也。引謙卦以證慮以下人、所以是以達之義也、既謙光尊不可踰、故所在必達也、

夫聞者色取仁而行違。孔子更爲子張說聞非達也、時多佞顏色、一往亦能假顏色爲仁、而不能行之、故云色取仁而行違也、居之不疑。既能爲假、能爲假故居此假而能使人不疑之也、非唯不爲他所疑而已、亦自不復自疑也、

馬融曰。此言佞人也。佞人假仁者之色。行之則違。安居其僞。而不自疑者也。

在邦必聞。在家必聞。既佞人黨多、故所在必聞也、協云、世亂則佞人多、黨盛則多繆聞、斯所謂歎衰運疾弊俗、

馬融曰。佞人黨多也。沈居士云、夫聞之與達、爲理自異、達者德立行成、聞者有名而已、夫君子深淵隱默、若長沮桀溺石門晨門、有德如此、始都不聞於近世、巍巍蕩蕩有實如此、而人都不知、是不聞也、並終年顯稱名、則是達也、漢書稱王莽始折節下士、鄉黨稱孝、州閭稱悌、至終年豺狼迹著、而母死不臨、班固云、此所謂在邦必聞、在家必聞、色取仁而行違者也、聞此者達之名、達者聞之實、有家者必有名、有名者不必有實、實深乎本、聞浮於末也、

樊遲從遊於舞雩之下。此舞雩之處近孔子家、故孔子往遊其檀樹之下、而弟子樊遲從也、

苞氏曰。舞雩之處有壇墠樹木。故其下可遊也。

曰。敢問崇德脩慝辨惑。既從遊而問此三事也、修治也、慝惡也、謂治惡爲善也、問

崇德治惡辨惑之事也、

孔安國曰。慝惡也。修治也。治惡爲善也。

子曰。善哉問。將欲答之、故先美其問之善也、先事後得。非崇德與。答崇德、先事謂先爲勤勞之事也、後得謂後得祿位已勞也、若能如此、豈非崇德與、言其是也、故范寧云、物莫勞不避勞而處逸、今以勞事爲先、得事爲後、所以崇德也、

孔安國曰。先勞於事。然後得報也。

攻其惡。毋攻人之惡。非修慝與。答、修慝也、攻治也、言人但自治己身之惡改之爲善、而不須知他人惡事、若能如此、豈非修慝與、一朝之忿。忘其身以及其親。非惑與。答辨惑也、君子有九思、忿則思難、故若人觸惑者、則思後有患難、不敢遂肆我

忿以傷害於彼也、若遂肆忿忘我身、又災過及己親、此則己爲惑、故宜辨明知而不爲也、樊遲問仁。問爲仁之道也、子曰。愛人。仁以惻隱濟衆、故曰愛人也、問智。樊遲又問智也、子曰。知人。孔子答曰、能知人者則爲智也、樊遲未達。達猶曉也、已曉愛人之言、而問曉知人之旨也、子曰。舉直錯諸枉。能使枉者直。錯廢也、枉邪也、樊遲既未曉知人之旨、故孔子又爲說之也、言若舉直正之人在位用之、而廢置邪枉之人不用、則邪枉之人皆改枉爲直、以求舉之、苞氏曰。舉正直之人用之。廢置邪枉之人。則皆化爲直也。

樊遲退見子夏。樊遲猶未曉舉直錯諸枉之言、故退而往見子夏欲問之、曰。嚮也吾見於夫子而問智。子曰。舉直錯諸枉。能使枉者直。

何謂也。樊遲既見於子夏、而述夫子之言、問之何謂也、子夏曰。富哉是言乎。子夏得問而曉孔子語、故先美之也、富盛也、云孔子之言甚盛、

孔安國曰。富盛也。

舜有天下。選於衆舉皐陶。不仁者遠矣。引事以答舉直錯枉也、言舜昔有天位、選擇諸民衆中、舉得皐陶、在位用之、則是舉直也、而不仁者不敢爲非、故云遠矣、即是枉者直也、湯有天下。選於衆舉伊尹。不仁者遠矣。恐樊遲猶未曉、故又舉一條事也、

孔安國曰。言舜湯有天下。選擇於衆。舉皐陶伊尹。則不仁者遠矣。仁者至矣。蔡謨云、何謂不仁者遠、遠者去也、若孔子言能

使枉者去、則是智也、今云能使枉者直、是化之也、孔子言其化、子夏謂之去者、亦爲枉商之未達乃甚也、於樊遲也、子夏言此者、美舜湯之知人、皐陶伊尹之致治也、無緣說其道化之美、但言不仁者去、夫言遠者、豈必足陟遐路、身適異邦、賢愚相殊、是亦遠矣、故曰性相近也、習相遠也、不仁之人感化遷善、去邪枉、正直是與、故謂遠也、案蔡氏之通、與孔氏無異、但孔氏云不仁者遠、少爲紂耳、若味而言之、則遠是遠其惡行、更改爲善行也、

子貢問友。諮求朋友之道也、

子曰。忠告而以善導之。朋友主切磋、若見有不善、當盡己忠心告語之、又以善事更相誘導也、否則止。無自辱焉。否謂彼不見從也、若彼苟不見從、則使止而不重告也、若重告不止、則彼容反見罵辱、故云無自辱焉、

苞氏曰。忠告以是非告之也。以善導之。不見從則

止。必言之或見辱也。若必更言之、己或反見辱也、

曾子曰。君子以文會友。言朋友相會、以文德爲本也、

孔安國曰。友以文德合也。

以友輔仁。所以須友者、政持輔成己仁之道故也、

孔安國曰。友有相切磋之道。所以輔成己之仁也。講學以會友、則道益明、取善以輔仁、則德日進、

論語義疏第六 經二千六十二字 注一千九百四十六字

論語義疏第六

論語義疏卷第七 子路 憲問

梁國子助教吳郡皇侃撰

論語子路第十三

何晏集解 凡三十章

疏 子路、孔子弟子也、武爲三千之標者也、所以次前者、武劣於文、故子路次顏淵也、○

子路問政。問爲政之法也、子曰。先之勞之。答也、先之謂先行德信及於民也、勞之謂使勞役也、爲政之法先行德澤、然後乃可勞役也、

孔安國曰。先導之以德。使民信之。然後勞之。易曰。說以使民。民忘其勞也。引易證上先有德澤可悅、後乃可勞民也、

請益。子路嫌爲政之法少、故就孔子更求請益也、曰。無倦。孔子答云、但行先之勞之二事無有懈倦、則自爲足也、

孔安國曰。子路嫌其少。故請益。

曰無倦者。行此上事無倦則可也。

仲弓爲季氏宰。問政。仲弓將往費爲季氏采邑之宰、故先諮問孔子求爲政之法也、

子曰。先有司。有司謂彼邑官職屬吏之徒也、言爲政之法、未可自逞聰明、且先委任其屬吏、責以舊事、

王肅曰。言爲政當先任有司。而後責其事。

赦小過。過誤也、又當放赦民間小小過誤犯之罪者也、舉賢才。又當舉民中有才智者、薦之於君者也、

曰。焉知賢才而舉之。焉安也、仲弓又諮云、己識闇昧、豈辨得賢才而可舉之也、

曰。舉爾所知。爾所不知。人其舍諸。仲弓既云焉知賢才、故孔子又答云、但隨所識而舉之、爾所不知、他人舉之、汝爲民主、汝若好舉賢才、則民心必從汝所好、亦各各

自舉其所知賢才、皆遂不見於棄捨、諸之也、人其捨於之乎、范寧云、仲弓以非不欲舉賢才、識闇不知人也、孔子以所知者則舉之、爾不知者他人自舉之、各舉所知、則賢才豈棄乎、

馬融曰。女所不知者。人將自舉之。各舉其所知。則賢才無遺也。

子路曰。衞君待子而爲政。子將奚先。子孔子也、奚何也、子路諮孔子云、衞國之君欲待子共爲政化、子若往衞與彼共爲政、則先行何事爲風化也、

苞氏曰。問往將何所先行也。

子曰。必也正名乎。孔子答曰、若必先行、正百物之名也、所以先須正名者、爲時昏禮亂、言語翻雜、名物失其本號、故爲政必以正名爲先也、所以下卷云、邦君之妻、君稱之曰夫人之屬、是正名

之類也、

馬融曰。正百事之名也。韓詩外傳曰、孔子侍坐季孫、季孫之宰通曰、君使人價馬、其與之不乎、孔子曰、君取臣謂之取、不謂之價、季孫悟告宰曰、今日以來、云君有取謂之取、無曰假也、故孔子正假馬之名、而君臣之義定也、

子路曰。有是哉。子之迂也。奚其正。迂遠也、子路聞孔子以正名爲先、以孔爲不是、故云有是哉、言正名非是也、又云子之迂也、謂孔子所言正名、於爲政之事、賒遠不近於事實、又云奚其正、言何須正也、

苞氏曰。迂猶遠也。言孔子之言疏遠於事也。謂正名與事相乖遠者也、

子曰。野哉由也。野不達也、由子路名也、子路不曉正名之理、更謂孔子言遠於事實、故孔子責之云、野哉由也、所以前卷云、由誨汝知之乎、不知爲不知、是知也、

孔安國曰。野猶不達也。

君子於其所不知。蓋闕如也。既先責之云野哉、此戒之言、君子之人若事於己有所不知、則當闕而不言、今汝不知正名之義、便謂爲迂遠、何乎、

苞氏曰。君子於其所不知。當闕而勿據。今由不知正名之義。而謂之迂遠也。

名不正。則言不順。戒之既竟、更又爲說正名之義、言所以爲政先須正名、且夫名以召實、實以應名、名若倒錯不正、則言語紕僻不得順序也、

言不順。則事不成。事謂國家所行之事、若言不從順序、則行政觸事不成也、

事不成。則禮樂不興。興猶行也、若國事多失、則禮樂之教不通行也、

禮樂不興。則刑罰不中。禮以安上治民、樂以移風

論語義疏第七

易俗、若其不行、則君上不安、惡風不移、故有淫刑濫罰不中於道理也、苞氏曰。禮以安上。樂以移風。二者不行。則有淫刑濫罰也。

刑罰不中。則民無所錯手足。錯猶置立也、刑罰既濫、故下民畏懼、刑罰之濫、所以跼天蹐地、不敢自安、是無所自措立手足也、故君子名之必可言也。既民無所措手足、由於名之不正、故君子爲政者宜正其名、必使順序而可言也、言之必可行也。言既順序、則事所以可行也、王肅曰。所名之事。必可得而明言也。所言之事。必可得而遵行也。

君子於其言無所苟而已矣。言必使可行、政於其言不得苟且而行、不正也、鄭注云、正名謂正書字也、古者曰名、今世曰字、禮記曰、百名已上、則書之於策、孔子見時教不行、故欲正其

文字之誤、**樊遲請學稼。**樊須字子遲、稼者種穀之名、樊遲請於孔子求學種五穀之術也、**子曰。吾不如老農。**農者濃也、是耕田之人也、言耕田所以使國家倉廩濃厚也、樊遲旣請學稼於孔子、孔子言、我門唯有先王之典籍、非耕稼之所、汝若欲學稼、當就農夫之老者學之、故云吾不如老農、**請學爲圃。**圃者種菜之事也、既請農不許、又更就孔子求學種菜之術也、**子曰。不如老圃。**又答云、我不如種菜之老圃者也、

馬融曰。樹五穀曰稼。樹種殖也、五穀黍稻稷粱之屬、種之曰稼、收斂曰穡稼猶嫁也、言種穀欲其滋長田苗、如人稼娶生於子孫也、穡吝嗇也、言穀熟而斂藏之、如慳貪吝嗇之人聚物也、**樹菜蔬曰圃。**蔬猶菜也、種菜曰圃、圃之言布也、取其分布於地、若種菓實則曰園、園之言蕃也、種菓於圃外、爲蕃盛也、

樊遲出。既請二者不爲師所許、故出去、子曰。小人哉樊須也。小人是貪利者也、樊遲出後孔子呼名罵之、君子喩於義、小人喩於利、樊遲在孔子之門、不請學仁義忠信之道、而學求於利之術、故云小人也、上好禮。則民莫敢不敬。責之既竟、此又說學君子之道勝學小人之事也、言上若好禮、則民下誰敢不敬、故云莫敢不敬、禮主敬故也、上好義。則民莫敢不服。君若裁斷得宜、則民下皆服、義者宜也、上好信。則民莫敢不用情。君上若信、則民下盡敬不復欺、故相與皆服於情理也、李充云、用情猶盡忠也、行禮不以求敬、而民自敬、好義不以服民、而民自服、施信不以結心、而民自盡信、言民之從上、猶影之隨形也、

孔安國曰。情情實也。言民化其上。各以情實應也。

夫如是。則四方之民繈負其子而至矣。夫發語端也、是者此也、負

子以器曰襁、言上若好行上三事、夫得如此、四方之民大小歸化、故並器負其子而來至也、李充云、負子以器、言化之所感不召而自來、焉用稼。焉猶何也、行此三事而四方自歸、則何用學稼乎、李充云、余謂樊遲雖非入室之流、然亦從遊侍側、對揚崇德辨惑之義、且聖教殷勤、唯學爲先、故言君子謀道不謀食、又曰、耕也餒在其中矣、學也祿在其中矣、而遲親稟明誨、乃諮圃稼、何頑之固甚哉、縱使樊遲欲舍學營生、猶足知非聖師之謀矣、將恐三千之徒、雖同學聖門、而未能皆忘榮祿、道教之益、奢惰之患切、簞食不改其樂者、唯顏回堪之耳、遲之斯問、將必有由、亦如宰我問喪之謂也、

苞氏曰。禮義與信。足以成德。何用學稼以教民乎。

負者以器曰襁也。襁者以竹爲之、或云、以布爲之、今蠻夷猶以布帊裹兒、負之背也、

子曰。誦詩三百。不用文、背文而念曰誦、亦曰口讀曰誦、詩有三百五篇、云三百、舉全數也、言人能誦詩之至也、授之以政不達。達猶曉也、詩有六義、國風二雅並是、爲政之法、今授政與此誦詩之人、不能曉解也、袁氏云、詩有三百篇、是以爲政者也、使於四方不能專對。專猶獨也、孔子語鯉云、不學詩無以言、又云可以群、可以怨、近之事父、遠之事君、多識於草木鳥獸之名者、今使此誦詩之人聘問隣國、而不能專獨應對也、袁氏云、古人使賦詩而答對、雖多亦奚以爲。奚何也、誦詩宜曉政、而今不達、又應專對而今不能、雖復誦詩之多、亦何所爲用哉、故云亦奚以爲也、專猶獨也。

子曰。其身正。不令而行。如直形而影自直、范寧云、上能正己以率物、則下不令而自從也、其身不正。雖令不從。如曲表而求直影、影終不直也、范寧云、上行理僻而

制下使正、猶立邪表責直影、猶東行求郢、而此終年不得矣、令教令也。

子曰。魯衛之政兄弟。魯是周公之封、衛是康叔之封、周公康叔是兄弟、當周公初時、則二國風化政、亦俱能治、化如兄弟、至周末、二國風化俱惡、亦如兄弟、故衛瓘云、言治亂略同也、

苞氏曰。魯周公之封。衛康叔之封也。周公康叔既爲兄弟。康叔睦於周公。其國之政亦如兄弟也。睦親也、言康叔親於周公、故風政得和好也、

子謂衛公子荆。善居室。衛公子荆、是衛公子也、諸侯之庶子、並稱公子、居其家能治不爲奢侈、故曰善居室也、

王肅曰。荆與蘧瑗史鰌。並爲君子也。蘧瑗字伯玉、後卷云君子

論語義疏第十

哉蘧伯玉、亦是也、吳公子札出聘于上國、適衛、說蘧瑗史狗史鰌公子荊公子叔公子朝、曰、衛多君子、未有患已、事在（春秋第十九卷）襄公二十九年也、

始有。曰苟合矣。此是善居室之事、始有謂爲居初有財帛時也、曰猶云也、苟苟且也、苟且非本意也、于時人皆無而爲有、虛而爲盈、奢華過實、子荊初有財帛、不敢言己才力所招、但云是苟且遇合而已、

少有。曰苟完矣。少有謂更復多少勝於始有時也、既少勝於前始有、但云苟且得自全完而已、不敢言欲爲久富貴也、

富有。曰苟美矣。富有謂家道遂大富時也、亦云苟且爲美、非是性之所欲、故云苟美矣、

子適衛。冉子僕。適往也、僕御車也、孔子往衛、冉有時爲孔子御車也、

孔安國曰。孔子之衛。冉有御也。

子曰。庶矣哉。庶衆也、孔子歎衛人民之衆多也矣、

孔安國曰。庶衆也。言衛民衆多也。

冉有曰。既庶矣。又何加焉。加益也、冉有言其民既衆多、復何以滋之也、曰。富之。孔子云、宜益以富、曰。既富矣。又何加焉。冉有又問、既已富益、又復何以益之、曰。教之。既富而後可以教化之、范寧云、衣食足、當訓義方也、子曰。苟有用我者。期月而已可也。苟誠也、期月謂年一周也、可者未足之辭也、言若誠能用我爲治政者一年即可小治也、一年天氣一周變、故人情亦小改也、三年有成。成大成也、三年一閏、是天道一成、故爲政治若得三年、風政亦成也、

孔安國曰。言誠有用我於政事者。期月而可以行其政教。必三年乃有成功也。

子曰。善人爲邦百年。亦可以勝殘去殺矣。善人謂賢人也、爲者
治也、爲邦謂爲諸侯也、勝殘謂政教理勝而殘暴之人不起也、去殺謂無復刑殺也、言賢人爲諸侯已百
年、則殘暴不起、所以刑辟無用、袁氏曰、善人謂體善德賢人也、言化當有漸也、任善用賢、則可止刑、任惡
則殺愈生也、

王肅曰。勝殘者勝殘暴之人。使不爲
惡也。去殺者不用刑殺也。

誠哉。是言也。誠信也、古舊有此語、故孔子稱而美信之、

孔安國曰。古有此言。故孔子信也。

子曰。如有王者。必世而後仁。王者謂聖人爲天子也、世卅年也、聖人化速、故
卅年而政乃大成、必須世者、舊被惡化之民已盡、新生之民得卅年、則所稟聖化易成、故顏延之云、革命

之王、必漸化物以善道、染亂之民、未能從道爲化、不得無威刑之用、則仁施未全、改物之道、必須易世、使正化德教不行暴亂、則刑罰可措、仁功可成、欒肇曰、習亂俗、雖畏法刑而外必猶未能化也、必待世變人改、生習治道、然後仁化成、刑措成康、化隆文景、由亂民之世易、殷秦之俗遠也、

孔安國曰。三十年曰世。如有受命王者。必三十年仁政乃成也。

子曰。苟正其身矣。於從政乎何有。苟誠也、言誠能自正其身、則爲政不難、故云何有、**不能正身。其如正人何。**其身不正、雖令不從、故云如正人何也、故江熙云、從政者以正人爲事也、身不正那能正人乎、

冉子退朝。退朝謂且朝竟而還家、朝廷曰退也、**周生烈曰。謂罷朝於魯君也。**冉子爾時仕季氏、且上朝

論語義疏第七

於魯君、當是季氏、冉有從之朝魯君也、

子曰。何晏也。晏晚也、冉子還晚於常朝、故孔子問之、今還何晏也、范寧云、冉求早朝晚退、故孔子疑而問之、對曰。有政。答所以退晚之由也、言在朝論於政事、故至晏也、

馬融曰。政者有所改更匡正也。

子曰。其事也。孔子謂冉有所云有政非之也、應是凡所行小事耳、故云其事也、

馬融曰。事者凡所行常事也。

如有政。雖不吾以。吾其與聞之。孔子更說所以知非政之由也、以用也、言若必是有政事、雖不吾既必應用、而吾既爲卿大夫、亦當必應參預聞之、今既不聞、則知汝所論非關政也、

馬融曰。如有政事非常之事。我爲大夫。雖

不見任用。必當與聞也。欒肇云、案稱政事冉有季路、未有不知其名、而不能職其事者、斯蓋微言以譏季氏專政之辭、若以家臣無專政之理、則二三子爲宰而問政者多矣、未聞夫子有譏焉、

定公問。一言而可以興邦有諸。定公魯君也、諸之也、問孔子有出一言而能興邦者不乎、孔子對曰。言不可以若是。若是者猶如此也、答云豈有出言而興得邦國乎、言不可得頓如此也、其幾。幾近也、然一言雖不可即使興、而有可近於興邦者、故云其幾也、

王肅曰。以其大要一言不能正興國也。

幾近也。有近一言可興國也。

人之言而曰。爲君難。爲臣不易。此已下是一言近興邦之言、設有人云、在

論語義疏第

上爲君、既爲人主、不可輕脫、罪歸元首、故爲難也、又云、爲人臣者、國家之事應知無不爲也、必致身竭命、故云不易也、**如知爲君難也。不幾乎一言而興邦乎。**如若也、若知爲君難而云不敢作、此言則豈不近一言興邦乎、不云爲臣不易者、從可知也、且君道尊貴、爲人所貪、故特擧君也、孔安國曰。事不可以一言而成也。知如此則可近也。

曰。一言而可以喪邦有諸。定公又問、有一言而令邦國卽喪者不乎、**孔子對曰。言不可以若是。其幾也。**亦如前答、亦有言近之者也、**人之言曰。予無樂乎爲君。唯其言而樂莫予違也。**此擧近喪邦之言也、設有人言、我本無樂爲人之君上、所以樂爲君者、正言我有言語而人畏我、無敢違距我者、爲此故所以

樂爲君耳、孔安國曰。言無樂於爲君。所樂者唯樂其言而不見違也。

如其善而莫之違也。不亦善乎。將說其惡、故先發此句也、此若爲君而出言必善、而民不違、如此者乃可爲善耳、故云不亦善乎、如不善而莫之違也。不幾乎一言而喪邦乎。又答、若爲君而言不善、使民若不違、則此言不近一言而喪邦乎、孔安國曰。人君所言。善無違之者。則善也。其所言不善。而無敢違之者。則近一言而喪國也。

葉公問政。葉公亦問孔子爲政之道、子曰。近者悅。遠者來。言爲政之道、若能使近民懽悅、則遠人來至也、江熙云、邊國之人、豪氣不除、物情不附、故以悅近以諭之、子夏爲

論語義疏第十

莒父宰。問政。子夏欲往莒父爲宰、故先問孔子爲政之法也、

鄭玄曰。舊說曰。莒父魯下邑也。

子曰。無欲速。言爲政之道、每當閑緩、不得倉卒求速成也、毋見小利。政貴有恒、不得見小財利而曲法爲之、欲速則不達。解欲速之累也、若不安緩、每事而欲速成、則不通達於事理也、見小利則大事不成。若見小利而枉法曲教、則爲政之大事無所成就也、

孔安國曰。事不可以速成。而欲其速。則不達矣。見[illegible]利妨大事。則大事不成也。

葉公語孔子曰。[illegible]有直躬者。葉公[illegible]有直[illegible]矜誇於孔子也、

孔安國[illegible]身而[illegible]猶身也、言[illegible]言無所

邪曲也、

其父攘羊。而子證之。此直躬者也、攘盜也、言黨中有人行直、其父盜羊、而子與失羊之主、證明道父之盜也、

周生烈曰。有因而盜曰攘也。謂他人物來已家而藏隱取之、謂之攘也、

孔子曰。吾黨之直者。異於是。拒於葉公、故云、吾黨中有直行者、則異於證父之盜爲直者、

父爲子隱。子爲父隱。直在其中矣。孔子舉所異者、言爲風政者以孝悌爲主、父子天性、率由自然至情、宜應相隱、若隱惜則自不爲非、故云直在其中矣、若不知相隱、則人倫之義盡矣、樊光云、父爲子隱者、欲求子孝也、父必先爲慈、家風由父、故先稱父、范寧云、夫子所謂直者以不失其道也、若父子不相隱諱、則傷教破義、長不孝之風焉、以爲直哉、故相隱乃可爲直耳、

今王法則許期親以上得相爲隱、不問其罪、蓋合王之典章、江熙云、葉公見聖人之訓、動有隱諱、故舉先直躬欲以訾毀儒教、抗提中國、夫子答之、辭正而義切、荆蠻之豪喪其誇矣、

樊遲問仁。問孔子行仁之道也、

子曰。居處恭。答仁道、居謂常居、恒以恭遜爲用也、燕居溫溫、溫是也、執事敬。謂行禮執事時、禮主於敬也、與人忠謂交接朋友時、宜盡忠不相欺、雖之夷狄。不可棄也。假令之入夷狄無禮義之處、亦不可捨棄於此三事、此則是仁也、江熙云、恭敬忠君子性而行己、所以爲仁也、本不爲外物、故以夷狄不可任棄而不行也、若不行於無常、則僞斯見矣、僞見則去仁遠也、

苞氏曰。雖之夷狄無禮義之處。猶不可棄去而不行也。

子貢問曰。何如斯可謂之士矣。謂問在朝爲士之法、是卿大夫可知也、

子曰。行己有耻。答士行也、言自行己身、恒有可耻之事、故不爲也、李充云、居正惜者、當遲退、必無者其唯有耻乎、是以當其宜行、則耻己之不及、及其宜止、則耻己之不免、爲人臣、則耻其君不如堯舜、處濁世、則耻不爲君子、將出言、則耻躬之不逮、是故孔子之稱丘明、亦貴其同耻義、苟孝悌之先者也、

孔安國曰。有耻有所不爲也。

使於四方。不辱君命。君號令出使於四方之國、則必使稱當、不使君命之見淩辱也、故李充云、古之良使者、受命不受辭、事有權宜、則與時消息、排患釋難、解紛挫鋭者、可謂良也、可謂士矣。能有耻及不辱二事、並行無虧、乃可謂爲士矣、此行最高、故在先也、曰。敢問其次。子貢聞士之上者、故敢更問士之次者、曰。宗族稱孝。鄉黨稱悌焉。孝是事父母爲近、悌是事兄長爲遠、宗族爲近、近故稱孝、鄉黨爲遠、故稱悌也、繆協曰、雖孝稱於宗族、悌及於鄉黨、

而孝或爲未優、使於四方、猶未能備、故爲之次者也、曰。敢問其次。子貢又問求次於士者也、

曰。言必信。行必果。此答士之次也、君子達士貞而不諒、言不期苟信、捨藏隨時、何期必遂、若小行之士、言必須信、行必須果也、硜硜然小人哉。果必信爲譬也、硜硜堅正難移之貌也、小人爲惡、堅執難化、今小人之士、必行信果守志不迴、如小人也、抑亦可以爲次矣。抑語助也、凡事欲强使相關、亦多云抑也、言此小行亦强可爲士之次也、李充云、言可覆而行必成、雖爲小器取其能有所立、繆協云、果成也、言必合乎信、行必期諸成、君子之體其業大矣、雖行硜硜小器、而能必信必果者取其有成、抑亦可爲士之次也、

鄭玄曰。行必果。所欲行必敢爲之。硜硜者小人之貌也。抑亦其次。言可以爲次也。

曰。今之從政者何如。子貢又問云、今士之從政者復云何如、子曰。噫。斗筲之人。何足算也。噫不平聲、筲竹器也、容一斗二升、故云斗筲也、算數也、子貢已聞古之是、而又問今之非、故云噫也、不平之聲既竟、故又云今之人也、言今之小人器量、如斗筲之器耳、何足數也、鄭玄曰。噫。心不平之聲也。筲竹器。容斗二升者也。算數也。

子曰。不得中行而與之。中行行能得其中者、當時僞多實少、無復得所行得中之人、故孔子歎云、不得中行而與之、謂共處於世乎、必也狂狷乎。狂謂應直進而不退也、狷謂應退而不進者也、二人雖不得中道、而能各任天然而不爲欺詐、故孔子云、既不得中道者而與之、而得與此二人亦好、故云狂狷乎、言世亦無此人、江熙云、狂者知進而不知退、知取而不知與、狷者急狹能有所

所不爲、皆不中道也、然率其天眞不爲僞也、季世澆薄、言與實違背、必以惡時飾詐以誇物、是以錄狂狷之一法也、

苞氏曰。中行行能得其中者也。言不得中行。則欲得狂狷者也。

狂者進取。狷者有所不爲也。此說狂狷之行、言狂者不爲惡、唯直進取善、故云進取、狷者應進而不遷、故云有所不爲也、

苞氏曰。狂者進取於善道。進而不爲惡、故云取善道也、狷者守節無爲。不進、故云守節無爲也、欲得此二人者。以時多進退。取其恒一也。說時多僞、而狂狷天然恒一、故云取之也、

子曰。南人有言曰。人而無恒。不可以作巫醫。南人南國人也、

無恒用行無常也、巫接事鬼神者、醫能治人病者、南人舊有言云、人若用行不恒者、則巫醫爲治之不差、故云不可作巫醫也、

孔安國曰。南人南國之人也。鄭玄曰。言巫醫不能治無常之人也。一云、人不可使無恒之人爲巫醫也、衛瓘云、言無恒之人乃不可以爲巫醫、巫醫則疑誤人也、而況其餘乎、

善夫。孔子述南人言、故先稱之而後云善夫也矣、

苞氏曰。善南人之言也。

不恒其德。或承之羞。孔子引易恒卦不恒之辭、證無恒之惡、言人若爲德不恒、則必羞辱承之、羞辱必承而云或者、或常也、言羞辱常承之羞也、何以知或是常、案詩云、如松柏之茂、無不爾或承、鄭云或常也、老子曰、湛兮似或存、河上公注云、或常也、

孔安國曰。此易恒卦之辭也。言德無常。則羞辱承之也。

子曰。不占而已矣。此記者又引禮記孔子語來、證無恒之惡也、言無恒人非唯不可作巫醫而已、亦不可爲作卜筮、卜筮亦不能占無恒之人、故云不占而已矣、禮記云、南人有言曰、人而無恒、不可爲作卜筮、古之遺言與、龜與筮猶不知、而況於人乎、是明南人有兩時兩語、故孔子兩稱之、而禮記論語亦各有所錄也、

鄭玄曰。易所以占吉凶也。無恒之人易所不占也。

子曰。君子和而不同。和謂心不爭也、不同謂立志各異也、君子之人千万、千万其心和如一、而所習立之志業不同也、小人同而不和。小人爲惡如一、故云同也、好鬬爭、故

云不和也、君子心和。然其所見各異。故曰不同。小人所嗜好者同。然各爭其利。故曰不和也。

子貢問曰。鄉人皆好之。何如。子貢問孔子云、設有一人、爲鄉人共所崇好之、則此人如何、子曰。未可也。孔子不許、故云未可也、知所以未可者、設一鄉皆惡、而此人爲惡、與物同黨、故爲衆人共見稱美、故未可信也、鄉人皆惡之。何如。既云皆好爲未可、故更問設其鄉之人皆共憎惡此人、則何如、子曰。未可也。孔子亦所以未許者、設一鄉皆惡、而此人獨爲善、不與衆同、故爲群惡所疾、故未可信也、不如鄉人之善者好之。其不善者惡之也。向答既並云未可、故此說其可之事也、言若此人爲鄉人善者所好、又爲不善者所惡、如此則是善人乃可信也、

孔安國曰。善人善己。惡人惡己。是善善明。己善人爲善人之所好、故是善善明也、惡惡著也。惡人惡己、則非己惡、故是惡惡著也、一通云、子貢問孔子曰、與一鄉人皆親好、何如、孔子答云、未可、又問曰、與一鄉人皆爲疎惡、何如、孔子又答云、未可、既頻答未可、所以故更爲說云、不如擇鄉人善者與之親好、若不善者與之爲疎惡也、

子曰。君子易事而難說也。君子忠恕、故易事也、照見物理、不可欺詐、故難悅也、

（說音悅）

孔安國曰。不責備於一人。故易事也。

說之不以道。不說也。此釋難悅也、君子既照識理深、若人以非道理之事來求使之、悅、己則識之、故不悅也、及其使人也。器之。此釋易事也、器猶能也、君子既不責備於一人、故隨人之能而用之、不過分責人、故易事、

孔安國曰。度才而任官也。

小人難事而易說。小人不識道理、故難事也、可以非法欺之也、說之雖不以道說也。此釋易悅也、既不識道理、故雖不以道之事悅之、亦既悅之、及其使人也。求備焉。此解難事也、不測度他人器量、而過分責人、故難事也、子曰。君子泰而不驕。君子坦蕩蕩、心貌怡平、是泰而不爲憍慢也、小人驕而不泰。小人性好輕凌、而心恒戚戚自縱泰、是驕而不泰也君子自縱泰。似驕而不驕。小人拘忌。而實自驕矜也。多拘忌、是不泰也、

子曰。剛毅木訥近仁。言此四事與仁相似、故云近仁、剛者性無求欲、仁者靜、故剛者近仁也、毅者性果敢、仁者必有勇、周窮濟急、殺身成仁、故毅者近仁也、木者質朴、仁者不尚華飾、故木者

近仁也、訥者言語遲鈍、仁者愼言、故訥者近仁也、王肅曰。剛無欲也。毅果敢也。木質樸也。訥遲鈍也。有此四者近於仁也。

子路問曰。何如也斯可謂士矣。問爲士之行和悅切磋之道也、子曰。切切偲偲。怡怡如也。可謂士矣。答也、切切偲偲相切磋之貌也、怡怡和從之貌也、言爲士之法、必須有切磋又須和從也、朋友切切偲偲。向答雖合云怡怡三事、而不可專施一人、故更分之也、若是朋友義在相益、故須切偲也、兄弟怡怡如也。兄弟骨肉、理在和順、故須怡怡如也、繆協云、以爲朋友不唯切磋、亦貴和諧、兄弟非但怡怡、亦須戒厲、然友道缺、則面朋而匿怨、兄弟道缺、則閱墻而外侮、何者憂樂本殊、故重弊至于恨匿、將欲矯之、故云朋友切切偲偲、

兄弟怡怡也、偲偲相切責之貌也、怡怡和順之貌也、

馬融曰。切切偲偲相切責之貌。怡怡和順之貌也。

子曰。善人教民七年。亦可以即戎矣。善人賢人也、即戎謂就兵戰之事、夫教民三年一考、九歲三考、三考黜陟幽明、待具成者、九年則正可也、今云七年者、是兩考已竟、新入三考之初者也、若有可急、不假待九年、則七年考亦可、亦可者未全好之名、繆協云、亦可以即戎未盡善亦義也、江熙云、子曰苟有用我者期月而以可、三年有成、善人之教、不逮機理、倍於聖人、亦可有成、六年之外民何用也、

苞氏曰。即戎就兵可以攻戰也。

子曰。以不教民戰。是謂棄之。民命可重、故孔子愼戰、所以教至七年、猶曰亦可、若不經教戰而使之戰、是謂棄擲民也、江熙云、善人、教民如斯、乃可即戎、況乎不及善人、而驅馹不習

論語義疏第七

之民戰、以肉餧虎、徒棄而已、琳公曰、言德教不及於民、而令就戰、民無不死也、必致破敗、故曰棄也、

馬融曰。言用不習民使之攻戰。必破敗。是謂棄之也。